张
影

著

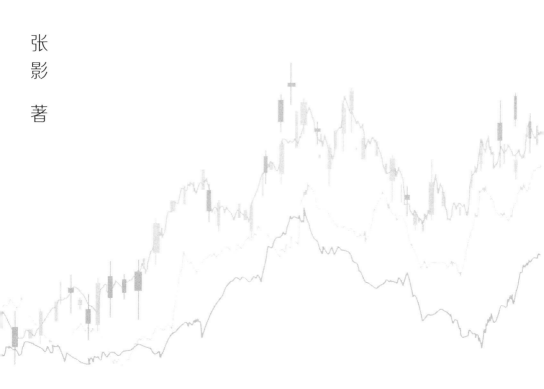

我国金融杠杆对系统性
金融风险的空间溢出研究

Research on the Spatial Spillover of
Financial Leverage on Systemic Financial Risk in China

中国财经出版传媒集团
经济科学出版社
Economic Science Press
·北京·

图书在版编目（CIP）数据

我国金融杠杆对系统性金融风险的空间溢出研究／
张影著 . -- 北京：经济科学出版社，2024.8. -- ISBN
978 - 7 - 5218 - 6183 - 9

Ⅰ. F832

中国国家版本馆 CIP 数据核字第 2024UC6870 号

责任编辑：李一心
责任校对：易　超
责任印制：范　艳

我国金融杠杆对系统性金融风险的空间溢出研究
张　影　著
经济科学出版社出版、发行　新华书店经销
社址：北京市海淀区阜成路甲 28 号　邮编：100142
总编部电话：010 - 88191217　发行部电话：010 - 88191522
网址：www. esp. com. cn
电子邮箱：esp@ esp. com. cn
天猫网店：经济科学出版社旗舰店
网址：http：//jjkxcbs. tmall. com
北京季蜂印刷有限公司印装
787 × 1092　16 开　18.75 印张　270000 字
2024 年 8 月第 1 版　2024 年 8 月第 1 次印刷
ISBN 978 - 7 - 5218 - 6183 - 9　定价：75.00 元
（图书出现印装问题，本社负责调换。电话：010 - 88191545）
（版权所有　侵权必究　打击盗版　举报热线：010 - 88191661
QQ：2242791300　营销中心电话：010 - 88191537
电子邮箱：dbts@esp. com. cn）

摘　　要

近年来，伴随全球金融风险的不断攀升，我国也进入金融风险易发多发期。党和国家高度重视防范化解系统性金融风险，2017～2020年曾多次就防范化解系统性金融风险作出重大战略部署。当前阶段，我国系统性金融风险主要来源于处在高位的金融杠杆。金融杠杆的快速上升加剧了系统性金融风险的积累。由于区域间基于经济基本面、银行等金融渠道以及投资者行为的相互关联，金融杠杆不仅对本区域的系统性金融风险具有冲击影响，也会对本区域之外的其他区域的系统性金融风险产生外溢效应。此外，金融杠杆在不同部门和不同区域间存在差异，这种金融杠杆的内部差异特征将直接影响金融杠杆对系统性金融风险的冲击。由此，本书基于空间溢出视角探讨金融杠杆对系统性金融风险的影响，对于目前推进"结构性去杠杆"和防范化解系统性金融风险具有重大的理论意义和现实意义。

本书重点关注的问题是基于空间溢出视角探讨金融杠杆对系统性金融风险的影响。第一，在梳理相关文献的基础上，本书着重阐释了金融杠杆对系统性金融风险空间溢出的作用机制，并且进一步揭示了政府部门、企业部门、金融部门和家户部门金融杠杆对系统性金融风险空间溢出的异质性。第二，本书在基于熵权法测度我国各省份系统性金融风险的基础上，基于SMR模型、Dugum基尼系数法和核密度估计法对我国系统性金融风险的时空演化趋势进行刻画，并进一步基于社会网络模型描述了系统性金融风险的空间关联结构。第三，在对我国全社会、四部门及各省份金融杠杆测度的基础上，对金融杠杆的结构特征、区域特征以及空间关联结构特征进行了分析，并进一步基于二次指派程序（QAP）回归模型对金融杠杆对系统性金融风险空间溢出的作用关系进行了检验。第四，基于相关数据，在对系统性金融风险进行全局空间自相关和局部空间自相关检验的基础上，采用空间杜宾模型对金融杠杆对系统性金融风险空间溢出的作用渠道以及结构性金融杠杆对系统性金融风险空间溢出的异质性进行实证检验。所得主要研究结论为：我国各省份的系统性金融风险较高，且系统性金融风险的区域差异和空间关联呈扩大态势；样本考察期内，我国各部门金融杠杆上升较快，各省份金融杠杆差异明显且空间关联关系在逐渐增强；金融杠杆对系统性金融风险的空间溢出存在非线性关系，且资金的配置效率、金融和实体经济的适配度以及宏观经济周期都对金融杠杆对系统性金融风险的空间溢出具有调节作用，该调节作用在充分考虑了空间关联因素之后被显著放大。此外，东部、中部和西部地区企业部门和国有企业部门金融杠杆对系统性金融风险的空间溢出为正，东北地区无明显作用；私营企业部门金融杠杆在东部地区的空间溢出为负，在西部地区为正，在中部和东北地区作用不显著；政府部门金融杠杆对系统性金融风险的空间溢出为正，冲击作用从大到小依次排序为西部地区、东北地区、中部地区和东部地区；金融部门金融杠杆对系统性金融风险的空间溢出均为正，且相比于其余地区，中部地区的空间溢出最小；家户部门金融杠杆对系统性金融风险的空间溢出为正，作用效果由东至西逐渐减弱。第五，根据实证研究结论，从优化金融环境、加强实体经济部门金融风险的防控化解以及因地制宜实施差异化的金融风险防控政策方面提出了相关政策建议。

本书主要创新体现在以下三个方面：一是厘清了金融杠杆对系统性金融风险空间溢出的作用机理。现有研究多是探究某一部门或某一机构的金融杠杆对系统性金融风险的作用机制，较少文献从金融杠杆本质出发，将影响金融杠杆对系统性金融风险的具体渠道纳入统一理论分析框架，更少有文献将空间因素考虑在内具体分析金融杠杆对系统性金融风险区域内和区域间的空间溢出机制。二是引入"关系数据"的研究方法——QAP来检验金融杠杆对系统性金融风险空间溢出的作用关系。相较于已有方法，QAP 能更好地考虑金融杠杆和系统性金融风险本身的空间关联来分析金融杠杆对系统性金融风险空间溢出的作用关系，增强实证结果准确性。三是采用空间杜宾模型实证检验了金融杠杆对系统性金融风险空间溢出的作用机理。现有研究多采用非空间计量方法检验某一部门或某一机构金融杠杆对系统性金融风险的作用机理，非空间计量方法由于忽略空间异质性和相关性往往导致估计结果有偏，而空间杜宾模型可以规避上述缺点，增强实证结果的可信度。

目
录

Contents

>   >   >   >   >

第 1 章

绪　　论

1.1　选题背景和研究意义

1.1.1　选题背景

近年来，全球金融风险持续上升①。伴随着我国经济社会转轨，经济增速放缓、经济结构调整，我国也进入了长期积累的金融风险易发多发期②。我国高度重视系统性金融风险的防控化解，2017 年中央将"防范化解系统性金融风险"提升至国家安全与国家战略的历史新高度，2018 年中央经济工作会议则将"防范系统性金融风险"作为三大攻坚战之首。2020 年我国仍将控制系统性金融风险的爆发作为金融工作的重大任务③。系统性金融风险在不同阶段具有不一样的来源。目前从一

---

① 国际货币基金组织在 2018 年发布的《全球金融稳定报告》中指出，全球金融风险上升。

② 2018 年 8 月在中国金融稳定发展委员会召开的第二次会议时强调，我国尚处于新旧动能转换期，长期积累的金融风险处于易发多发期。

③ 由习近平总书记在 2019 年中共中央政治局进行第十三次集体学习中指出。

定意义上来讲，高杠杆是宏观金融风险的总来源①，具体表现为实体部门的负债过度和金融领域信贷过快扩张。据统计②，我国非金融部门金融杠杆已由 2008 年第四季度的 141.3% 增加至 2018 年第四季度的281.4%，增长幅度将近一倍，远高于新兴市场国家以及美国、欧洲等西方发达经济体。我国高杠杆的源起是 2008 年国际金融危机爆发。为应对国际金融危机导致我国经济内需疲软的影响，我国开启了以扩张性政策刺激内需的模式。宏观经济政策经历三松三紧，经济增速三升三落，我国的金融杠杆也大幅飙升。

本质上，金融杠杆所对应的是错综复杂的债权债务关系，这种借贷关系链条并不会因为明显的空间或地域边界而受到限制。事实上，区域之间本来就存在来自经济基本面、金融渠道甚至是投资者个人行为的相互作用，金融杠杆便会在区域之间相互关联下，沿着债权债务关系链条放大对系统性金融风险的空间溢出作用。如果不考虑此种空间因素，忽视区域之间的相互关联，将不利于准确评估金融杠杆对系统性金融风险的冲击。由此，要搭建防范系统性金融风险的长效机制，就不能忽视空间关联因素导致的金融杠杆对系统性金融风险的放大效应，就需防止系统性金融风险由于金融杠杆关联而在不同区域之间的交叉传染。

与此同时，值得关注的是，我国金融杠杆结构性特征凸显，体现在部门结构和不同区域金融杠杆的差异性上。从部门结构来看，我国企业部门金融杠杆最高，由 2008 年第四季度的 96.3% 提升至 2018 年第一季度的 164.1%，上涨幅度超过 67.8 个百分点。政府部门和家户部门的金融杠杆虽然整体不高，但增长速度很快。政府部门金融杠杆已由 2008 年末的 27.1% 增加至 2018 年第一季度的 47.8%，增长近 2 倍；家户部门金融杠杆则由 2008 年第四季度的 17.9% 增长至 2018 年第一季度的 49.3%，增长近 3 倍③。从不同区域来看，我国金融杠杆存在"东南

① 中国人民银行原行长周小川表示，高杠杆是宏观金融脆弱性的总根源。
② 数据来源于国际清算银行（BIS）和中国人民银行官方网站。
③ 所有数据来自国际清算银行（BIS）官方网站。

低—西北高"的地区分布格局①。而面对目前我国的高金融杠杆的结构性情形，中央政府进一步深化对"去杠杆"任务的认识，2018 年首次提出"结构性去杠杆"，力求在维持总杠杆相对平稳的状态下，实现局部去杠杆。而"结构性去杠杆"就要在准确评估总体金融杠杆的水平上，准确测度分部门（政府部门、非金融企业部门、金融部门和家户部门）、分地区的金融杠杆水平。而从目前的研究来看，有关我国各地区内分部门金融杠杆对系统性金融风险影响问题研究的文献较少。

由此，本书着重回答的问题为：我国系统性金融风险、全国及四大地区各部门的金融杠杆处于什么状况？金融杠杆对系统性金融风险的空间溢出是否存在？其作用机制是怎样的？结构性金融杠杆对系统性金融风险空间溢出具有怎样的异质性？回答上述问题，对于当前我国有步骤、有计划的"结构性去杠杆"以及区域协同防范化解系统性金融风险具有重大的现实意义。

1.1.2 研究意义

借鉴相关领域的最新成果，本书立足于我国金融风险易发多发、金融杠杆急剧攀升及结构性特征凸显的阶段性新特征，对我国金融杠杆对系统性金融风险的空间溢出展开研究。

本书的理论意义在于：第一，对金融杠杆对系统性金融风险空间溢出的作用关系的研究，基于"债务通缩"理论和"金融加速器"理论，立足金融杠杆对系统性金融风险空间溢出的积极作用和消极作用，具体阐释金融杠杆对系统性金融风险空间溢出的作用关系，为研究金融杠杆和系统性金融风险的内在关联提供新思路。第二，对金融杠杆对系统性金融风险空间溢出的作用机制的研究，将金融杠杆对系统性金融风险空间溢出的作用渠道纳入统一的理论分析框架，并兼顾考量空间因素的作用，充实了金融杠杆对系统性金融风险空间溢出的渠道研究。第三，对

---

① 2019 年王竹泉证实了这一结论。

政府部门、非金融企业部门、金融部门和家户部门金融杠杆对系统性金融风险空间溢出的异质性的理论分析，丰富了金融杠杆对系统性金融风险空间溢出的评价研究。

本书的实际意义在于：第一，基于政府部门、企业部门、家户部门、金融部门和宏观经济环境不同维度的指标对系统性金融风险的测算，以及在此基础上从时间和空间两个视角对系统性金融风险的演变趋势以及空间关联结构的刻画，可进一步揭示系统性金融风险的时空演变特征，为新形势下积极寻求系统性金融风险的化解之道提供经验支撑。第二，对金融杠杆对系统性金融风险空间溢出的作用关系及作用机理的研究，为新时期我国从金融杠杆入手顺利实施金融风险防控政策提供有力支撑，最终为更好发挥金融对经济的促进作用和维护金融安全与稳定提供决策参考。第三，对我国各省份各部门金融杠杆的测算、对各省份金融杠杆的空间关联关系的识别和描述以及对结构性金融杠杆对系统性金融风险空间溢出的异质性研究，为揭示我国金融杠杆以及不同部门金融杠杆的真实地区分布，确立不同地区不同部门金融杠杆的调控方向和力度，精准高效推进"结构性去杠杆"提供科学依据。

1.2　文献综述

围绕本书的研究主题，本部分主要从系统性金融风险的界定及测度、金融杠杆对系统性金融风险空间溢出的作用关系、金融杠杆对系统性金融风险空间溢出的作用机制以及金融杠杆对系统性金融风险空间溢出的实证分析方面展开文献梳理。

1.2.1　系统性金融风险界定及测度的文献综述

1. 系统性金融风险的内涵界定

目前来看，对系统性金融风险的研究已不是一个新问题，由于其对金融体系、经济和社会具有巨大的迫害性和杀伤力，一度成为理论界和实务界高度关注的重大现实问题。但就目前的研究来看，国内外学者对系统性金融风险内涵的界定并没有达成共识。根据学者不同的研究角度，系统性风险的定义主要分为两类：一类是从损失的角度界定系统性风险，认为系统性金融风险是指金融机构或金融市场由于系统性事件冲击而遭受的福利损失[1]，或是指由于部分或全部金融机构遭受损失而功能严重紊乱，进而导致实体经济出现低迷甚至衰退的现象[2]；另一类则从传染角度来对系统性金融风险进行内涵界定，认为由一个冲击引发的风险会由一家机构、一个市场传染至多家机构和多个市场，甚至造成金融机构和金融市场的交叉传染，进而使整个金融系统变得非常脆弱的可能性[3-5]。一些学者在此基础上丰富了系统性金融风险的内涵，认为系统性金融风险在造成参与市场主体遭受大量损失的同时，由于其传染性和扩散性，主要表现为由外部冲击产生的在金融体系内由于业务往来、管理模式、心理预期甚至信息溢出等形成的相互关联而放大的一类风险[6-9]。

2. 系统性金融风险的测度

无论是从损失角度界定系统性金融风险还是从传染角度界定系统性金融风险，其本质还是在抽象意义上归纳了系统性金融风险的内涵。而在现实的研究中，想要分析考察系统性金融风险，关键的一步便是对其进行较为准确的量化。由此诸多学者将系统性金融风险的概念具体化，并在此基础上对系统性金融风险展开测度。按照系统性金融风险的测度方法，将学者们的研究分为以下方面：

一是采用在险价值法（VaR）测度系统性金融风险的研究。基于该方法对系统性金融风险的测度，主要是基于非极端的正常市场状况下，某一金融工具或金融工具组合在有限的持有期内，在一定置信度水平下所遭受的最大可能损失。该方法在 1994 年被摩根银行提出，很快便被用到金融衍生工具风险管理报告中估价交易头寸并量化金融风险。之后该方法得到学者们广泛关注，被多次引用量化金融各领域风险。如刘向丽等基于 VaR 研究了铜期货市场的风险价值[10]，江涛和钱无蒙采用 VaR 模型测度了我国股票市场的金融风险[11-12]，庄新田等基于 VaR 研究了我国钢材期货市场基差的风险[13]，佘笑荷则基于 VaR 测度了多种资产投资组合的风险价值[14]。但在险价值法也存在一些缺陷，它无法准确测度一个国家整体金融风险，也容易低估金融系统性的风险扩散效应[15]，继而有学者对 VaR 模型进行了改善，提出条件在险价值法（Co-VaR），并利用该方法衡量了当银行系统中某一银行处于某种状态下整个银行系统的风险价值[16]。之后，国内学者沈悦等基于拓展的 CoVaR 模型评估了商业银行机构在内的四个金融子市场对整体金融体系系统性金融风险的贡献度[17]。郭晔和赵静等也借鉴该方法进行了类似的研究[18]。而艾德里安和布伦纳迈尔（Adrian and Brunnermeier）又对条件在险价值法进行了改进，提出了采用分析特定金融机构在面临财务困境时的整体 VaR 与该金融机构正常运转下的 VaR 的差值即条件在险价值之差（ΔCoVaR）来考察某一金融机构在处于危机时对整个金融系统带来的影响，并借此测度了某金融机构系统性金融风险的贡献度[19]。卡里马利斯和诺米科斯（Karimalis and Nomikos）则立足于 ΔCoVaR 模型考察了金融市场方面影响系统性金融风险爆发的诸多因素，同时也进一步研究了杠杆率等对系统性金融风险具有贡献度的因素之间的关联度[20]。

二是采用系统性期望损失（SES）或边际期望损失（MES）测度系统性金融风险的研究。该方法进一步考察了极端情形或非正常情形下行为主体的潜在损失。范晓云等评估了全球金融危机爆发期间及爆发前后我国金融机构对整个金融体系风险的边际贡献度[21]。苏明政等度量了我国上市商业银行的系统性金融风险[22]。宋清华和姜玉东则采用 MES 模型也做了类似的研究[23]。阿查里亚等（Acharya et al.）基于 SES 预估了极端情形下金融系统整体在系统性金融风险中遭受的可能损失，同时还借助 MES 考察了单个金融机构对系统性风险的贡献程度[24]。

三是采用系统性金融风险指数 SRISK 测度系统性金融风险的研究。该方法综合考虑了金融机构的债务、资产规模问题，避免了小负债及小资产规模的机构被列为系统性重要银行而夸大它们对系统性金融风险的贡献度[25-27]。瓦罗托和赵（Varotto and Zhao）则基于 SRISK 和 ES 等合成的指标检验了美国和欧洲银行层面的系统性金融风险[28]。

四是采用未定权益分析法（CCA）测度系统性金融风险的研究。该方法的思想最早来自布莱克和斯科尔斯（Black and Scholes）的期权定价理论和 Merton 的公司债务定价理论，通过计算财务违约距离和违约概率等风险指标分析金融领域的金融风险状况[29-30]。早期的研究主要是将该模型应用到企业或者商业银行的信用风险衡量中，与 KMV 模型的核心思想一致。国内外学者基于 KMV 模型通过大量数据样本，做了大量的实证研究，描绘出预期违约概率的轨迹和现实中高度匹配，证实了 KMV 在衡量企业违约（信用）风险的有效性[31-37]。黄等（Huang et al.）利用该模型计算了 2006～2008 年的中国银行、中国建设银行以及中国工商银行三大银行的违约距离并比较了它们的违约率，发现由于不良贷款率、贷存比以及非利息收入比的影响，中国建设银行的违约风险高出其他两家银行[38]。李晟和张宇航基于 KMV 模型及面板数据，计算了我国 2010～2016 年 16 家上市商业银行的违约距离，通过对影响违约距离的主要因素的回归分析发现，国有银行相对于非国有银行其信用风险相对较低[39]。在一些学者提出国民经济分部门分析框架后，CCA 模型初成并被引用到宏观层面，通过建立国民各部门市场数据的资产负债表，分析各部门的风险大小[40-42]。卡斯特伦和卡沃纽斯（Castren and Kavonius）利用 CCA 模型对欧元区国民经济各部门的宏观风险进行测量[43]。席尔瓦等（Silva et al.）利用 CCA 模型构造了能够反映葡萄牙整体金融风险状况的系统性风险指标[44]。国内部分学者则基于 CCA 方法测度了我国的系统性金融风险[45-47]。

五是通过构建金融压力指数来衡量系统性金融风险的研究。该指数既考察了金融主体的自身脆弱性，又兼顾了外部宏观环境的变化状况，测度综合情况下金融主体承受的金融风险。有学者利用加拿大的外汇、股票和银行等金融市场和金融机构的数据，挑选具有针对性的代表指标，测度了加拿大的金融压力指数，衡量了加拿大的系统性金融风险，为世界上诸多其他国家提供了预警系统性金融风险的新研究思路[48]。有学者以堪萨斯市为研究对象,选取 11 个代表性的变量指标合成一个综合金融压力指数来代表系统性金融风险[49]。巴拉克里希南等(Balakrishnan et al.)基于众多代表性指标组成的指标体系分别构建了发达经济体金融压力指数和新兴国家的金融压力指数[50]。格里马尔迪(Grimaldi)选取 16 个金融变量构建了样本考察期内欧洲的金融压力指数,并依此考察了该段时间内欧洲爆发的具有代表意义的金融风险事件[51]。卡达雷利等(Cardarelli et al.)以 17 个国家的金融数据为研究对象构建了综合金融压力指数[52]。路易斯和沃尔迪斯(Louzis and Vouldis)构建了希腊的系统性金融风险的压力指数[53]。毛瑞丰针对安徽省金融发展的现实情况,基于经济、金融和企业经营等方面选择指标对安徽省的系统性金融风险进行了综合评价[54]。许涤龙和陈双莲通过银行、房地产、股票市场和外部金融市场等多项风险状况指标,构建金融压力指数,综合测度我国面临的金融压力[55]。诸多学者基于涵盖货币、债券、股票和外汇市场的基础指标数据,构建了中国金融压力指数[56-58]。

文献述评:基于上述文献的梳理我们发现,系统性金融风险涉及面较广,是宏观性、系统性和全局性的风险。其"系统性"和"全局性"主要包含以下三层含义:其一,系统性金融风险立足于全局性和宏观性视角,关注的是某一风险冲击对整个金融系统甚至经济领域造成的潜在损失;其二,系统性金融风险会发生传染和扩散,风险冲击会在金融机构与金融市场之间、虚拟经济与实体经济之间甚至多个国家之间交叉传染;其三,系统性金融风险的负外部性明显,风险代价并不只局限于初始爆发风险事件的市场或机构,而会涉及与之关联的所有市场和机构。因此,本书界定的系统性金融风险更加注重系统性金融风险涉及范围的广泛性,认为系统性金融风险是一个涉及经济运行主体——经济四部门及宏观环境的综合命题。系统性金融风险的累积和传染并不仅仅体现为金融机构倒闭引发的多米诺骨牌效应,还可能体现为因为企业部门之间错综复杂的借贷关系、地方政府显性或隐形债务等而导致金融风险在不同地域间进行溢出并持续发酵，再加上外部宏观环境变化的冲击导致区域间金融市场产生共振，最终演化成全国性的系统性金融风险。

有关系统性金融风险的度量方式，随着研究的深入，由原来单一的注重系统性金融风险的预期损失逐渐转至综合系统性金融风险的内部和外部宏观环境来测度系统性金融风险，可见对于系统性金融风险的测度越来越接近现实系统性金融风险的特点。结合本书对系统性金融风险的定义，本书从政府部门、企业部门、家户部门、金融部门和宏观环境五大维度选择指标，并进一步构建金融压力指数来测度系统性金融风险。该方法相比于其他方法，其优势主要体现在：第一，可以充分体现系统性金融风险的全局性、系统性的特征；其二，金融压力指数法虽然比较简洁，但是可以和多种复杂模型结合运用，例如在测度出系统性金融风险各个维度的金融压力指数时，可以结合其他主流方法来具体阐释系统性金融风险演变趋势和结构特征。

1.2.2 金融杠杆对系统性金融风险空间溢出的作用关系的文献综述

1. 金融杠杆的内涵界定及测度

通过梳理文献可知，学者们主要从微观角度和宏观角度对金融杠杆进行了界定。立足微观视角，金融杠杆主要是基于资产负债表考察企业财务状况，综合反映企业某一时点负债规模及其结构，揭示企业未来所需支付的债务总额、偿债紧迫性和偿债压力的负债方和反映资产规模及其结构，揭示企业在某一时点所控制或者掌握的经济资源、分布状况及盈利能力的资产方[59-60]。立足宏观视角，众多学者一般将金融杠杆界定为债务产出比，用于衡量债务可持续性[61]。由于理论上 GDP 与国内总收入相等，因而往往用总债务与 GDP 之比作为衡量金融杠杆的指标[62]。

从金融杠杆的度量来看，微观企业的金融杠杆用负债比所有者权益、资产比所有者权益、资产与负债比以及上述指标的倒数来衡量[59-60]。此外，也有学者在微观的视角上测度了家庭和政府的金融杠杆，如一些学者通过家庭负债与家庭收入的比值或其倒数来衡量[63-65]，一些学者则采用财政赤字和财政收入的比值、政府债务余额与财政收入的比值测度了地方政府的金融杠杆[66-67]。与微观金融杠杆不同的是，宏观经济部门（政府、企业和家户部门）完整的资产负债表往往难以获得，因此微观金融杠杆的测量方式并不适用于宏观金融杠杆。因此国内测算宏观金融杠杆一般都采取达利奥（Dalio）的形式，通常将分母看成一国 GDP[61]，将宏观金融杠杆计算成部门信贷加总/GDP[68-78]。当然也有学者采用其他的方式来测算宏观金融杠杆，如一些学者采用的是社会融资余额与 GDP 的比值[79-81]，另一些学者采用广义货币供应量/GDP（M2/GDP）[82-83]。虽然上述指标各有利弊，但是整体上的变化趋势一致。近年来，也有学者们为了研究的需要，依次测算了四部门中每一部门的金融杠杆即各部门债务/GDP，如诸多学者测算出了金融部门、政府部门、企业部门和家户部门的金融杠杆[84-86]，而另一些学者只测算了非金融企业部门的金融杠杆[87-90]。

文献述评：金融杠杆的内涵有宏观和微观之分，二者之间既有区别，又有联系。从学者的研究来看，宏观角度的金融杠杆并不是微观角度金融杠杆的算数求和，原因在于微观主体之间的资产负债关系比较复杂，宏观金融杠杆是相互调整之后的表现。但同时微观角度的金融杠杆是宏观角度金融杠杆的前提和基础，只有辨析了宏观经济条件下微观经济个体的决策行为的变化，才能更准确地判断宏观角度金融杠杆的变化。而现实中，基于资产负债表的微观角度的金融杠杆仅仅反映了负债的存量变化，却显示不出负债的流量变化，同时更无法充分揭示债务的可持续性。此外，现实中也缺少某部门完整的资产负债表（特别是政府和家户部门），微观角度的金融杠杆并不适用。因此，鉴于数据可得性和数据实时连续性考虑，本书采用宏观角度的金融杠杆（以下简称金融杠杆）展开研究。从宏观层面来看，结合学者关于宏观层面金融杠杆的内涵界定，我们发现，无论是金融杠杆还是分部门的金融杠杆，金融杠杆其本质是创造单位资产或单位 GDP 所需要的债务或单位资产或 GDP

所承担的债务。如果金融杠杆降低，我们可以认为创造或产生单位资产或 GDP 所需的资金减少，也就是资金的使用效率较高。反之，则出现相反的情形。由此我们得出，金融杠杆的本质其实反映的是资金的使用效率问题。

2. 金融杠杆对系统性金融风险空间溢出的作用关系

全球性金融危机爆发之后，金融杠杆对系统性金融风险空间溢出的作用关系受到越来越多专家学者的关注，相关的研究主要集中于以下三个方面：

一部分学者重点验证了金融杠杆对系统性金融风险的负面冲击作用。艾德里安和茜恩（Adrian and Shin）基于货币财富效应最大化视角，研究了美国金融杠杆与总体流动性的关系，指出金融杠杆的亲周期性是金融系统不稳定的原因[91-92]。毛菁的研究指出，银行等金融中介机构在利益动机的驱使下，放大金融杠杆以贷放有限的次级贷款，最终导致单家金融机构的流动性风险演变为整个金融领域的系统性金融风险[93]，继而造成金融机构大量倒闭、金融市场瞬间崩溃、货币贬值与资本大规模外逃的危机局面，从而使金融和经济损失惨重[94-95]。切凯蒂等（Cecchetti et al.）的研究表明较高的债务杠杆会抑制经济增长，诱发系统性金融风险甚至金融危机[96]。利达和吴益群（Elekdag and Wu）、舒拉里克和泰勒（Schularick and Taylor）基于西方发达国家的长时间周期的货币、信贷和宏观经济变量的研究指出，信贷飙升和金融杠杆增加往往是金融危机爆发的信号[97-98]。布依斯等（Bouis et al.）的研究中，去杠杆如果是基于资产减少或对非金融部门的贷款减少，那么金融部门金融杠杆的降低，将会导致非金融企业或家庭的需求减少，从而会拖累实体经济增长，进而会引发经济危机[99]。瓦伦西亚（Valencia）指出在银行放贷需求的刺激下，过度杠杆化会强化银行等金融部门的风险忍受激励，最终会使银行过度承担风险，从而导致金融系统不稳定[100]。艾德里安和博亚琴科（Adrian and Boyarchenko）基于动态宏观经济模型的分析发现，银行等金融机构所遭受的风险约束将产生内生性的系统性风险，并最终诱发系统性金融风险[101]。阿夫古利亚斯（Av-gouleas）基于微观审慎和宏观审慎双重视角，探讨了金融杠杆的周期性变化如何造成金融系统的不稳定[102]。

还有一部分学者指出了金融杠杆对系统性金融风险的影响存在阈值，金融杠杆一旦超过阈值，将对系统性金融风险产生负面影响，如一部分学者认为信贷扩张是金融危机的重要先行指标，伴随金融杠杆的不断攀升，风险不断积累，一旦金融杠杆超过某阈值，就可能诱发经济和金融危机[103-105]。此外，从动态视角研究债务和金融危机两者关系的"5-30规则"，表明5年之内，若金融杠杆（以国内信贷规模与一国GDP之比衡量）增长幅度大于30%，则这个国家将大概率迎来新一轮金融危机，历史上的案例诸如1985~1989年的日本经济、2006~2010年的欧洲经济和2003~2007年的美国经济均表明了这一点。纪敏等研究认为，金融杠杆高企极易诱发系统性金融风险，但两者关系受金融杠杆阈值的影响，而金融杠杆阈值由于债务的可持续性会发生动态变化，而债务的可持续性则受信贷扩张在不同经济发展阶段债务效率的影响，由此来看，债务的可持续性和债务效率对系统性金融风险具有重要影响[60]。刘晓光和刘元春认为，一定程度的金融杠杆上升，将会促进经济的增长，但是伴随经济不同阶段的发展变化，金融杠杆对经济增长的促进效应会形成企业的非理性预期，尤其是经济处于过热阶段，这时往往会导致企业债务增长速度快于产出的增长速度，金融杠杆的消极效应逐渐显现[77]。于博和吴菡红的研究则表明，同业金融杠杆上升的过程中，银行等金融机构的债务风险表现出先上升后下降的态势[106]。

也有学者开始将空间因素纳入金融杠杆对系统性金融风险空间溢出的作用关系研究中。伏润民等考察了地方政府债务风险的空间外溢效应，认为地方政府债务可能通过挤占辖区内外居民和企业的信贷，从而对企业的投资以及居民的消费产生挤出，最终对金融体系产生风险传染和扩散[107]。沈丽等则进一步基于关系数据视角，审视了地方政府债务的空间溢出呈现多线程复杂的特征[108]。夏越则基于我国的省际数据，证实了金融杠杆对系统性金融风险的"U"型关系，并指出中国的地区间金融杠杆对系统性金融风险均存在显著的空间外溢效应[109]。

文献评述：现有文献对金融杠杆对系统性金融风险空间溢出的作用关系进行了丰富翔实的研究，证实了金融杠杆对系统性金融风险空间溢出的存在性。从学者的研究来看，金融杠杆对系统性金融风险空间溢出的作用关系并没有形成统一的研究结论，因此在我国面临经济增速换挡，经济结构转型的当下，有必要对金融杠杆对系统性金融风险空间溢出的作用关系做进一步探讨。此外，金融杠杆作为一个宏观层面的概念，其必然存在不同部门与不同区域的结构差异，由此，探讨不同区域不同部门金融杠杆对系统性金融风险空间溢出的异质性的研究有待进一步展开。

1.2.3　金融杠杆对系统性金融风险空间溢出的作用机制的文献综述

金融杠杆的大小其本质对应的是某主体的债务大小，在此逻辑上，梳理国内外关于金融杠杆如何影响系统性金融风险的研究发现，金融杠杆对系统性金融风险的影响的研究较早且日趋成熟。

早期进行研究的学者们更加关注金融杠杆的经济周期性特征在金融杠杆对系统性金融风险影响的过程中发挥的作用。最早可追溯至 Fisher 提出的"债务—通缩"理论，该理论指出市场利率较高时，企业负债规模庞大会使货币的周转率下降，致使经济增速降低甚至经济衰退，最终出现"债务型通货紧缩"的局面。具体来讲，在企业债务堆积过多，债务规模过大的情况下，融资约束趋紧，企业会因此降低投资和生产，同时抛售资产用以还债，进而导致企业资产价格和资产净值下降，债务水平相应上升。如此下去，高债务和通货紧缩的不良局面相继出现，"债务—通缩"形成。该理论也奠定了研究债务与金融风险两者关系的基础[110]。明斯基（Minsky）、戴蒙德和迪维格（Diamond and Dybvig）在此基础上进行进一步研究指出，参照金融风险相关理论，内部因素和外部因素共同作用可使地方政府债务演变为系统性金融风险[111-112]。内部因素主要是指由市场发育不成熟不完善引发的信息不对称及资产价格的非正常波动,使得金融系统自身存在脆弱性,此外,地方政府债务规模的扩张,会使地方政府部门和金融机构的业务往来频繁,加剧风险传播,诱发系统性金融风险。外部因素则主要是指地方政府债务的亲周期性特征,容易导致银行的"挤兑风潮"和降价抛售行为的产生,破坏经济稳定运行机制,加剧系统性风险对经济的破坏程度。明斯基将研究视角由地方政府债务延伸至企业债务和个人债务,指出企业债务或者个人债务规模的不断增加,也会导致巨大的偿债压力和负担,最终累积风险直至系统性金融风险爆发[113]。托宾(Tobin)的研究进一步指出,"债务—通缩"机制会恶化消费和投资等的社会总需求,进一步加剧经济走向衰退[114-115]。

随着研究的推进,学者们发展完善了"债务—通缩"理论。伯南克等(Bernanke et al.)基于市场存有摩擦、信息不充分的视角,将"债务—通缩"机制发展成为金融加速器模型。金融加速器的主要内容为在市场存在摩擦、信息不对称的经济环境下,"债务—通缩"机制一旦被触发,经济环境将会面临以下情况的恶化:企业经营惨淡,其破产的可能性加大,导致信贷资金的富余者对信贷资金的需求者的鉴别和监督成本不断提高,从而资金的风险溢价上升,资金丰裕者放款动机趋弱,由此企业的融资约束增强,企业融资成本上升,最终出现"企业资金成本上升—企业经营困境—企业资产负债衰退—金融风险爆发"的恶性循环,因无法改变"债务—通缩"的局面,而导致经济走向衰退[116]。卡什亚普等(Kashyap A. et al.)基于微观个体视角的研究则表明,众多微观企业个体的财务风险会由于杠杆原理及其杠杆的形成路径得到放大,最终众多个体的财务风险演变为系统性金融风险[117]。明斯基进一步通过对"债务—通缩"理论的触发机制进行深入探讨,提出了"金融不稳定"学说。"金融不稳定"学说认为,经济系统在某些融资机制下是稳定运行的,但伴随经济周期的波动,其运行也会发生相应的波动。如在经济繁荣的时期,市场中投资主体的风险偏好上升,投资性融资和庞氏融资的规模不断膨胀,由此由有利于经济稳定运行的融资关系转变为破坏经济稳定运行的融资关系，市场运行的不确定性增加。此时经济运行的不确定风险上升，市场中投资主体的风险偏好发生逆转，由昔日的偏好风险型转为厌恶风险型，投资者开始降价抛售已有资产，导致资产工具的价格下跌，资产价值缩水，"债务—通缩"机制被触发[118]。北基约府和摩尔（Kiyotaki and Moore）则在"债务—通缩"机制的基础上进一步研究，提出了"金融加速器"学说。"金融加速器"学说认为，在经济繁荣期，企业股票价格上升，由此企业的资产价值会上涨，由于企业资产价值上涨的财富效应导致银行更愿意贷款给该企业，企业的这种加杠杆行为会导致企业进行更多的投资，企业投资的增加将会进一步增加企业的资产价值，如此循环往复，形成了"企业信贷扩张—企业投资增加—企业资产价值上升"的自我循环机制。该种自我循环机制一方面使得企业信贷杠杆放大了经济周期，另一方面，债务杠杆的不断扩大也加剧了企业等实体经济部门在市场中的脆弱性和不稳定性。这会导致企业等实体经济部门即便是受到来自外部很小的冲击，也可能会产生剧烈的经济波动[119]。

全球性金融危机爆发之后，学者们认识到金融的迅速发展以及金融体系的庞大，不仅增加了金融系统的相互关联，同时也加剧了金融体系的脆弱性和不稳定性。诸多学者探讨了银行机构间复杂的债权债务关系对系统性金融风险的影响，并将相关的网络研究方法和理论拓展至对保险业、清算以及支付系统等更加庞大的金融领域的研究中[120-123]。包全永通过构建较为封闭的银行体系及银行机构间市场传染模型发现，银行机构系统性金融风险的传播行为存在自我放大机制，防范银行机构的系统性金融风险爆发的关键在于阻断银行机构间风险的传染途径，进而抑制风险的扩散传染[124]。马君潞等认为银行监管理论和实践的发展均证明，伴随金融体系内的各个体间的经济链接日益繁复，网络理论和模型逐渐成为研究者完整清晰地剖析复杂系统的有用工具[125]。银行等金融机构之间存在各式各样的关联，其关联的主要形式既有基于银行间同业拆借和存放同业等的资产负债之间的关联，同样也有持有共同资产等的间接关联，这些形式各样的关联使得银行与银行之间高度联系，由此银行之间便会形成一张复杂的关系网络，一旦网络中的某家银行或某几家银行遭到冲击，这些银行所遭受的风险便会沿着这种复杂的网络发生大规模的传染和扩散，最终将放大风险，导致整个银行体系出现不稳定性[126-131]。

伴随影子银行规模的持续膨胀，另一部分学者则认为影子银行金融杠杆的提高助推了系统性金融风险的爆发。影子银行金融杠杆提升系统性金融风险的渠道有很多，阿查里雅等（Acharya et al.）认为影子银行通过银行理财产品渠道加剧了银行系统脆弱性，同时影子银行与金融机构的密切关联加剧系统性金融风险的传染[132]。不仅影子银行体系与银行在资金、资产和证券化方面的关联会加剧金融风险[133]，影子银行还通过挤兑银行系统流动性加剧银行系统性脆弱性[134]。此外，影子银行会通过房地产市场的风险传染，提高系统性金融风险[135]；还会通过对地方政府债务的风险传染，提高系统性金融风险[136-137]。

在实体经济领域，一些学者主要从以下三个角度探讨了实体部门金融杠杆对系统性金融风险的影响机制：首先，一些学者探讨了企业金融杠杆对系统性金融风险传染的作用机制。如陶玲和朱迎认为在我国经济转轨过程中，产能过剩以及企业的债务过大会使银行等金融机构的不良贷款率急剧攀升、虚拟经济和实体经济发生偏离、资金配置效率低下等，继而威胁金融体系的稳定运行[56]。苟文均等的研究指出，我国实体经济部门尤其是非金融企业部门债务杠杆快速上升，已严重累积和集聚了系统性金融风险，且此研究还进一步提出了化解系统性金融风险的决策思路与决策参考：花大力气发展非金融企业部门股权融资等直接融资以及实施实体部门间杠杆的转移，可以有效化解系统性金融风险，提高经济和金融系统的整体稳健性[60]。

其次，一些学者从地方政府债务角度来探讨地方政府金融杠杆对系统性金融风险的作用机理，如马建堂等指出地方政府债务中包含像担保这种或有债务的隐性债务，因此具有较大的债务风险隐患[138]。项后军等指出我国金融杠杆的不断攀升，尤其是地方政府债务超规模增长所体现出的潜在债务风险，一定程度上增加了经济波动，恶化金融和经济的稳定性[139]。毛锐等的研究表明地方政府债务规模的扩张在地方政府投资动机的驱使下表现出亲经济周期的特征，而商业银行等金融机构作为地方政府债务风险的主要承担者，其对地方政府债务的大量认购必然导致地方政府债务风险转化为银行等机构的金融风险[140]，且中央政府对地方政府的隐性担保逐渐降低，地方政府债务大规模增加不仅使资金配置发生扭曲，还会使持有地方政府债券的居民和金融部门的风险持续累加，最终使风险突破某临界值而爆发系统性金融风险[141-142]。

最后，立足于产业视角来探究金融杠杆对产业系统性金融风险的影响的研究。王辉和李硕认为考虑到目前我国房地产的金融属性，将房地产行业纳入金融体系内之后比原来单纯考虑银行业的金融体系更加脆弱，风险扩散的速度也变得更快；和房地产企业中的信贷比较，个体购房的按揭贷款对银行等金融机构的冲击更加明显，而相比于房地产行业，银行等金融机构受流动性的冲击更明显[143]。方意也将房地产行业纳入金融系统，研究了扩大了的金融体系，认为我国的房地产行业和银行等金融机构已经构成一个利益共同体，主要表现为在银行的信贷资金有很大一部分投资到房地产行业中，而房地产行业所需要资金的很大一部分也是来自银行等金融机构，当房地产行业受到较为强烈的外生冲击时，该冲击不仅会直接对银行系统产生负效应，还会因为银行等金融机构之间复杂的债权债务往来而加倍扩大[46]。杨子晖和李东承则重点关注了我国银行业的风险传染问题。根据他们的研究发现，由于银行之间关联导致的传染性风险在整个银行业系统性金融风险当中的占比越来越大，而从银行所有制属性来看，相比于国有大型银行和城镇化的中小型银行，股份制商业银行是银行业主要的系统性金融风险的载体和触发者。如若想降低银行等金融机构的系统性金融风险，可采取以下方式：增加银行的资本金以便增强银行等金融机构吸收损失的能力；降低银行与银行之间的负债金额以及杠杆倍数，以防止外部负向冲击加重银行自身面临的资产损失和风险传染的广度和深度[144]。朱波等基于行业视角研究了不同行业中系统性金融风险的差异性。他们的研究指出，与其余行业相比,采矿业、建筑业和房地产业的系统性金融风险的传染效应排在前列,究其原因可能与我国在不同时期制定的不同的产业政策密切相关。从债务融资的类型来看,公开债务融资使行业风险的外溢效应明显,相比之下,私人债务融资对行业风险外溢的总效应则并不明显。但是从分行业来看私人债务融资的风险溢出效应发现,不同阶段的私人债务融资在不同行业表现出不同的风险外溢效应。从私人债务融资的债务期限和债务成本细分维度来看,当长期债务占总债务的比率越高,私人债务融资对行业金融风险传染效应的影响越弱;而债务成本则对行业金融风险溢出效应的影响为正,且计量意义上显著[145]。于博和吴菡虹则研究了同业杠杆率对银行信贷风险的冲击作用,指出同业杠杆率攀升,银行信贷风险呈现先下降后上升的趋势,且不同的银行规模会使同业杠杆率对银行信贷风险产生异质性影响[106]。

文献述评:上述研究为进一步考察金融杠杆对系统性金融风险空间溢出的作用机制奠定了丰富的证据和有益的启示。结合现有文献发现,专家学者在探讨金融杠杆对系统性金融风险空间溢出的作用机制时,根据研究的视角不同,分别探讨了不同经济周期对金融杠杆对系统性金融风险的作用机制的影响、企业等实体经济部门和影子银行等虚拟经济部门金融杠杆对系统性金融风险的作用机制。而无论是实体部门还是虚拟部门,金融杠杆导致系统性金融风险上升的本质在于对资金的使用情况。由此,本书将虚拟经济部门和实体经济部门合在一起,即从经济部门整体来看,从金融杠杆的本质出发,进一步探讨金融杠杆对系统性金融风险空间溢出的作用机制。而结合现有研究,从经济部门整体以及金融杠杆本质来看,我们发现,资金的配置效率、金融发展和实体经济的匹配程度以及经济周期均会在金融杠杆如何影响系统性金融风险中发挥作用,由此从上述三个方面出发,从整体视角研究金融杠杆对系统性金融风险的作用机制将进一步丰富金融杠杆对系统性风险作用机制的理论分析,同时将空间因素考虑在内,将进一步完善金融杠杆对系统性金融风险空间溢出的作用机制。

1.2.4 金融杠杆对系统性金融风险空间溢出的实证分析的文献综述

按照学者们采用实证方法的不同，本书将金融杠杆对系统性金融风险空间溢出的实证研究总结为以下几个方面：

一是基于系统广义矩估计（系统 GMM）估计方法展开的实证研究。陈雨露等基于 119 个国家（地区）1980～2012 年的动态面板数据，采用系统 GMM 实证证明在越过老龄化"拐点"之后，金融危机发生的概率将随"去杠杆化"进程而明显上升[146]。潘敏和袁歌骋基于世界 97 个国家和地区的年度非平衡面板数据，利用系统 GMM 实证检验了金融去杠杆对宏观经济波动的影响。研究表明，金融去杠杆会抑制经济增长，加大经济波动，但以资本市场为代表的直接金融的发展会弱化金融去杠杆对经济增长的负效应和对经济波动的放大效应[147]。吴建銮等基于我国 30 个省份 2001～2015 年的面板数据，通过构建动态面板数据模型，采用系统 GMM 估计方法进行回归分析发现，金融杠杆波动性变化势必会由于导致家户部门债务规模变动而造成资产价格波动，从而对经济生活中的就业、收入以及银行的风险敞口产生影响。同时，鉴于银行的中介性功能，其风险必然会传导至与之相关的非银行金融机构，最终造成金融系统的不稳定运行及经济波动[148]。

二是基于二值选择模型及其拓展形式展开的实证研究。马勇等以全球范围内具有代表性的 66 个国家或地区的 1980～1999 年的跨国数据为基础，使用 ML‐Binary Probit 方法进行回归分析发现，信贷规模增加对银行业系统性金融风险的爆发具有显著的正向影响，表明信贷扩张速度越快，爆发系统性银行危机的概率越大[149]。刘刚和何永同样采用该模型的研究表明，金融杠杆与发生金融危机的可能性之间具有显著的正向相关性，即一个国家的金融杠杆越高，该国发生金融危机的概率越大[150]。而马勇等则基于 91 个国家 1983～2012 年的面板数据，综合采用系统 GMM 估计方法和二元面板离散模型对金融杠杆、经济增长和金融稳定的关系进行了实证分析。实证结果显示，金融杠杆波动与经济增长和金融稳定均具有显著的负向相关关系，金融杠杆波动程度的加大不仅会危害经济增长，还会对金融体系的稳定性产生负面的影响[151]。

三是基于向量自回归模型及其扩展形式展开的研究。游家兴基于非对称多元 GARCH 模型检验了全球 8 个主要国家资本市场资产价格间的相关性，证实了金融风险在国际市场间的传染效应[152]。曹源芳和蔡则祥基于 Granger 因果检验方法表明了金融风险在我国各地区之间存在传染和扩散，并进一步指出在风险聚集期其传染效应更显著[153]。何德旭和苗文龙基于 DCC – GARCH 等模型的研究发现，金融市场的波动变化在国际间存在溢出现象，此外，全球性金融危机爆发之后，样本国的股指波动率对我国的风险溢出呈现增强的趋势[154]。方芳和黄汝南以我国 2000 ~ 2016 年宏观经济数据，建立具有马尔科夫区制转移特征的向量自回归（MS – VAR）模型，实证分析在经济环境处于不同阶段时金融杠杆增加对各部门金融风险的影响。结果表明，金融杠杆增加后，金融风险累积阶段各类价格的反应程度强于金融风险释放时期；房地产价格波动领先于实体经济价格，汇率波动领先于金融资产价格，且房地产价格波动与金融资产价格具有交替性[155]。刘晓欣和雷森利用我国的相关数据，采用 SVAR 方法探究了金融杠杆与房地产价格之间的相互冲击，并进一步考察了它们对金融稳定的影响。结论指出，金融杠杆与房产价格两者之间相互促进，并且它们的急速攀升均严重威胁金融体系的稳定运行[156]。

四是基于 CCA 方法展开的实证研究。CCA 方法既可以通过测算出财务违约距离和财务违约概率等风险度量指标分析单个金融机构风险状况，又可以通过资产负债表关联考察风险在金融体系内部的扩散和传染机制。当前涉及使用 CCA 探究金融杠杆对宏观金融风险网络传染的文献，基本都是将 CCA 模型拓展至宏观层面，通过建立国民经济各部门基于市场数据的资产负债表来研究系统性金融风险的部门间传染[157-159]。卡斯特伦和卡维纽斯（Castren and Kavoniuus）刻画了欧元区国民经济各部门的风险传染[160]。席尔瓦等（Silva et al.）刻画了葡萄牙的金融风险传染[161]。宫晓琳运用了基于 CCA 的宏观金融风险测度方法，通过我国 2000 ~ 2008 年系统性宏观金融存量数据对风险传染状况及其实现机制进行实证分析发现，负面冲击在形成初始价值损失或激起金融市场波动增加之后，增高了风险又将借助部门间的各种金融关联实现跨部门传导[162]。接着，宫晓琳又借鉴格雷等（Gray et al.）提出的方法，通过构建国民经济部门的资产负债表，度量了我国 2000 ~ 2008 年的宏观金融风险，并进一步量化了其在金融网络中累积与传染过程[163]。苟文均以 CCA 模型为基础，分别利用美、欧及我国相关数据，在对宏观金融风险进行测度与对其传染机制进行描述的基础上，基于时间和截面两个角度，研究了债务杠杆与系统性金融风险的关系。研究表明，债务杠杆的上升，提高了各国民经济部门的风险，破坏了金融网络中节点的稳定性，同时也使风险在网络中的分布情况以及传染方式发生变化，最终使处于关键节点的金融部门发生风险集聚[85]。

　　五是网络传染方法。古德哈特（Goodhart）描绘了经济的不利冲击在国民经济各部门间通过资产负债表关联进行传播和扩散的理论模型[164]。卡斯特伦和卡沃纽斯（Castren and Kavonius）基于欧元区金融账户资产负债表数据刻画了部门间的关联网络模型[165]。宫晓琳和卞江沿用卡斯特伦和卡沃纽斯（2009）的研究思路，依据我国 2007 年资金流量数据在构建我国国民经济部门间金融关联网络的基础上，识别并量化了风险的部门间传染机制[166]。宫晓琳揭示了经济不利的外部冲击所造成的财富损失在部门间循环扩散和传播的轨迹，同时也估计考察了发生资产负债表传染时，各机构、各部门在各传染过程中的损失量[163]。王辉和李硕认为考虑到目前我国房地产的金融属性，将房地产行业纳入金融体系内之后比原来单纯考虑银行业的金融体系更加脆弱，风险扩散的速度也变得更快；和房地产企业中的信贷比较，个体购房的按揭贷款对银行等金融机构的冲击更加明显，而相比于房地产行业，银行等金融机构受流动性的冲击更明显[143]。王晓枫等基于复杂网络思想的分析发现，银行间市场风险存在传染和扩散效应，规模较小的银行受到冲击进而倒闭的概率更大[167]。方意创新性地构建了包含银行破产机制和去杠杆机制的资产负债表直接关联网络模型[46]。胡志浩和李晓花基于无标度金融网络探讨了模型参数——感染率、治愈率、免疫失效率和网络紧密度对风险传染的影响，并且构造了具有无标度特征的我国金融网络，并在此基础上进行了风险传染和救助的数值模拟[168]。

六是空间计量方法。克莱健和塔夫拉斯（Kelejian and Tavlas）等通过空间计量方法估计不同区域金融危机的溢出效应[169-170]。李刚等采用空间计量模型实证检验了金融危机分布的空间集聚性和传导路径，得出金融风险传递的主渠道为地理位置、对外依存度和资本项目开放程度的结论[171]。崔百胜和姜逸菲采用空间计量模型验证了金融危机传染具有显著的空间效应，且在贸易上空间依赖性更显著，同时基本面恶化会加深风险传染[172]。

文献述评：已有研究采用不同的方法对金融杠杆对系统性金融风险的空间溢出进行实证检验。通过梳理上述文献发现，学者们采取方法主要是系统 GMM 估计方法、二值选择模型及其拓展形式、向量自回归模型及其拓展形式和 CCA 方法。相比于其他方法，在验证金融杠杆对系统性金融风险的空间溢出的作用关系时，二次指派程序（QAP）能做到基于金融杠杆和系统性金融风险自身的空间溢出，来验证金融杠杆对系统性金融风险的空间溢出，而在检验金融杠杆对系统性金融风险空间溢出的作用机制时，则结合经典的空间计量方法，检验统一理论分析框架中的各渠道对金融杠杆对系统金融风险的区域内和区域间的溢出，相比于其他方法，更加充分地考虑了研究主体的空间相关性和空间异质性。

1.2.5　文献评述

国内外相关研究已经取得了大量具有理论意义和应用价值的成果，这为本书的研究奠定了良好的研究基础。通过梳理现存文献发现，已有研究在以下几个方面仍需进一步探讨：

第一，关于系统性金融风险的界定及衡量的研究，本书从宏观意义上界定金融风险，不同于以往研究从股票市场、外汇市场、房地产市场等多维度构建指标体系测度系统性金融风险的研究，本书综合"政府、企业、金融、家户和宏观经济环境"多个维度选取指标，测算出系统性金融风险的金融压力指数来衡量系统性金融风险，充分考虑系统性金融风险的传染性、扩散性和全局性的特征。

第二，关于金融杠杆对系统性金融风险空间溢出的作用关系的研究，大部分文献对金融杠杆对系统性金融风险空间溢出的作用关系存在一定差异，因此在充分考虑了金融杠杆和系统性金融风险自身空间溢出特点的基础上，探讨金融杠杆对系统性金融风险空间溢出的研究有待进一步探究和验证。此外，鉴于金融杠杆作为一个宏观层面的指标，其内部也必然存在着不同区域不同部门之间的差异性，因此从结构性视角出发探讨金融杠杆对系统性金融风险空间溢出的研究有待进一步展开。

第三，关于金融杠杆对系统性金融风险空间溢出的作用机制的研究，根据学者们不同的研究视角，分别探讨了银行、企业和政府等金融杠杆对系统性金融风险的作用机制。而基于整体视角，从金融杠杆的本质出发，进一步考虑空间因素来探讨金融杠杆对系统性金融风险空间溢出的作用机制的统一理论框架需要提出并给予验证。

第四，关于验证金融杠杆对系统性金融风险空间溢出的研究方法，相比以往研究中的其他方法，在验证金融杠杆对系统性金融风险空间溢出的作用关系时，QAP 更能考虑金融杠杆和系统性金融风险自身的空间溢出，来检验金融杠杆对系统性金融风险空间溢出的作用关系；而在检验金融杠杆对系统性金融风险空间溢出的作用机制时，经典的空间计量方法可以更准确地考虑空间因素的影响，从而检验统一理论分析框架中的各渠道对金融杠杆对系统金融风险的区域内和区域间溢出。

1.3　主要研究方法

本书通过多种研究方法的有机结合，开展了金融杠杆对系统性金融风险空间溢出的实证研究。具体方法如下：

第一，Dugum 基尼系数法和核密度估计法。首先，杜格姆（Dugum）基尼系数法是由杜格姆于 1997 年提出的基尼系数及其子群分解的方法，可具体衡量出研究主体的地区差异。其次，核密度方法是描述随机变量分布形态的非参数估计方法之一，以其依赖性弱、稳健性强被广泛应用在空间非均衡性的分析中。本书基于 Dugum 基尼系数和核密度估计从空间维度分析系统性金融风险的演变趋势，相比于其他方法，两种方法的结合使用，既可以分析系统性金融风险的在全国、东部、中部、西部和东北地区的地区内差异、地区间差异以及超变密度贡献率，又可以进一步分析各省份系统性金融风险的分布位置、态势、延展性以及极化趋势等的动态变化过程。

第二，社会网络分析法。社会网络分析法分析的基础是"关系数据"，即基于引力模型构建研究主体空间溢出的关联网络，而后基于构建网络的结构特征去分析网络成员的"属性数据"，"属性数据"更多体现的是网络成员的自身属性。关于系统性金融风险和金融杠杆的空间关联特征，本书基于引力模型识别系统性金融风险和金融杠杆的空间关联关系，用社会网络分析方法刻画了系统性金融风险和金融杠杆的空间关联结构特征，其优势在于充分考虑了系统性金融风险和金融杠杆自身的空间关联。

第三，二次指派程序（QAP）法。QAP 是对两个方阵中的各元素进行匹配，进而得出两个方阵相关系数并在矩阵数据随机置换的基础上，对得出的相关系数进行非参数检验的一种方法。相比于其他方法，本书采用二次指派程序（QAP）实证检验金融杠杆对系统性金融风险空间溢出的作用关系，可更加充分考虑金融杠杆和系统性金融风险自身的空间关联特征，增加了实证结果的准确性。

第四，空间杜宾模型。空间杜宾模型是勒塞奇和佩斯（LeSage and Pace）在 2009 年提出的空间建模方式之一，该模型既考虑了直接溢出效应，也称区域内溢出效应，即本地区自变量变化对本地区因变量变化产生的影响，也衡量了间接溢出效应，也称区域间溢出效应，即本地区自变量变化对其他区域因变量变化产生的影响。本书采用空间偏微分中的杜宾模型，将统一理论分析框架中的各作用渠道纳入到空间偏微分模型中，实证检验金融杠杆对系统性金融风险的区域内和区域间溢出，弥补了传统回归模型中由于忽视空间异质性和空间相关性导致实证结果有偏的不足。

1.4 研究思路与框架

1.4.1 研究思路

本书研究遵循"发现问题、厘清问题、分析问题、解决问题"的基本思路，研究过程强调"理论逻辑、数理逻辑、经验逻辑"的有机结合。基本研究思路如下：首先，正确认识系统性金融风险的概念内涵，认为系统性金融风险是一个关于"政府—企业—家户—金融"的综合性和宏观性命题，并选择合适的测度方法评估系统性金融风险的大小，在此基础上对系统性金融风险在时间维度和空间维度的演变趋势以及空间关联结构进行刻画；其次，在分析金融杠杆对系统性金融风险空间溢出的积极作用和消极作用的基础上，具体阐释金融杠杆对系统性金融风险空间溢出的作用关系，并进一步构建金融杠杆对系统性金融风险空间溢出的作用机制的统一理论分析框架；然后，在测度出我国各省份金融杠杆的基础上，实证检验我国金融杠杆对系统性金融风险空间溢出的作用关系及作用机理；再次，实证检验结构性金融杠杆对系统性金融风险空间溢出的异质性；最后，针对上述研究成果，对我国"结构性去杠杆"任务的推进和防范化解系统性金融风险提供相关政策建议。研究思路如图 1-1 所示。

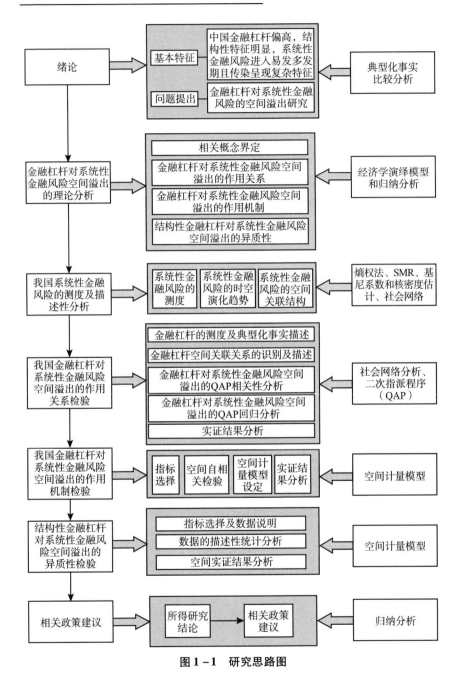

图1-1　研究思路图

1.4.2 研究框架

本书分为 8 个部分，具体内容安排如下：

第 1 章为绪论。本部分旨在从我国经济处于金融风险易发、高发期，系统性金融风险交叉传染更加复杂，高金融杠杆以及我国推出"结构性去杠杆"政策的背景下，明确本书研究的关键问题及其现有研究进展，进一步阐释本书的研究内容、研究方法、研究思路与框架以及创新之处。

第 2 章为金融杠杆对系统性金融风险空间溢出的理论分析。本部分旨在具体阐释金融杠杆对系统性金融风险空间溢出的作用机理。主要内容包含三个方面：第一，金融杠杆对系统性金融风险空间溢出的作用关系分析。在理论上，梳理了金融杠杆对系统性金融风险空间溢出的积极作用和消极作用，并最终推测出本书的金融杠杆对系统性金融风险空间溢出的具体作用关系。第二，金融杠杆对系统性金融风险空间溢出的作用机制分析。将影响金融杠杆对系统性金融风险空间溢出的各渠道纳入统一的分析框架，并从区域内和区域间视角具体阐释各渠道在金融杠杆对系统性金融风险空间溢出中的作用。第三，结构性金融杠杆对系统性金融风险空间溢出的异质性分析。基于结构性金融杠杆视角，具体分析不同部门的金融杠杆对系统性金融风险空间溢出的异质性。

第 3 章为我国系统性金融风险的测度及描述性分析。本部分旨在在合理衡量系统性金融风险的基础上，从时间和空间维度描述系统性金融风险的时空演变趋势，并进一步基于社会网络分析方法描述系统性金融风险空间关联关系的结构特征。主要部分包含如下：第一，系统性金融风险的测度。基于我国省域数据，从政府部门、企业部门、家户部门、金融部门和宏观环境五个维度选择替代指标，基于熵权法为各维度指标赋权，构建金融压力指数来衡量系统性金融风险。第二，对系统性金融风险的演变趋势进行阐释。首先从时间维度，基于 SMR 模型衡量出样本考察期内，各省域系统性金融风险所处的风险等级；其次从空间维度，基于 Dugum 基尼系数法刻画系统性金融风险的区域内差异和区域间差异以及系统性金融风险区域差异的来源及贡献，并进一步基于核密度估计方法描述了全国、东部地区、中部地区、西部地区和东北地区系统性金融风险的分布动态的变化趋势。第三，系统性金融风险空间关联的结构特征分析。基于社会网络分析模型，从关联关系整体网特征、中心性、块模型、密度矩阵和像矩阵等方面对系统性金融风险的空间关联特征进行分析。

第4章为我国金融杠杆对系统性金融风险空间溢出的作用关系检验。本部分旨在实证检验金融杠杆对系统性金融风险空间溢出的作用关系。主要部分包含如下：第一，金融杠杆的测度及典型化事实描述。本部分旨在在对我国分部门和整体金融杠杆以及各省份金融杠杆测度的基础上，对金融杠杆的结构特征及地区特征展开描述。本部分主要参照以往研究中整体和分部门金融杠杆的测度方法和指标选择，对我国的整体和分部门金融杠杆进行测度，并对其变化趋势进行了分析，并基于国际视角，将我国政府部门、非金融企业部门、金融部门和家户部门金融杠杆与发达经济体和新兴经济体进行对比，具体阐释我国金融杠杆在国际上处于何种水平。此外，在对我国各省份金融杠杆测度的基础上，对我国金融杠杆各省份金融杠杆特征展开分析，旨在具体阐释金融杠杆的地区特征。第二，金融杠杆的空间关联关系的识别及描述。在基于引力模型识别各省份金融杠杆的空间关联关系的基础上，基于社会网络分析方法，从关联关系整体网特征、中心性、块模型、密度矩阵和像矩阵等方面对金融杠杆的空间关联关系进行刻画。第三，金融杠杆对系统性金融风险空间溢出的作用关系的 QAP 相关性分析。第四，金融杠杆对系统性金融风险空间溢出的作用关系的 QAP 回归分析，分地区和分时期两个角度分别考察金融杠杆对系统性金融风险空间溢出的作用关系。

第5章为我国金融杠杆对系统性金融风险空间溢出的作用机制检验。本部分旨在在上述理论机制的基础上，实证检验金融杠杆对系统性金融风险空间溢出的作用机制。主要包含两方面的内容：第一，指标的选择及数据来源。根据理论分析，分别确定本部分所需的被解释变量、核心解释变量和其余控制变量，并对本部分所用的数据来源、样本长度及样本范围进行说明。第二，系统性金融风险的空间自相关性检验。空间自相关性检验是检验金融杠杆及其他因素对系统性金融风险空间溢出效应的基础和前提。基于最为流行的莫兰指数法，对系统性金融风险的全局自相关进行检验，并进一步基于 LISA 散点图对系统性金融风险的局部自相关性进行检验。第三，空间计量模型构建。在对指标和数量来源进行解释和说明之后，对本部分所需的空间计量模型进行构建。第四，实证结果分析。在对指标数据进行描述性统计分析的基础上，基于全国和四大区域视角从区域内溢出效应、区域间溢出效应和总溢出效应三个方面对金融杠杆对系统性金融风险空间溢出的作用机制的实证结果进行解释。

第 6 章为结构性金融杠杆对系统性金融风险空间溢出的异质性检验。本章在上一章的基础上，从结构性金融杠杆视角出发，实证检验我国不同地区不同部门金融杠杆对系统性金融风险空间溢出的异质性。主要包含以下三个部分：第一，指标与数据说明。对本部分所有指标、样本时间和样本范围进行说明。第二，不同地区各部分金融杠杆的描述性统计分析。本部分旨在对我国不同地区不同部门金融杠杆的数据进行描述性统计分析。第三，相关实证结果分析。对全国及四大区域层面的不同地区不同部门的金融杠杆对系统性金融风险空间溢出的异质性的实证结果进行分析。

第 7 章为相关政策建议。本部分旨在结合相关研究结论，基于目前我国"结构性去杠杆"任务推进，针对目前去杠杆工作和防控系统性金融风险工作，提出优化金融发展环境、加强实体部门防控系统性金融风险和因地制宜地实施差异化金融风险防控政策三个方面提出相关政策建议。

第 8 章为结论与展望。本部分旨在总结相关研究结论，从创新、精准金融杠杆数据测度方法、深入挖掘作用机理以及通过具体个案分析揭示复杂动态关系与经验教训等方面展望这一研究领域未来的发展趋势与亟待探索的新方向。

1.5   主要创新之处

本书从金融杠杆角度重新审视我国系统性金融风险的空间溢出问题，通过多学科的交叉和融合，认识金融杠杆对系统性金融风险空间溢出的作用关系、作用机理以及结构性金融杠杆对系统性金融风险空间溢出的异质性，从而有针对性地探寻解决之道。本书主要创新体现在以下三方面：

一是厘清了金融杠杆对系统性金融风险空间溢出的作用机理。现有研究多是探究某一部门或某一机构金融杠杆对系统性金融风险的作用机制，较少文献从金融杠杆本质出发，将影响金融杠杆对系统性金融风险的具体渠道纳入统一理论分析框架，更少有文献将空间因素考虑在内具体分析金融杠杆对系统性金融风险区域内和区域间的空间溢出机制。二是引入"关系数据"的研究方法——QAP来检验金融杠杆对系统性金融风险空间溢出的作用关系。相较于已有方法，QAP能更好地考虑金融杠杆和系统性金融风险本身的空间关联来分析金融杠杆对系统性金融风险的空间溢出的作用关系，增强实证结果准确性。三是采用空间杜宾模型实证检验金融杠杆对系统性金融风险空间溢出的作用机理。现有研究多采用非空间计量方法检验某一部门或某一机构金融杠杆对系统性金融风险的作用机理，非空间计量方法由于忽略空间异质性和相关性往往导致估计结果有偏，而空间杜宾模型可以规避上述缺点，增强实证结果的可信度。

第 2 章

金融杠杆对系统性金融风险空间溢出的理论分析

本章在对金融杠杆对系统性金融风险空间溢出的相关文献进行梳理的基础上，界定了系统性金融风险与金融杠杆的内涵，然后通过分析金融杠杆对系统性金融风险的积极和消极影响，具体推断出金融杠杆对系统性金融风险空间溢出的作用关系，并进一步将影响金融杠杆对系统性金融风险空间溢出的具体渠道纳入统一的分析框架，详细阐释其区域内以及区域间溢出机理，最后阐释结构性金融杠杆对系统性金融风险空间溢出的异质性。

2.1　金融杠杆对系统性金融风险空间溢出的作用关系

金融杠杆的升高一方面满足企业投资所需的资金，促进企业生产，平稳经济运行，降低风险；另一方面，金融杠杆的过度升高会严重削弱资本对风险资产损失的吸收能力，从而加剧系统金融风险的产生，降低金融系统的稳定性。本小节具体阐释金融杠杆对系统性金融风险空间溢出的作用关系。本部分的逻辑思路如下：首先，对系统性金融风险和金融杠杆的概念内涵进行界定；其次，立足于风险视角，具体解释金融杠杆所带来的风险有哪些，以揭示金融杠杆对系统性金融风险空间溢出的存在性；最后，从金融杠杆对系统性金融风险空间溢出的积极作用和消极作用出发，进一步推断出金融杠杆对系统性金融风险空间溢出的具体作用关系。

1. 相关概念界定

首先，系统性金融风险的内涵界定。根据学者的研究，系统性金融风险是指由于金融机构间的关联性引发损失的产生和风险的传播，继而从某一重大的系统性事件导致多个金融机构破产甚至金融系统崩溃的可能性。由此可见，系统性金融风险不同于微观层次的金融风险，它是一种宏观意义上的金融风险，不仅包含金融机构在从事金融活动的过程中会受到外部或者内部因素的影响从而使自身发生危机、面临破产、深陷瘫痪和遭受价值缩水的状况，还包含不同经济部门以及宏观经济环境面临的巨大风险，进而造成经济巨额损失的情形。从经济损失的严重程度来看，广义角度界定的系统性金融风险比狭义角度界定的系统性金融风险高得多。本书更关注的是广义角度界定的系统性金融风险，即从金融机构、其他不同的经济部门以及宏观环境角度综合考虑致使金融系统甚至经济产生瘫痪的不确定性。

其次，金融杠杆的概念界定。在文献综述中，本书对金融杠杆的内涵做了比较系统的文献梳理。现有研究中的金融杠杆有两个视角的界定：一是从微观意义上讲，金融杠杆是指经济主体的资产负债数量关系；二是从宏观意义上讲，金融杠杆是用国家的总负债比总资产来表示，由于总资产不好衡量，宏观意义上的金融杠杆也可以使用总债务比GDP 来估算，于是宏观意义上的金融杠杆被界定为信贷总额比GDP[151,156,173]。而关于总债务的测量，国内外研究文献中多是将总债务计算为政府部门债务、非金融企业部门债务、金融部门债务和家户部门债务之和[174-175]，因此，相应的整体金融杠杆就等于政府部门金融杠杆、非金融企业金融杠杆、金融部门金融杠杆和家户部门金融杠杆之和。

参照前人的研究，考虑到数据的可得性、科学性、真实性和客观性，本部分对所涉及的金融杠杆的内涵作出以下界定：在本部分中，我们采用的金融杠杆是宏观意义上的金融杠杆，即金融杠杆等于总债务与 GDP 之比。由于总债务在数值上等于政府部门、非金融企业部门、金融部门和家户部门的债务总和，因此，本书首先估算的是家户、企业、政府和金融机构四大部门的分部门的金融杠杆，在此基础上，整体金融杠杆则为政府部门、非金融企业部门、金融部门和家户部门金融杠杆之和。此外，为了对我国金融杠杆的地区特征进行探究，本书借鉴宋亚等的做法，直接对我国各省份总的金融杠杆进行测度与分析。因此本书既计算出全国分部门的金融杠杆，也进一步测度出了我国各省的金融杠杆[176]。

2. 空间溢出的存在性分析

本部分从四个方面阐释了金融杠杆的风险效应，旨在说明金融杠杆对系统性金融风险空间溢出的存在性。具体如图 2 - 1 所示。

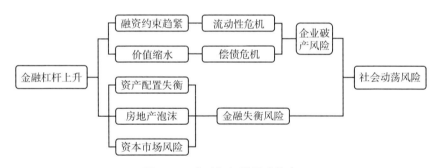

图 2 - 1　金融杠杆的风险效应

金融杠杆的风险效应表现之一为流动性风险和违约风险。所谓流动性风险主要是指资金流动性紧张而不能到期偿还债务的风险，而违约风险则是指债务人资不抵债，到期无法偿还本金和利息的风险。流动性风险常常会诱发流动性危机，而违约风险则往往会形成偿付性危机。当某家企业金融杠杆较高，其面临的融资约束较强且陷入财务困境的概率大，该企业股票在股票市场上的波动将会比较激烈。一旦其金融资产价格下跌，发生规模庞大的流动性踩踏，会触发投资者的降价抛售机制，引发越来越多的投资者进行降价抛售的止损操作，出现资产价格和流动性互相作用的负向螺旋，形成"流动性黑洞"或"流动性螺旋"，最终造成流动性危机[177-179]。而债务高企的经济部门则会因资产重置价值缩水以至资产减值严重，产生违约风险。

金融杠杆的风险效应表现之二为金融失衡风险。金融失衡风险主要体现为银行机构的失衡风险、局部房地产泡沫风险和资本市场风险。这里，银行失衡风险主要表现在由于资产规模和资产配置不同，一些银行机构在合规经营、内控机制、风险管理等方面仍存在问题与不足，从而各银行间风险状况不相同。房地产市场出现局部泡沫风险①主要是指部分一、二线城市房价偏高、上涨过快，房产价格呈泡沫化趋势，且近年来的新增信贷投向房地产市场的比重较高。资本市场的高杠杆风险不容忽视。融资融券、伞形信托、场内外配资等加杠杆的速度和方式，导致资金的期限错配、结构错配越发严重，使资本市场的风险集聚扩大，而后面临的资本市场的去杠杆过程，也必将暴露前期累积的风险。

金融杠杆风险效应的表现之三为实体企业破产风险。非金融企业部门高杠杆导致的实体企业破产风险可以用野村证券首席经济学家辜朝明在《大衰退》一书中提出的"资产负债表衰退"概念来解释。他指出，当经济处于泡沫时期，企业过度举债投资于土地、房地产等领域。一旦土地及房地产价格急剧下降，企业资产价值严重下滑，企业不得不由原来的"利润最大化"转为"损失最小化"，降低投资以将拥有的资金用于还款，直接造成的后果为社会需求降低、利率下跌和通货紧缩。经济萧条进一步使资产价格下降，更加剧了企业的资不抵债，最终导致企业破产。实体经济和金融的相互影响使得经济陷入"资产负债表衰退"的恶性循环。

金融杠杆风险效应的表现之四是社会动荡风险。社会动荡风险是指

---

① 根据《中国金融稳定报告 2017》。

债务人在金融杠杆变换的过程中，因为债权债务关系的改变和调整，引发社会关系恶化的风险。金融杠杆的大小，一定程度上反映了某个国家金融系统具有怎样的作用，也进一步表明各个参与的经济主体在国民收入初次分配中所处位置。金融杠杆的调整，微观意义上主要是指资产负债表的修正过程，宏观意义上则是指各类资产价值的重组过程。在此意义上，某些企业去杠杆既可能使自身企业运营中断，还可能涉及其他与之有业务往来或者债务债权关系的企业，甚至可能影响社会经济运行状况，发生大量公司破产和劳动者失业现象。

显而易见的是，某一区域的上述任何一种金融杠杆的风险效应均不会因为地理边界的限制而终止对另一个区域系统性金融风险的冲击，某些金融杠杆的风险效应甚至是波及全国或者全世界范围的。之所以不同区域的金融风险会传染，是因为各个区域之间存在错综复杂的关联关系，这些复杂的关联关系，导致某一区域爆发的金融风险迅速波及其他领域。在我国出现的较引人关注的"担保圈"现象是最能体现风险跨区域、跨行业、跨部门传染的现象之一，其中山东海龙"担保圈"的违规担保涉及山东、新疆等多家企业和银行机构，温州违规的"担保圈"则波及温州和部分长三角地区的多家银行和数以千计的大中小型企业[①]。由此可见，金融杠杆风险效应的空间溢出确实存在且不容忽视和小觑。

3. 空间溢出的作用关系分析

本部分具体阐释金融杠杆对系统性金融风险空间溢出的作用关系，即通过分析得出金融杠杆对系统性金融风险是否具有空间溢出，其方向和大小如何？从现有理论来看，"金融加速器"理论揭示了信贷扩张对一国经济增长的促进作用，而"债务—通缩"和金融不稳定理论则阐释了债务累积可能引发金融危机甚至经济危机。结合上述理论，本书从理论上详细阐释了金融杠杆对系统性金融风险空间溢出的积极作用，也

---

① 该"担保圈"信息来源于 Wind 数据库。

分析了当债务规模过度扩张，金融杠杆的积极影响逐渐减弱，消极效应逐渐显现出来时，金融杠杆对系统性金融风险空间溢出的消极影响，并在此基础上，本书推断出金融杠杆对系统性金融风险空间溢出的具体作用关系。具体详见图2-2至图2-4。

　　首先，图2-2汇报了金融杠杆对系统性金融风险空间溢出的积极作用。根据图2-2可知：我们先立足于某一个区域内部，如图2-2中的区域A内部，区域A金融杠杆的上升，意味着区域A债务规模的上升，而区域A债务的增加可以通过收入效应、储蓄效应、投资效应和就业效应等，对区域A经济起到积极作用，进而降低金融风险的发生以及传染。在宽松的货币环境下，资金会根据资本报酬率的高低在实体经济和虚拟经济两个领域进行分配。当宏观经济景气时，大部分资金会流入实体经济领域，此时这些资金会像"金融加速器"一样，加倍地促进产出增加，金融风险降低。由资金流入至产出增加、风险降低的机制大致如下：一方面，资金大量涌入实体经济，导致资产的价格上涨，企业等实体部门的资产净值增加，消费者会因为资产的财富效应，进而增加消费，消费的增长带动产出的增加，从而实体经济的风险降低。此外，当实体企业的净资产增加之后，由于抵押缓释权的存在，会导致企业的融资成本减低，进而刺激实体企业的投资欲望，增加投资，产出随之增加，实体企业的金融风险也随之降低。这一部分也是"金融加速器"的核心所在。另一方面，大量资金进入实体经济，会直接促进企业的投资增加和消费者的消费增加，进而企业的产出会增加，实体企业面临的风险会降低。当然当实体经济景气，实体经济的资本回报率高于虚拟经济时，在财富效应和投资效应的共同作用下，资金便会更多地流向实体经济，更强化了上述"金融加速器"机制。

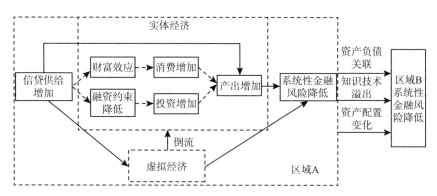

图 2 - 2　金融杠杆对系统性金融风险空间溢出的积极作用

事实上，地区和地区之间并不是完全独立存在的，区域 A 和区域 B 会因为债权债务、资金或人员流动所产生的知识溢出以及基于投资者个人心理变化而导致的资产配置行为变化而产生关联，使得区域 B 的系统性金融风险受到影响。一般来讲，区域 A 和区域 B 的系统性金融风险是同步变化的，主要原因在于：当区域 A 产出增加及系统性金融风险减少，区域 A 对区域 B 的债务偿还能力增强；区域 A 的人员或资金净流入较多，导致区域 A 的高技术知识会对区域 B 产生一定的辐射作用，同时区域 B 也基于学习模仿和合作等方式来获取一定的知识技术，促进本地区产出增加和系统性金融风险减少；在区域 A 经营状况良好、系统性金融风险降低的情况下，区域 A 内的投资者基本不可能发生资产抛售行为，因而区域 B 的投资者也不会引发恐慌情绪，产生资产抛售等类似的羊群行为。因此，某一区域系统性金融风险减少对邻近地区或者发展水平相似地区的系统性金融风险产生正的外部效应。上述就是金融杠杆对产出和风险空间溢出的积极作用。

其次，图 2 - 3 汇报了金融杠杆对系统性金融风险空间溢出的消极作用。当货币政策处于宽松立场时，此时若所面临的宏观经济环境不景气，实体经济的资金回报率降低，流入实体经济的资金减少，这时"金融加速器"则发挥了反向作用，产出受到抑制，风险增加。一方面，资金的减少会使资产价格下降，企业或家户的资产净值减少，由于财富效应，消费降低。抵押缓释效应使得企业的实体投资减少，经济实际产出也随之减少。由此，企业面临的金融风险将会增加。此外，实体资金的减少会直接导致消费减少和投资减少，进而降低产出，增加风险。另一方面，宏观环境的不景气，实体经济的资金边际报酬相较于虚拟经济的资金边际报酬较低，此时会发生资金从实体经济流入虚拟经济的资金的虹吸效应。而这种资金的虹吸效应会进一步恶化实体经济的投资，使产出减少，加大实体经济面临的风险。而反观虚拟经济领域，如果资金流入过多，资产泡沫便会形成，本应应用于消费和投资的资金便会在资产泡沫的作用下被稀释，内需不足和投资乏力由此产生，经济更加萧条。此外，资金过多流入虚拟经济，还会延长资金借贷链条，加重金融杠杆，提高企业的融资成本，造成企业更加不愿意投资实体经济的不利局面。长此以往，实体产业空心化，资金在虚拟经济领域空转，实体企业和金融领域的风险将进一步加重。同理，在区域之间关联性的相互作用与相互影响下，某一地区的系统性金融风险的上升，也会相应地恶化相邻地区或者发展水平相似地区的债权债务关系、减少知识技术的溢出以及引发投资者恐慌甚至抛售资产的羊群行为，上述情形均会对其他地区系统性金融风险产生负外部性，导致其他地区的系统性金融风险上升。

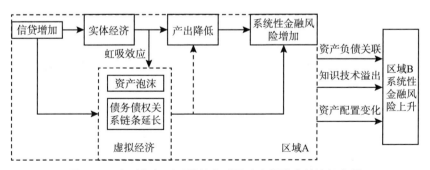

图2-3　金融杠杆对系统性金融风险空间溢出的消极作用

最后，基于上述分析，结合目前被普遍接受的研究企业最优资本结构的权衡理论①，文章推断出本书所认为的金融杠杆对系统性金融风险空间溢出的作用关系。我们认为，金融杠杆对系统性金融风险的空间溢出可能存在一种非线性关系，即"U"型关系，具体如图 2 - 4 所示。由图 2 - 4 可知，LEV′为理论上最优的金融杠杆水平，当金融杠杆处于最优金融杠杆水平之前，金融杠杆对系统性金融风险的空间溢出呈现出积极作用，即金融杠杆的上升会对抑制本区域或其他区域的系统性金融风险；但是当金融杠杆超过一定的阈值（LEV′）之后，金融杠杆对系统性金融风险的空间溢出呈现出消极作用，即金融杠杆的继续上升将会显著促进本区域或其他区域系统性金融风险的上升。金融杠杆对系统性金融风险非线性的空间溢出作用，本质上源于金融杠杆背后的资金流向与资金使用效率问题。一方面，在国家发展之初，资本存量可能不足，这时若提升金融杠杆，则有利于经济实现较快增长，降低金融风险。此时，金融杠杆对本区域或其他区域的系统性金融风险所发挥的影响是积极的，而且这种积极影响会在"金融加速器"的作用下被进一步放大，金融杠杆加快产出增长和物质资本积累，促进经济快速发展，降低金融风险。但是，伴随资本存量的不断增加，资本的边际回报率降低，其与资本成本的差距逐渐缩小，这时金融杠杆对本区域或其他区域的系统性金融风险的积极作用逐渐降低。金融杠杆在惯性作用下的持续增加或增速变快，资本成本就会逐渐高于资本边际报酬，此时企业的资产负债表恶化，资产负债表衰退效应会导致企业投资大幅缩减，产出降低，或者会进一步出现资金在金融等虚拟经济领域持续空转，最终对金融或经济领域造成负面冲击。另一方面，金融杠杆处于高位时，融资约束条件会收紧，信贷规模伴随费雪效应和铜锁机制而出现收缩，资产净值和资产价格会下跌，生产减少。与此同时，处于高位的金融杠杆会使得金融环境变得更错综复杂，经济波动加剧，加大经济和金融风险。一旦金融杠

---

　　①　权衡模型的主要思想是负债既具有节税的正效应，也具有使公司发生财务拮据的负效应，因此公司理论上应该存在最优的负债水平使得负债的边际节税价值与负债的边际财务困境成本相等。

杆突破某一阈值，就很有可能加大传染范围，导致爆发经济和金融危机。

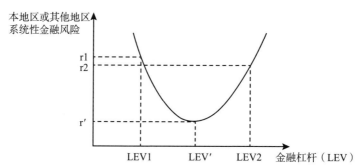

图 2 - 4　金融杠杆对系统性金融风险空间溢出的作用关系

结合目前我们国家的金融杠杆的现状，本书认为金融杠杆对系统性金融风险的消极作用已显现出来。这主要是由于目前我国金融杠杆持续快速攀升，尤其是非金融企业部门金融杠杆已经超越发达经济体的金融杠杆。一方面，金融杠杆的持续快速攀升，使得经济增长的促进效应减弱、债务风险增加；另一方面，金融杠杆的持续快速攀升，既可能表明企业信息成本和交易摩擦成本升高引起资本成本上升，又可能表明我国国有企业预算软约束加强了信贷的道德风险和逆向选择风险。综上，目前来看，我国金融杠杆对系统性金融风险空间溢出的积极作用被弱化，消极作用凸显。

2.2　金融杠杆对系统性金融风险空间溢出的作用机制

在揭示金融杠杆对系统性金融风险空间溢出的作用关系的基础上，本部分进一步回答了金融杠杆对系统性金融风险空间溢出的作用机制。为了更加全面清晰地阐释金融杠杆对系统性风险空间溢出的作用机制，本部分基于区域内以及区域间视角，从金融杠杆的本质出发，具体阐释金融杠杆对系统性金融风险区域内和区域间溢出的作用机制。

1. 金融杠杆对系统性金融风险区域内溢出的作用机制分析

金融杠杆的本质反映的是金融杠杆背后的资金使用效率问题，资金使用效率高，金融杠杆便会对系统性金融风险的空间溢出产生积极影响，反之则相反。而决定资金使用效率的因素，目前来看主要存在以下三方面：一是经济中有多少资金流入实体经济而没有在虚拟经济领域空转；二是流入实体经济中的资金，单位资金能够创造多少的工业增加值；三是所处的经济发展阶段。结合已有理论、现有研究和金融杠杆的本质，本部分对应着影响资金使用效率的三大因素梳理出金融杠杆对系统性金融风险区域内溢出的三条作用渠道：一是资金配置效率渠道，即在金融杠杆一定的条件下，资金配置效率越高的地区，系统性金融风险越低；二是金融与实体经济的适配程度渠道，即在金融杠杆一定的条件下，金融与实体经济匹配程度越高，系统性金融风险越低；三是经济周期渠道，伴随经济周期的波动，金融杠杆对系统性金融风险的空间溢出作用会呈现出加倍放大机制。具体分析如下：

首先，资金配置效率高低是金融杠杆影响系统性金融风险空间溢出的重要因素。根据金融杠杆的经济恒等式（2-1）所示：

$$金融杠杆 = \frac{总债务}{GDP} = \left(\frac{总债务}{I}\right)^{*}\left(\frac{I}{GDP}\right) \tag{2-1}$$

其中，I 为投资额。

遵照支出法下的 GDP 核算方法，则投资率的计算公式如公式（2-2）所示：

$$投资率 = \frac{I}{GDP} \tag{2-2}$$

结合公式（2-1）和公式（2-2）可得公式（2-3）：

$$\Delta 金融杠杆 = \Delta\left(\frac{总债务}{I}\right) + \Delta 投资率 \tag{2-3}$$

由以上公式可知，金融杠杆的高低与债务投资比相关。债务投资比指的是单位存量债务所形成的流量投资额，其水平高低意味着债务资金的投资效率。由此可见，在其他条件一定的情况下，金融杠杆的变化与债务投资比的变化呈相反方向变动。也可以理解为，投资效率越高，金融杠杆会越低。而投资效率的高低很大程度上取决于资金的配置效率。潘晶指出，当大部分资金流入产出效率低下的国有企业中去时，在金融信贷较高的行业中的非金融企业金融杠杆较高[180]。而之所以出现金融杠杆的扭曲配置或资金配置效率低下会加剧系统性金融风险的传染和扩散，其作用机制如下：一是金融杠杆扭曲配置，会产生企业投资不足和企业过度投资现象。一方面，企业投资不足即是对企业投资的"挤出效应"，主要是指银行和企业过度的关联共生可能会产生庞大的"僵尸贷款"，这将会进一步阻止新企业的成立，对新企业的正常投资行为产生抑制，进而形成企业投资不足现象[181]；另一方面，资金扭曲配置会加大信贷倾斜企业的投资扩张倾向，产生过度投资现象，同时还会催生部分资金获取便利企业的"企业自金融"、短期投机和虚拟投资偏好[182-183]。二是金融杠杆的扭曲配置会阻碍技术进步，加剧风险滋生[184-185]。三是会妨碍市场出清，助推过剩产能形成。资金的不合理配置最终会加重企业债务的逆周期变化，造成债务累积和产能过剩的交互强化机制，最终推迟落后产能的淘汰，助推过剩产能的形成[186]。因此，金融杠杆会通过其配置效率高低进而影响系统性金融风险的空间传染和扩散。

其次，金融规模与实体经济的匹配度较低，资金的虹吸效应被触发，尤其是在金融杠杆超过一定水平之后，大量资金被抽取至虚拟经济内部，进行自我循环与自我空转，从而拖累实体经济增长，加剧系统性金融风险的累积和扩散。从金融与实体经济匹配程度的表现来看，宏观层面主要表现为大量资金涌入虚拟经济，导致影子银行体系不断膨胀，资产价格上升迅速，以及引发实体经济投资萎靡现象[187]。微观层面则主要表现为企业金融化现象，即非金融企业特意增加金融资产的投资而相应减少生产性投资的行为[188]。当金融杠杆处于较高水平时，虚拟经济与实体经济的失衡将会通过以下机制作用于系统性金融风险的累积和传染：基于宏观层面的表现来看，由于银行逐利动机的驱使，金融机构间的同业业务规模急剧扩张，延长了资金链条，加剧了系统性金融风险的传染和扩散。基于微观层面的表现来讲，因为直接融资市场的不发达，风险存在差异的企业具有异质性的融资约束，这会导致比较容易从银行等金融中介机构获得资金的企业将获得的更多银行信贷投资到影子银行中去，导致资金空转，进而加剧中小企业融资难、融资贵状况。这样一来，实体企业对金融投资渠道的获利依赖性加大，实体投资不足，累积了风险。由此可见，虚拟经济脱离实体经济进行自我膨胀和自我强化，将会抑制实体经济增长，加剧风险传染。

最后，金融杠杆或信贷扩张的经济周期特征也会放大其对系统性金融风险空间外溢效应。朱格拉（Juglar）的经济波动理论表明，经济存在 9~10 年的波动周期，并进一步指出经济周期波动与企业收益率和融资成本关联紧密[189]。由于经济周期处于不同阶段，金融杠杆和系统性金融风险的集聚和传染也会出现波动性变化。当经济处于繁荣时期，非金融企业销售良好、贷款回笼迅速，此时企业的运营顺畅，资金较为丰裕，对外部融资的需求较弱，因而企业的金融杠杆处于低位甚至会出现下降。家户部门由于经济繁荣时期，家庭收入来源较为稳定，收入水平较高，因此家户部门的对外资金需求也比较低。同样地，对于金融部门来讲，一方面，由于实体经济部门的外部融资需求减弱，金融部门的资金流动性紧张程度得到缓解；另一方面，金融部门贷放出去的款项能够及时收回，金融部门的盈利动机得到一定程度的满足，在上述两方面的共同作用下，金融部门对外"开源"的积极性减弱，因此，金融部门金融杠杆趋于稳定或小幅下降。当经济处于衰退期时，市场行情下行，非金融企业部门由于销售不畅，企业自身的盈利水平降低，加之企业存货和应收账款的大幅占用资金，企业的资金流动性紧张，企业对外融资的需求增加，债务快速扩张，金融杠杆上升。在此情况下，家户部门金融杠杆和金融部门金融杠杆呈现上升趋势。此时，过分丰裕的市场流动性极易诱发多余资金流入高风险项目以攫取超额收益，系统性金融风险持续累加。一旦市场预期发生逆转，金融体系便会迅速释放金融风险，爆发金融危机。

2. 金融杠杆对系统性金融风险区域间溢出的作用机制分析

第一部分对金融杠杆对系统性金融风险的区域内溢出机制进行了分析，但没有理由可以断言溢出效应会因为地理或行政边界而只停留在初始溢出地[190]。忽略金融杠杆对系统性金融风险的区域间溢出机制将不利于全面、准确评估金融杠杆对系统性金融风险的影响。而事实上，区域既然存在便少不了与其他区域之间产生相互作用与相互影响。金融杠杆对系统性金融风险区域内溢出的三条渠道正是在区域之间的多种相互关联方式下，才对本区域或其余区域的系统性金融风险产生影响。根据现有研究，金融杠杆的三条渠道对系统性金融风险产生区域间溢出的作用机制主要分为以下三类：基于区域之间经济基本面的相互联系与相互作用而产生的空间溢出[191-193]、基于投资者行为产生的空间溢出[194-196]、基于银行间的相互关联而产生的空间溢出[197-199]。而从区域之间经济基本面的相互关联（包含资本、人才等流动、技术外溢、贸易往来等）、银行间的相互关联（包含银行的资产负债关联以及不体现在资产负债中的资产价格关联）以及投资者的行为等方面入手，可进一步揭示金融杠杆对系统性金融风险的区域间外溢效应。

3. 资金配置效率的区域间溢出：基于经济基本面的相互联系

资金配置效率不仅会影响金融杠杆对本区域系统性金融风险的冲击，还会影响金融杠杆对其他区域的系统性金融风险的冲击，主要的原因在于区域与区域之间的相互关联和相互影响。根据现有研究，区际相互作用的最主要方式是生产要素的区际流动与产品的区际贸易。正是区域之间的相互作用与相互影响才导致资金配置效率的区域间溢出的存在。图2-5概括了区域经济基本面之间的相互作用方式。生产要素的迁移可简单分为劳动力的区际迁移、资本流动以及区域创新的空间扩散等。在生产要素不可流动或者不完全流动时，区际贸易可能成为主导区域相互作用的方式。

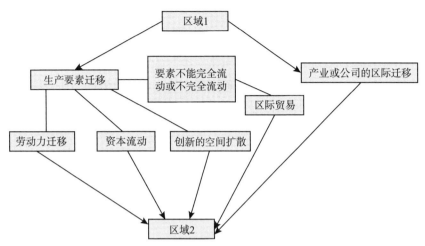

图2-5　区域经济基本面之间的相互作用方式

从动态意义上解释经济活动的空间相互作用导致金融杠杆对系统性金融风险的区域间溢出机制，主要有以下方面：

第一，基于劳动力的区际迁移视角，掌握知识、技能等高新技术的劳动力的迁移，导致劳动力迁出地资源的低效配置，使得系统性金融风险由劳动力迁入地转至劳动力迁出地，加剧了系统性金融风险的扩散与传染。新古典劳动力迁移理论强调区际收入差异是区际劳动力迁移的主要动因，劳动力迁移是对经济的理性反应，劳动力向比较发达、工资比较高、生活质量比较高的区域流动。劳动力迁移使得经济活动扩张的地区吸引了大量的青年和科技人才，而这些人才本身带有知识和技术，会极大促进劳动流入地区的技术和知识的提高，形成"刺激投资—增加收入"的良性循环，一旦这种良性循环产生，区域之间表现的凝聚力就不断增强，生产要素也会加剧流动，并迅速地改变着经济活动的空间格局，直接导致的后果是拉大与落后地区的发展差距，加剧了区际经济的不平衡，从而加快系统性金融风险由发达地区向落后地区的传染与扩散。

第二，基于资本流动视角，和劳动力迁移的原理一致，资本具有趋利的特性，资本的该种特性导致资本逐渐由低报酬地区流入高报酬地区，这种资本的跨区流动使得资本流出地资本配置低下甚至无资本可以利用，进而导致系统性金融风险由资本流入地转移至资本流出地，加剧了系统性金融风险的累积扩散。资本在不同区域间无休止的流动中实现了其本质——追求剩余价值的价值。资本追逐剩余价值的本质，使得资本在"追逐高利润"驱使下，在不同区域形成不同的比重。当某一区域的回报率高于其他区域时，除非对资本流动采取严格控制或者信息完全不对称，则资本会直接流入回报率较高的地区，当此地区获得一定发展之后，资本则会回流以利用落后地区的廉价劳动力。资本这种频繁的大规模的跨区运动，导致资本密集程度上出现巨大空间差异，进而加剧了系统性金融风险的累积和扩散。

第三，基于创新的空间扩散视角，知识技术的扩散会导致邻近地区或往来密切的地区增强防范风险的技术和本领，提高风险容忍度，防止系统性金融风险的发生、累积和扩散。与此同时，边缘地区或与之往来较少的地区则会累积较大程度的系统性金融风险。根据经济内生增长理论，内生的技术进步可以实现经济持续增长。艾罗（Arrow）认为投资具有溢出效应，不仅进行投资的厂商可以通过积累生产经验提高生产率，其他厂商也可以通过派遣研发人员学习、交流、培训等"学习"方式，获取知识以提高生产率，知识的非排他性导致知识扩散的溢出效应[200]。而知识和技术的溢出呈现空间衰减，即知识和技术溢出是局部溢出而不是全部溢出，其强度随空间距离的增加而减少[201-202]。这种知识和技术的局部溢出效应是导致局部地区资金配置高效、系统性金融风险较低，而边缘地区资源扭曲配置、系统性金融风险较高的重要原因之一。

第四，基于区际贸易视角，一方面，区域贸易越发达的地区，收入越高，抵御系统性金融风险的能力越强。诺斯（North）提出输出基础理论来阐释区际贸易对经济的影响。该理论强调：某一地区与其他地区进行的贸易总额（包括产品和服务）越大，该地区获得的贸易收入越多[203]。这些收入一方面可以弥补贸易产业的生产费用和为该地区提供所需的生产和服务；另一方面，可进行进出口贸易规模的扩大。此外，贸易规模的扩大，还带动了相关产业的发展和壮大。这样，对外贸易规模越大，地区内的生产和服务会获得更加充足的发展。因此，对外贸易越发达，一方面，地区内经济规模和收入会增加；另一方面，由于区域内收入的增加，大规模的资本与劳动被吸引流入，从而提高了贸易发达地区的资金配置效率，降低了系统性金融风险的扩散和传染。

第五，从产业或公司的迁移角度，佛农的产品生命周期理论表明，产品或产业在不同的生命阶段具有不同的生产要素组合，不同区位的资源禀赋满足不同的产业或产品不同阶段的生产。随着产品或产业的生命周期的变化，产业或公司需迁移到最有利于其生产的区位。新古典企业迁移理论的基本假设是完全信息和完全理性，指出企业迁移是企业寻求区位最优的一种经济决策。新经济地理学派则关注了集聚优势，尤其关注了外部规模经济对最优区位选择的影响，指出企业为了取得更好的发展会主动迁移至更具有聚集优势的区域。企业迁移的行为理论认为决策主体是具有有限理性和有限能力的，企业之所以会迁移是因为企业参照所获信息和自身能力寻找满意区位的过程。新制度企业迁移理论主要基于政府政策视角探究补贴、退税和基础设施等因素是如何影响企业区位选择和迁移的。因此不同地区的禀赋差距导致不同地区产业结构不同，进而导致资金配置效率的差异，最终系统性金融风险会在资金配置效率不同的地区出现不同程度的产生和扩散。

第六，区域之间竞争尤其是地方政府在"唯 GDP"政绩考核机制下的恶性竞争，将导致生产要素的主观性流动，进而造成资金的扭曲配置，导致系统性金融风险的传播与扩散。作为要素配置主体的政府行为会对资金配置产生影响，进而影响系统性金融风险。政府除了要肩负宏观管理职能之外，其行为还要受到绩效考核和地方政府之间竞争的影响。在很大程度上，地方政府绩效考核被单一化为地方经济发展好坏即 GDP 的高低。政府的决策行为受个人利益影响，很可能造成要素流动方向会因个人偏好而不同，进而对企业或产业的运行产生不同的影响。地方政府行为还会因地方政府间的竞争而产生潜在的信用担保问题，表现为辖区间信用担保和辖区内信用担保。前者指地方政府出于发展工业所具有的就业、财政收入和 GDP 增长的潜在效果，而在招商引资中所作出的各类要素使用承诺。后者更多地反映在政府为辖区内企业在寻求要素时向要素供给者（如银行）作出的各类直接或者间接保证和干预措施。上述两种信用担保都会对要素的流动产生影响，表现为大量的社会资金按照政府的意图被配置到具有很强的寻租能力和实现政府意图的企业中去，从而导致资金配置效率出现差异，最终系统性金融风险在不同地区产生和扩散。

2. 金融规模与实体经济适配度的区域间溢出：基于银行间的相互关联

资金配置效率会由于经济基本面的相互关联而对系统性金融风险产生区域间溢出，然而不只是实体部门之间存在各种各样的经济往来与关联，金融部门等虚拟经济部门内部同样存在相互关联和相互作用，正是由于金融部门等虚拟经济部门之间的相互联系，才使得金融规模与实体经济发展的匹配程度会对系统性金融风险产生区域间溢出作用。以银行为例，银行内部高度的依存和关联为系统性金融风险的跨区域传染提供了通道。

图 2 - 6 具体阐释了银行等金融部门系统性金融风险的跨区域传染。首先，银行等金融部门之间的资产负债表关联为系统性金融风险的跨区域扩散提供了通道。银行等金融部门的资产负债关联也被称作直接关联，其具体形式包含银行机构间基于同业拆借、支付结算、交叉持股及支付结算业务等的资产负债关联渠道，这些渠道相互联系和相互作用，导致银行等金融部门面临的初始冲击在整个金融体系形成的反馈和回路中实现自我升级与自我复制。由于金融体系的银行机构和非银行的金融机构通过资产负债关联构成一张联系密切的网络，急剧放大了对金融系统乃至整个经济的破坏程度。此外，伴随利率市场化的推进以及金融创新等压缩银行利润空间，银行为巩固生存空间，积极拓展表外业务，已由传统的金融中介发展为"发起—分销式"的金融中介，如图 2 - 7（a）和图 2 - 7（b）所示。相比于传统的金融中介模式，"发起—分销式"的金融中介模式资金链条更长，基于资产负债表关联构成的网络结构更

复杂，风险交叉传染覆盖的范围更广，破坏性更大。

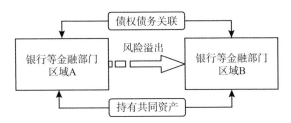

图 2-6 银行等金融部门的系统性金融风险的跨区域传染

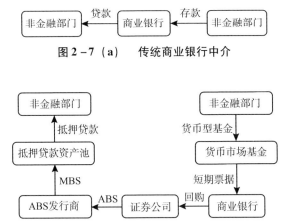

图 2-7（a） 传统商业银行中介

图 2-7（b） "发起—分销式"金融中介

其次，即使银行机构等金融部门之间并无直接的资产负债表关联，也会由于其同时持有某些资产而遭受共同的风险敞口，导致系统性金融风险的跨区域传染。此种关联也被称为间接关联。学者们关注以资产价格为媒介的系统性金融风险的空间传染的间接关联渠道始于全球金融危机期间，该段时期，国际金融体系正经历大规模去杠杆浪潮，资产价格剧烈波动，降价抛售螺旋冲击被触发，给金融体系造成严重损失。资产价格渠道阐释的是金融机构因持有共同资产而共同面临风险敞口，这将直接对金融机构的净资产和抵押物价值产生冲击，进而影响金融机构资金流动性。资产价格渠道的间接关联网络模型着眼于银行间持有同类资产的现实，就算银行机构间不存在直接的业务来往，也会由于购买相同资产而一损俱损。当金融体系的规模不断膨胀，越来越多的金融机构面临着共同的风险敞口，一旦某一银行等金融机构的资产遭受初始冲击，一方面，在预防性动机驱使下银行逐渐囤积资金，此时多家银行便会由于市场流动性接近枯竭无法进行同业拆借来偿还债务或弥补损失而出现流动性风险；另一方面，为维持原有杠杆水平、化解流动性危机和满足资本要求，银行等金融机构不得已降价抛售资产，引发资产价格持续下跌，继而整个金融系统遭受降价抛售冲击，损失急剧蔓延扩大，偿债危机爆发。

金融等虚拟经济部门的两大渠道其本质在于加长了不同区域之间债权债务链条，加强了不同区域之间金融部门的联系，同时也不断庞大了金融体系。由此，伴随金融体系规模的不断庞大，资金"脱实向虚"的程度不断加重，系统性金融风险会在不同地区累积和扩散。

3. 基于投资者行为产生的区域间溢出

除了上述两方面的因素外，投资者行为的改变在金融杠杆对系统性金融风险的区域间溢出中也产生了重要作用。在经济基本面联系较弱和银行等金融机构往来较少的不同地区也会发生金融风险的空间传染，这主要和投资者在接收信息之后的心理活动及个人行为密切相关。具体如图 2 - 8 所示。

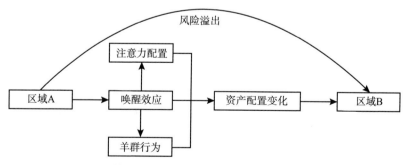

图 2 - 8 基于投资者行为的系统性金融风险的空间溢出

首先，一个国家或地区发生风险事件的消息一旦传出，便会对该国（或地区）地理位置邻近或经济基本面相似的其他国家（或地区）的投资人产生唤醒效应①，从而会产生投资者的资产抛售行为，由此系统性金融风险发生了跨区域传染。其次，当市场信息溢出时，由于投资者有限的注意力导致其获得的市场信息有限，投资者会在潜意识里将自身注意力在不同信息上进行分配②，一般来讲，波动相对剧烈的市场会相对产生更多的信息，吸引投资者的更多关注，而波动较少的市场则相反，这样会导致投资者在获取的信息及其权重改变的情况下调整资产的配置，从而使风险跨区域传染和扩散。最后，由于市场信息不对称，投资者的资产配置行为易产生"趋同"现象③，最终实现系统性金融风险的自我实现、自我复制和自我升级。风险事件信息若在上述效应下导致投资者的恐慌心理蔓延，势必会严重危及一国的信用基础，损害金融系统的稳定，诱发社会和政治动荡。

由此，从个人角度出发的三种效应其本质在于个人投资者的心理与行为影响了其资本配置方式，最终导致风险在不同地区传染。

2.3　结构性金融杠杆对系统性金融风险空间溢出的异质性

在解释了金融杠杆对系统性金融风险空间溢出的作用机制的基础上，本小节从结构性金融杠杆视角具体阐释不同部门金融杠杆对系统性金融风险空间溢出的异质性，旨在对结构性金融杠杆对系统性金融风险空间溢出的异质性的经济学机理展开分析。

---

①　唤醒效应（wake-upcall）发生在不同国家或不同地区之间，指的是一个国家或地区发生风险事件，便会导致与该国相似的国家或地区的投资者产生资产抛售行为。

②　注意力配置效应指的是投资者由于注意力有限而会将自身的注意力在不同的市场信息上进行配置。

③　也即羊群效应。

1. 基于企业部门金融杠杆视角

基于企业部门金融杠杆层面，莫迪利亚尼和米勒（Modigliani and Miller）在1958年提出了最初阐释资本结构与公司价值和资本成本关系的 MM 理论。该理论揭示了金融杠杆和公司市值之间的关系，成为分析金融杠杆内部差异这一问题的理论基础。该理论指出，在不考虑公司税收、信息充分、无破产成本、企业可以以无风险利率负债等比较理想的条件下，企业的资本结构与公司价值和资本成本无关。但显然如此理想的环境在现实中根本不存在，也就意味着在现实生活中，MM 定理是反向成立的，即如果信息不充分、存在交易摩擦以及税负和破产成本等的情况下，金融杠杆会影响企业市值。首先考虑信息不充分和有交易摩擦存在的 MM 修正模型。伯南克等（Bernanke et al.）提出了金融加速器模型，并进一步指出修正的 MM 定理是金融加速器模型的一种特殊情况。金融加速器模型的理论指出，企业的交易成本越大，融资成本越大，企业的金融杠杆则会越小，反之则相反。由此可以得出，不同规模的企业在进行融资时，由于交易成本及融资溢价的不同，金融杠杆在不同规模企业中的大小存在差异[204]。考虑破产情形的修正 MM 理论即詹森和梅克林（Jensen and Mecklin）提出的权衡模型表明，公司的财务负担增大会使企业陷入财务困境甚至破产[205]。因此企业在进行融资决策时，就会在债务节税效应和财务困境成本间进行权衡。显然，财务约束越强的企业，其负债的动机越弱，相反，预算软约束机制则减弱了公司的财务约束和破产的可能，大大刺激了企业的负债动机。由此，不同产权性质的企业因财务约束程度不同，金融杠杆在不同产权性质的企业中也存在不同。综上所述，不同类型的企业和所有权性质不同企业的金融杠杆对系统性金融风险的空间溢出存在异质性。

2. 基于政府部门金融杠杆视角

基于政府部门金融杠杆视角，地方政府债务的超常规扩张是债务风险爆发的决定性因素。地方政府债务扩张不仅体现在政府部门的显性债务上，还体现在政府存有的大量隐形债务上，比如土地财政盛行、地方融资平台林立以及未来可预期的大量养老金债务等。地方政府债务的迅速膨胀主要基于以下作用机制对系统性金融风险产生空间溢出：其一，地方政府与地方金融机构间的特殊隶属关系以及地方政府的超强信用背景，使得金融机构在给予地方政府贷款的过程中存在信息不对称问题，进而造成虚假抵押和重复抵押的现象，这会进一步导致信贷资金在债务债权关系的任一环节上面临较大风险，而一旦信贷链条上的某一环节出现风险，该风险也会沿着资金链条迅速传染和扩大。其二，地方政府通过融资平台获得的大量资金大部分用于建设基础公共设施，该类项目涉及时间周期较长，效益较低，而依靠地方政府融资平台获得的资金期限相对较短，由此地方政府还面临着资金期限错配的风险。面对资金的偿付性压力，地方政府很可能采取借新债还旧债的措施，导致债务不断堆积，一旦出现还款困难，大量的不良贷款将会严重威胁金融系统的稳定。此外，地方政府间的竞争和政绩激励机制还会进一步强化上述机制，导致地方政府采取各种方式获取资金来发展经济，使得辖区内经济赶超或领跑于其他辖区经济，以此获取职位晋升。而"财权上提，事权下放"的权责分离的财政软约束的体制机制更刺激了地方政府债务扩张的需求，加大地方政府债务风险的空间溢出，进而激化系统性金融风险空间传染的强度和速度。

3. 基于金融部门金融杠杆视角

基于金融部门金融杠杆视角，资金具有逐利性，实体经济部门的资本报酬率较低，虚拟经济对实体经济便会发生虹吸效应，使得大部分资金并未进入实体领域，而是在金融领域空转，致使金融部门金融杠杆增加，使金融系统稳定性较差。要分析金融部门金融杠杆对系统性金融风险空间溢出的作用机制，重中之重就是要明晰金融部门是如何加杠杆的。在这个过程中，影子银行高金融杠杆是金融部门高金融杠杆的重要推手。影子银行规模迅速膨胀的主要推动力是商业银行的表外业务和理财业务。为了规避日益严格的监管和攫取利润，银行有巨大动机去开展表外业务和理财业务，以实现资金套利和监管套利。所谓资金套利主要体现两个方面：一方面是在逐利动机驱使下，银行等金融机构利用宽松货币政策环境，以较低利率拿到资金去购买同业理财产品，同时银行自己也会积极发行同业存单和理财产品，所获资金都拿去进行委外投资，被委外的投资机构（证券公司、基金等）又会去购买风险高且收益高的金融债券，在上述一环接一环的交易中，加大了影子银行杠杆；另一方面是在债券市场中，债券投资者可以利用债券的回购交易，以较少的本金撬动数倍于本金的资产，加大了金融部门金融杠杆。所谓监管套利则是指金融机构在负债方增加债务占比，在较短时期内大力发展同业拆借、回购协议等操作积极加杠杆，在资产方则大规模投资非标的资产和权益资产等，同业资金链条的延长使得金融机构加杠杆的同时可以利用监控漏洞，达到监管套利的目的。监管套利和资金套利，不仅会提高资金成本，增大资产风险，而且也会由于资金链条环环相扣诱发多米诺骨牌效应，增加了风险跨区域、跨部门和跨市场的传染性，加剧了金融系统的内在脆弱性。

4. 基于家庭部门金融杠杆视角

基于家庭部门金融杠杆视角，结合现有研究和理论，家庭部门债务扩张对系统性金融风险的空间溢出主要存在以下三方面：第一，高收入家庭更倾向于财富累积而非借款消费，从而家庭部门信贷资金扩张时，资金更多地流入低收入的家庭中。而这一部分家庭对资金变动极其敏感，一旦信贷收缩，这些低收入高风险的家庭会大程度削减开支，阻碍了宏观经济增长，同时又进一步将风险传递到金融部门，导致金融系统的不稳定[206-207]。第二，家庭部门债务扩张的背后是抵押贷款的增加，银行抵押贷款的增加反映出国家金融化现象的加剧，增加了金融系统的脆弱性[208]。第三，家庭部门债务扩张会进一步带动房价上涨，进而拉动相关行业的繁荣发展，增加了相关行业的收入水平。由此带来的后果，一方面导致一些年轻人放弃学业从事售房等低技能工作，加剧人力资本在不同行业间的错配；另一方面，也会由于教育水平降低而降低社会生产效率，从而进一步加大对宏观经济和金融系统的负面冲击[209-210]。综观以上我们会发现，家庭部门债务提高会通过恶化居民受教育水平、人力资本错配程度、金融化水平等，加剧金融系统性金融风险的集聚和扩散。

为了更加清晰、直观展示上述金融杠杆对系统性金融风险空间溢出的作用关系及作用机制，本书绘制了金融杠杆对系统性金融风险空间溢出的理论分析图，具体如图 2-9 所示。

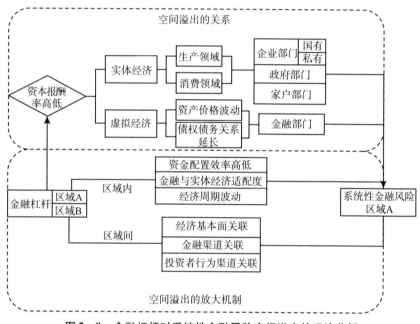

图 2-9　金融杠杆对系统性金融风险空间溢出的理论分析

2.4　本章小结

本章对金融杠杆对系统性金融风险的空间溢出展开理论分析，旨在从理论上具体阐释金融杠杆对系统性金融风险空间溢出的作用关系、作用机制以及结构性金融杠杆对系统性金融风险空间溢出的异质性。本部分主要包含以下三部分内容：首先，基于金融杠杆对系统性金融风险空间溢出的积极作用和消极作用两个角度推断出金融杠杆对系统性金融风险空间溢出的具体作用关系；其次，从区域内和区域间视角阐释了金融杠杆对系统性金融风险空间溢出的作用机理；最后，从金融杠杆的结构性视角分析了不同部门金融杠杆对系统性金融风险空间溢出的异质性。本章有关作用关系、作用机制和异质性的理论阐释为后文的实证检验做了铺垫。

第 3 章

我国系统性金融风险的测度及描述性分析

本章在理论分析的基础上，对我国系统性金融风险展开测度，并进一步对我国系统性金融风险的时空演变趋势、空间关联结构特征展开分析。本章主要从以下部分展开：首先，对我国系统性金融风险进行测度；其次，对测度出的系统性金融风险进行时空演变趋势分析；最后，在识别我国系统性金融风险的空间关联关系的基础上，对我国系统性金融风险的空间关联的结构特征进行分析。

3.1 系统性金融风险的测度

根据相关文件，本部分将所涉及的区域范围界定为我国的东部、西部、中部和东北四大区域。其中，西部地区包括广西、重庆、四川、贵州、云南、西藏、陕西、甘肃、青海、宁夏、新疆和内蒙古 12 个省份；中部地区包括山西、安徽、江西、河南、湖北和湖南 6 个省份；东部地区包括北京、天津、河北、上海、江苏、浙江、福建、山东、广东和海南 10 个省份；东北地区包括黑龙江、吉林和辽宁 3 个省份[①]。

---

① 2015 年国务院政府工作报告中指出："拓展区域发展新空间。统筹实施'四大板块'和'三个支撑带'战略组合。"十九大报告提出深入推进建设更加有效的"四大板块"区域协调发展新机制。

3.1.1 指标选择

1. 指标选取原则

（1）全面性原则。该原则指的是系统性金融风险的替代指标选取范围要广，因为系统性金融风险的成因是错综复杂的，简单选取少量指标必然不能反映系统性金融风险的整体状况。所以，我们要在理解系统性金融风险形成原因的基础上选取指标。根据系统性金融风险形成原因可知，系统性金融风险的产生不单单包括金融部门这一个方面，按照全面性原则，我们也不能忽视政府部门、企业部门、家户部门和宏观经济环境等多个维度的风险变化。因为整个金融系统的相互联系与相互影响的潜在风险点共同构成系统性金融风险，其中不仅包括银行等金融机构的内部脆弱性，也包括政府部门、企业部门、家户部门和宏观经济环境等不同维度的风险传染冲击，所以本书选取了包括银行等金融机构、政府部门、企业部门、家户部门和宏观经济环境等在内的 16 个代表性指标，遵循全面性原则综合构建指标体系。

（2）准确性原则。为了使我们的系统性金融风险的测度结果更加符合实际，实证结果更加可靠，研究结论更加具有价值，我们必须保障选取更真实、更权威和更准确的指标数据。这里的准确性原则就要求我们做到两点：首先，保证数据来源的准确性。遵照以往研究，可以从国家统计局、中国人民银行官网、中国债券信息网或者统计年鉴查取数据，当然也可以在国内通用数据库 CSMAR 数据库、瑞思数据库和 Wind 数据库上获取所需数据。此外，当同一数据可以经由多种途径查得时，选择相对权威途径的数据。其次，数据的处理需要仔细谨慎，确保不出现计算错误，不出现遗漏数据现象，通过多次检验以便规避上述错误。本书所用到的数据是从 Wind 数据库、国家统计局、中国人民银行官网、中国债券信息网公布的数据中获得，遵循数据的准确性原则。

（3）科学性原则。指标体系设计的科学与否，直接关系到实证结果的可靠与否与准确与否。这里的科学性原则主要是针对为指标体系进行赋权的过程所体现出的原则，为了避免实证结果产生偏颇、产生较大误差，选择具有优势的指标赋权过程成为关键环节。根据以往的研究，指标体系的赋权方法有主成分分析法、层次分析法以及熵权法，主成分分析法在对指标赋权时容易使指标失去明确的含义，最终对指标的阐释也变得困难，而层次分析法对指标的赋权过程又比较主观，缺乏严谨和客观性，而采用熵权法可以弥补上述两种方法各自的缺点，熵权法既可以表明所构建指标的具体含义，又可以客观科学地为指标赋权，因此本书选取熵值法为各指标赋权，遵循科学性原则。

（4）互补性原则。金融部门、政府部门、企业部门、家户部门和宏观经济环境等不同维度间的数据都存在着错综的相互关联，因此指标的选取既要考虑某一机构或部门内部指标的互补性，例如就银行等金融机构这一维度，本书综合考虑金融机构内部的信用风险、流动性风险等方面，同时也要考虑到银行等金融部门和政府部门、企业部门、家户部门和宏观经济环境等各大维度之间的相互关联，不仅要选取影响系统性金融风险的指标，还要选取体现系统性金融风险的指标，这样设计出来的指标体系才能更加客观。本书在选取指标时不仅选取正向指标，也选取了适度性指标和逆向指标。例如，银行机构的不良贷款率、存贷比、企业部门的亏损率、政府部门的财政缺口率、家户部门的失业率等均为正向指标，股票发育程度、企业部门的流动性比率、家庭部门的居民家庭人均收入增长率等均为负向指标，信贷膨胀率、对外贸易依存度、固定资产投资等均是适度指标，指标体系中各维度指标的选择都体现了指标选取的互补性原则。

（5）显著性原则。显著性原则即选取的指标微小的变化也能体现出系统性金融风险水平的变化，也就是要具有较强的灵敏度，这样才能使监管机构或地方政府能随时发现危险信号，不会遗漏风险冲击从而造成风险隐患。而本书选择的指标遵循了显著性原则。如不良贷款率、信贷膨胀率、存贷比、ROA、居民家庭人均收入增长率、对外贸易依存度等都是经济金融环境在生活中最直接的体现。

2. 指标体系构建

系统性金融风险具有自我累积、传染速度快和波及范围广等特点，任何一个单一市场或部门都不能代表整体的金融风险状况。依据科学性、层次性、可操作性和目标导向性的原则，本书综合借鉴国内外学者的研究成果[211-214]，从经济参与主体政府部门、企业部门、金融部门和家户部门经济四部门的角度选择了多项指标，来代表经济中国所面临的系统性金融风险。另外，本书认为不能脱离经济四部门所处的经济环境来考察部门的风险状况，经济状况恶化的现实演变比单纯的某个部门的价值缩水更为严重和复杂。换言之，恶劣的宏观经济形势下，任何经济部门都不能独善其身。因此，在上述四部门指标的基础上，本书加入反映宏观环境状况的指标，共计 16 项风险指标构成我国系统性金融风险指标体系（如表 3-1 所示），全面衡量系统性金融风险。表 3-1 指标数据涉及我国 31 个省份，均来自 Wind 数据库、国家统计局、CSMAR 数据库、EPS 全球统计数据库以及《中国区域经济统计年鉴》，时间跨度为 2005~2017 年。下面对各指标设置的经济含义及其合理性作以下概述。

表 3-1 我国系统性金融风险指标体系

	指标	释义	属性
金融部门	保费深度	保费收入/GDP	逆向
	股票市场发育程度	股票市值/GDP	逆向
	不良贷款率	不良贷款/贷款总额	正向
	存贷比	存款余额/贷款余额	逆向
	信贷膨胀率	信贷增长率/GDP 增长率	适度

	指标	释义	属性
	ROA	净利润/资产	逆向
企业部门	亏损率	企业亏损额/资产	正向
	流动比率	流动资产/流动负债	逆向
	资产负债率	负债/资产	正向
政府部门	财政缺口率	财政缺口/GDP	正向
家庭部门	居民家庭人均收入增长率	——	逆向
	失业率	——	正向
	GDP 增长率		适度
宏观环境	对外贸易依存度	进出口总额/GDP	适度
	固定资产投资	固定资产投资/GDP	适度
	通货膨胀率	CPI 指数	适度

资料来源：中国国家统计局网站、Wind 数据库、CSMAR 数据库。

金融部门指标反映金融机构及市场运行带来的风险积累，包含银行、保险和股票市场三个维度，其中保费深度代表保险业的发展水平，股票市值/GDP 衡量股票市场发育程度，由于银行体系特殊的传染和扩散作用，用不良贷款率反映坏账累积引发的风险，存贷比表征银行抵御风险的能力，信贷膨胀率来表示信贷过快增长带来的风险。其中，保费深度、股票市值/GDP 和存贷比为逆向指标，其指标数值越大，表示风险越小；不良贷款率为正向指标，其数值越大，风险越大；信贷膨胀率为适度指标，该指标应该维持在一定水平上，指标数值过高或过低都代表积累风险过多。

企业部门指标反映企业经营所积累的金融风险，随着我国供给侧结构性改革"三去一降一补"任务的推进，淘汰落后产能、企业转型升级时所积累的风险不容忽视，本书用 ROA 反映企业的盈利情况，亏损率反映企业亏损状况，流动比率反映企业流动性风险，资产负债率反映企业的债务风险。其中，ROA 为逆向指标，其余三项指标为正向指标。

政府部门指标反映财政风险，基于数据可得性，本书用财政缺口率表示，用以反映政府在配置社会资源时收支缺口情况。该指标为正向指标，指标数值越大，风险越大。

家庭部门指标反映家庭风险积累状况，用居民家庭人均收入增长率反映家庭的收入状况，失业率代表闲置中的劳动产能并未转化为家庭财富。其中，居民家庭人均收入为负向指标，失业率为正向指标。

宏观环境反映国家经济总体运行出现偏差积累的风险。GDP 增长率表示一国经济增长速度，进出口额/GDP 表示对外贸易依存度，固定资产投资/GDP 表示固定资产投资状况，通货膨胀率反映一国平均物价水平上升幅度。上述指标均为适度指标，指标数值应该维持在一定范围，过高和过低都意味着累积风险增加。

3.1.2　金融压力指数构建

基于上述选择的指标以及区域范围的说明，本部分借鉴 Rodriguez Moreno and Pea、沈悦和张珍的研究，采用熵权法[1]，科学、客观、合理地为每个指标赋权，以获得我国系统性金融风险的综合评估值[215-216]。为了消除不同指标维度和幅度差异对计算结果的影响，本书首先对不同属性的系统性金融风险指标进行标准化处理，最终使得得出的指标值越大，风险越大。不同属性的系统性金融风险指标的标准化处理方式如下：

正向指标标准化处理方式如公式（3-1）所示：

---

①　熵权法是用来判断某个指标离散程度的数学方法，该指标离散程度越大，对综合评价值的影响越大。熵权法的具体步骤为数据标准化、计算信息熵和计算差异系数。此外，指标赋权的方法主要有主成分分析法、层次分析法等，但是基于主成分分析法得出的主成分，失去了原始变量清楚明确的含义，层次分析法的指标赋权又太过主观随意，熵权法的赋权过程能够避免上述缺点。

$$r_{ij} = \frac{r'_{ij} - \min(r'_{ij})}{\max(r'_{ij}) - \min(r'_{ij})} \qquad (3-1)$$

负向指标标准化处理方式如公式（3-2）所示：

$$r_{ij} = \frac{\max(r'_{ij}) - r'_{ij}}{\max(r'_{ij}) - \min(r'_{ij})} \qquad (3-2)$$

适度指标标准化处理方式如公式（3-3）所示：

$$r_{ij} = \frac{|r'_{ij} - \overline{r'_{ij}}|}{\max(r'_{ij}) - \min(r'_{ij})} \qquad (3-3)$$

其中，r_{ij} 为第 i 年的第 j 个指标值。

其次，计算第 j 个指标第 t 年的比重如公式（3-4）所示：

$$p_{jt} = \frac{r_{jt}}{\sum_{t=1}^{n} r_{jt}} \qquad (3-4)$$

再次，计算第 j 项指标的信息熵如公式（3-5）所示：

$$H_j = -k \sum_{t=1}^{m} p_{jt} \ln p_{jt}, \; j=1,\;2\cdots,\;n,\;\left(k = \frac{1}{\ln m}\right) \qquad (3-5)$$

进而根据 $g_j = 1 - H_j$ 求出变异系数。变异系数值越大表明系统的无序越大，指标在综合指数中占比越高。

最后，计算第 j 项指标的权重如公式（3-6）所示：

$$w_j = \frac{g_j}{\sum_{j=1}^{n} g_j} \qquad (3-6)$$

因此，第 t 年第 j 项指标的综合评价值如公式（3-7）所示：

$$v_t = \sum_{j=1}^{n} p_{jt} w_j \qquad (3-7)$$

于是，本书估计出了我国系统性金融风险大小，其具体结果如表 3-2 所示。其中，四大区域的系统性金融风险由区域内各省份的均值而得，全国整体系统性金融风险由全国 31 个省份的均值得出。

表 3 - 2　　　　　我国系统性金融风险综合评估值：2005～2017 年

省份	2005 年	2006 年	2007 年	2008 年	2009 年	2010 年	2011 年	2012 年	2013 年	2014 年	2015 年	2016 年	2017 年
北京	0.0185	0.0260	0.0368	0.0334	0.0250	0.0274	0.0282	0.0287	0.0224	0.0219	0.0190	0.0212	0.0201
天津	0.0194	0.0255	0.0352	0.0227	0.0218	0.0210	0.0250	0.0228	0.0265	0.0262	0.0230	0.0265	0.0270
河北	0.0244	0.0289	0.0242	0.0210	0.0208	0.0252	0.0237	0.0251	0.0264	0.0335	0.0269	0.0243	0.0231
上海	0.0267	0.0265	0.0335	0.0287	0.0253	0.0252	0.0276	0.0276	0.0286	0.0300	0.0261	0.0208	0.0215
江苏	0.0186	0.0205	0.0229	0.0212	0.0178	0.0198	0.0204	0.0206	0.0251	0.0228	0.0180	0.0170	0.0165
浙江	0.0204	0.0267	0.0242	0.0363	0.0236	0.0228	0.0218	0.0295	0.0296	0.0238	0.0200	0.0208	0.0202
福建	0.0276	0.0423	0.0264	0.0281	0.0259	0.0179	0.0212	0.0191	0.0223	0.0208	0.0213	0.0183	0.0194
山东	0.0137	0.0197	0.0174	0.0194	0.0190	0.0249	0.0250	0.0250	0.0250	0.0213	0.0197	0.0209	0.0206
广东	0.0227	0.0256	0.0291	0.0197	0.0291	0.0264	0.0241	0.0236	0.0230	0.0227	0.0182	0.0168	0.0172
海南	0.0317	0.0307	0.0360	0.0275	0.0274	0.0306	0.0343	0.0264	0.0238	0.0299	0.0274	0.0245	0.0216
东部均值	0.0224	0.0272	0.0286	0.0258	0.0236	0.0241	0.0251	0.0248	0.0253	0.0253	0.0220	0.0211	0.0207
山西	0.0283	0.0289	0.0263	0.0348	0.1244	0.0382	0.0331	0.0375	0.0457	0.0922	0.1124	0.0504	0.0692
安徽	0.0290	0.0345	0.0254	0.0179	0.0217	0.0181	0.0194	0.0255	0.0243	0.0254	0.0239	0.0177	0.0183
江西	0.0245	0.0306	0.0244	0.0224	0.0207	0.0256	0.0247	0.0213	0.0228	0.0212	0.0178	0.0180	0.0185
河南	0.0265	0.0216	0.0282	0.0295	0.0234	0.0256	0.0309	0.0221	0.0195	0.0180	0.0178	0.0199	0.0224
湖北	0.0355	0.0197	0.0213	0.0209	0.0204	0.0265	0.0317	0.0240	0.0222	0.0223	0.0209	0.0174	0.0165
湖南	0.0316	0.0246	0.0259	0.0217	0.0232	0.0289	0.0253	0.0320	0.0222	0.0241	0.0200	0.0245	0.0239

续表

省份	2005 年	2006 年	2007 年	2008 年	2009 年	2010 年	2011 年	2012 年	2013 年	2014 年	2015 年	2016 年	2017 年
中部均值	0.0292	0.0266	0.0252	0.0245	0.0390	0.0272	0.0275	0.0271	0.0261	0.0339	0.0355	0.0246	0.0281
广西	0.0328	0.0256	0.0309	0.0334	0.0309	0.0278	0.0299	0.0307	0.0324	0.0278	0.0256	0.0314	0.0354
重庆	0.0250	0.0276	0.0253	0.0254	0.0232	0.0227	0.0196	0.0239	0.0281	0.0262	0.0238	0.0221	0.0217
四川	0.0237	0.0289	0.0256	0.0494	0.0290	0.0312	0.0291	0.0289	0.0264	0.0305	0.0249	0.0292	0.0271
贵州	0.0416	0.0353	0.0402	0.0369	0.0387	0.0484	0.0358	0.0330	0.0377	0.0350	0.0314	0.0257	0.0283
云南	0.0375	0.0381	0.0324	0.0290	0.0290	0.0346	0.0370	0.0336	0.0388	0.0371	0.0367	0.0427	0.0502
西藏	0.0775	0.0696	0.0845	0.0991	0.0758	0.1134	0.1139	0.1099	0.1040	0.0832	0.0715	0.0769	0.0787
陕西	0.0327	0.0323	0.0265	0.0214	0.0266	0.0301	0.0265	0.0225	0.0224	0.0262	0.0262	0.0269	0.0270
甘肃	0.0465	0.0527	0.0445	0.0454	0.0377	0.0405	0.0501	0.0367	0.0342	0.0325	0.0500	0.0373	0.0296
青海	0.0490	0.0434	0.0494	0.0481	0.0464	0.0636	0.0497	0.0562	0.0551	0.0497	0.0561	0.0421	0.0391
宁夏	0.0383	0.0385	0.0336	0.0334	0.0306	0.0311	0.0324	0.0435	0.0359	0.0323	0.0368	0.0351	0.0342
新疆	0.0461	0.0517	0.0399	0.0485	0.0545	0.0338	0.0502	0.0475	0.0414	0.0333	0.0414	0.0521	0.0551
内蒙古	0.0278	0.0196	0.0240	0.0212	0.0202	0.0258	0.0203	0.0259	0.0339	0.0353	0.0384	0.0571	0.0628
西部均值	0.0399	0.0386	0.0381	0.0409	0.0369	0.0419	0.0412	0.0410	0.0409	0.0374	0.0386	0.0399	0.0408
辽宁	0.0344	0.0306	0.0277	0.0282	0.0232	0.0253	0.0266	0.0291	0.0277	0.0257	0.0369	0.0686	0.0324
吉林	0.0423	0.0336	0.0358	0.0348	0.0280	0.0369	0.0349	0.0328	0.0293	0.0259	0.0252	0.0322	0.0367
黑龙江	0.0459	0.0401	0.0427	0.0407	0.0368	0.0309	0.0275	0.0349	0.0433	0.0432	0.0427	0.0613	0.0497
东北	0.0409	0.0348	0.0354	0.0346	0.0293	0.0310	0.0297	0.0322	0.0334	0.0316	0.0349	0.0540	0.0396

3.1.3　系统性金融风险的典型化事实描述

为了更加清晰地对四大区域和区域内各省份即区域内的系统性金融风险演变的趋势进行详细描述，基于上述测度的系统性金融风险，本部分进一步绘制成折线图图 3 - 1 ~ 图 3 - 5，分别展现我国四大区域整体、东部、中部、西部以及东北地区系统性金融风险演变趋势，旨在对系统性金融风险有一个直观认识。

1. 基于全国层面的考察

图 3 - 1 汇报了四大区域及其整体系统性金融风险演变趋势。由图 3 - 1 所示，首先，2005 ~ 2016 年全国系统性金融风险变化较为平稳，但总体呈上升趋势。具体来看，上升较快的有两个阶段：一是 2008 ~ 2009 年，该时期，全球性金融危机爆发，金融风险在全球范围内集聚累积，我国也不例外。二是 2013 ~ 2016 年，该阶段，我国 GDP 增速总体下降，社会经济效益降低，加之 2013 年"钱荒"，2015 年"股灾"和"人民币贬值"以及"债市波动"等"风险事件"和金融"乱象"频发，导致金融风险迅速累积。此外，为应对 2008 年爆发的全球性金融危机，2008 ~ 2010 年中国政府出台了 4 万亿刺激政策，虽然对经济回暖起到一定刺激作用，使经济在 2009 ~ 2013 年出现小幅增长，风险也维持在较低水平，但在 2013 年之后，4 万亿刺激政策的弊端开始显现，产能过剩，经济结构失衡，风险累积加快。伴随着"供给侧结构性改革"和"三去一降一补"政策的实施，金融风险增长的态势得到遏制，2016 ~ 2017 年系统性金融风险小幅下跌，可以看出我国推行实施的调结构、转动能的政策措施效应开始显现。我国应继续推进供给侧结构性改革，转变经济发展方式，找到支撑经济增长的新引擎。

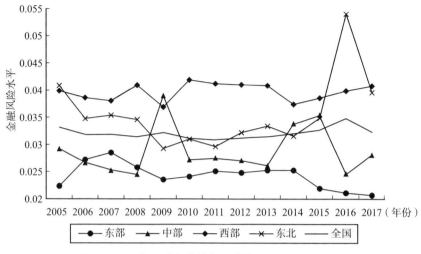

图 3-1　四大区域及其整体系统性金融风险演变趋势

2. 基于四大区域层面的考察

从图 3-1 可以看出，东部地区除了 2009～2014 年受全球金融危机的影响金融风险上升之外，系统性金融风险处于波动中下降态势。自改革开放之初国家实施东部沿海地区率先发展战略后，东部地区凭借自身区位优势和先发优势，抢抓发展机遇，在建成经济特区、沿海开放城市和经济开放区的带动下，逐渐成为亚太乃至全球最具发展活力的地区之一。伴随供给侧结构性改革的持续推进，东部地区也在积极调结构，转方式，成果显著，系统性金融风险不断下降。

中部地区系统性金融风险呈反复上升下降态势。具体而言，2005～2008 年系统性金融风险不断下降，由于 2006 年实施的中部地区崛起战略，中部六省的经济崛起态势整体较为稳健。2008～2009 年中部地区系统性金融风险急剧上升，美国金融危机爆发，世界需求疲软，中部地区作为我国重要的能源原材料、装备制造和轻纺织加工基地，其产品出口受到一定程度的限制，较大的市场冲击使中部地区系统性金融风险不断攀升。受益于政府 4 万亿刺激计划，中部地区经济暂时回暖，系统性金融风险在 2011～2013 年出现小幅下跌。直至 2014 年，我国经济进入新常态，由于中部六省发展模式和发展路径长期固化，传统产业比重偏高的产业结构性问题突出、创新发展不足，国内销售额以及进出口额的增长率均出现了不同程度的下降，经济活力降低，系统性金融风险上升。2015 年后供给侧结构性改革和"三去一降一补"任务提出，中部六省重点淘汰化解钢铁、煤炭等过剩产能，制定差别化政策抑制高耗能产业发展，倒逼产业加快转型升级。同时中部六省主动顺应新一轮技术革命及产业变革趋势，积极布局新兴产业和前沿领域，推动"四新"经济成长发展，政策效果开始显现，系统性金融风险下降。

西部地区整体系统性金融风险处于相对稳定状态，但风险水平偏高。2000 年实施西部大开发战略以来，西部地区经济增长较快，系统性金融风险不断下降。西部大开发政策只是加快了西部地区经济的发展，并没有彻底改变原来面临经济结构不合理、内生增长动力不足、经济系统稳定性不强、基础设施薄弱等问题，在 2003 年和 2006 年国家分别提出"振兴老工业基地"和"中部崛起"政策发生倾斜之后，经济增速放缓，上述问题弊端暴露，系统性金融风险进一步上升。

东北地区 2005~2009 年系统性金融风险下降，2009 年之后，东北地区的系统性金融风险快速上升，2017 年系统性金融风险有所回落。2003 年中国开始实施振兴东北老工业基地战略，东北地区经济获得发展，但政策的扶持并没有改变东北地区固有的体制机制障碍和产业结构失衡等问题，体制机制不活、创新能力不足，国有企业和资源型产业比重偏大，产能过剩行业相对集中的状况依然严重制约着东北地区经济的持续发展，使东北地区在全国经济持续放缓的背景下所受影响和冲击较大。而东北地区振兴战略长期以来一直重点支持传统优势产业发展，加剧了东北地区产业结构失衡。尽管 4 万亿投资计划以及系列扩大内需措施增大了 2011~2013 年对东北地区的装备制造、原材料的需求，但在全国进入新常态的大背景下，东北地区的原材料产品市场需求急剧下降，东北地区工业增速大幅下滑。另外，东北地区新兴产业发展严重不足，无法替代出现问题的传统优势产业支撑经济增长，资本、人才等现代生产要素不断外流，产业转型升级和经济下行的压力进一步扩大。上述体制机制性问题和产业结构问题造成东北地区面临国内外市场环境快速变化时缺乏灵活有效的应对措施，系统性金融风险指数化上升。

3. 基于省际层面的考察

（1）东部地区各省份。

图 3 - 2 ~ 图 3 - 5 报告了区域内各省份系统性金融风险的演变趋势。其中，图 3 - 2 报告了东部地区区域内系统性金融风险演变趋势。整体来看，东部地区各省份系统性金融风险呈梯队排布，由低到高依次是：北京、天津、河北、上海、江苏、浙江、福建、山东、广州和海南，各省份系统性金融风险波动较小，呈现"上升—下降—小幅上升—下降"的趋势。具体为：2005 ~ 2007 年，系统性金融风险上升，2007 ~ 2009 年系统性金融风险下降，2009 ~ 2014 年处于系统性金融风险小幅上升阶段，2014 ~ 2016 年，系统性金融风险下降。不难发现，东部地区省份之间系统性金融风险差距较大，如系统性金融风险最高的海南和系统性金融风险最低的北京。但东部地区凭借先天优势，金融发展起步早、力度大，且中央政府的地方政策倾斜，东部地区大部分省份位于京津冀、长三角和珠三角经济圈内，为东部地区金融发展积累了大量的优秀人才和创新资源，系统性金融风险波动较小，风险水平属于可控范围内。值得关注的是，到 2017 年，经济体量占据全国第一和第三位的广东和山东，系统性金融风险却居于前列。改革开放 40 多年来，广东凭借对外窗口和毗邻港澳的区位优势，按照跟随—模仿—赶超—局部创新引领的发展路径，凭借技术变革下的产业融合和"政策红利"，从一个落后的农业大省转变为中国第一大省和全球制造基地，但在我国经济发展进入"新常态"以来，竞争格局由原来的要素驱动转变为创新驱动，广东的先发优势正在逐渐丧失，人口红利让位于技术和制度红利，产业层次不合理，价值链条短，自主创新能力相对薄弱，过度依赖国外市场

等深层次问题不断凸显，加之前期成功经验的局限突出，产业和竞争政策的实施边界模糊，政策适应性变弱，当前的广东处于转型升级爬坡越坎阶段，风险积累较多。而山东从国家战略布局上南不靠长三角、西不靠京津冀、北不靠新一轮东北振兴计划，因发展质量效益不佳，产业结构偏重，新经济投入和创新能力不足，资源环境约束趋紧以及体制、观念和文化等因素，与浙江、江苏拉开差距。在"掉队"的5年中，系统性金融风险不断积累。

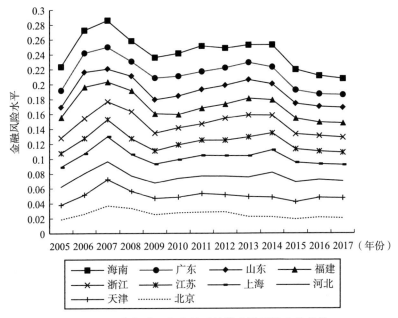

图3-2　东部地区各省份系统性金融风险变化趋势

（2）中部地区各省份。

图3-3报告了中部地区区域内系统性金融风险演变趋势。整体来看，除山西省外，其余省份的系统性金融风险居于0.03附近，呈现波动中小幅下降趋势。相较于中部地区的其他省份，山西系统性金融风险偏高且波动幅度较大，该状况与山西产业结构单一、产业结构偏重、企

业转型升级较慢密切相关。在淘汰落后产能，深入推进"供给侧结构性改革"的背景下，山西受到外部环境变化的较大冲击和影响，其风险较高且波动较大。

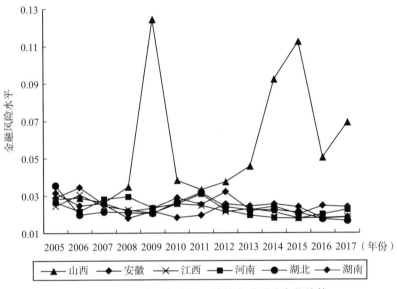

图 3 - 3　中部地区各省份系统性金融风险变化趋势

（3）西部地区各省份。

图 3 - 4 报告了西部地区区域内系统性金融风险演变趋势。整体来看，除西藏自治区外，其余省份系统性金融风险居于 0.02 ~ 0.06 范围，西藏、云南和新疆系统性金融风险偏高。重庆、广西、四川、宁夏金融风险波动比较平稳，其余省份系统性金融风险波动较大，其中，内蒙古、新疆和云南系统性金融风险整体趋势向上，青海系统性金融风险下降。而西藏由于地理区位、机制体制和资源禀赋的关系，经济发展滞后，系统性金融风险处于最高水平。

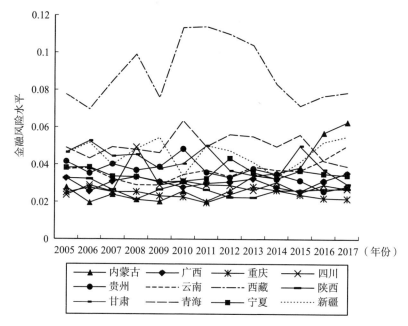

图 3 - 4　西部地区各省份系统性金融风险变化趋势

（4）东北地区各省份。

图 3 - 5 报告了东北地区区域内系统性金融风险演变趋势。整体来看，东北地区系统性金融风险较高，金融风险变化呈先小幅下降、后快速上升的趋势。2005 ～ 2014 年间，大部分年份中辽宁系统性金融风险最低，吉林次之，黑龙江最大，仅在 2010 ～ 2012 年吉林超过黑龙江，处在风险最高水平。2014 年之后，东北地区各省系统性金融风险快速上升，辽宁的上升速度最快，黑龙江次之，吉林最慢。究其原因，东北三省除了国民经济占主导、民营经济比重过低、创新体制不顺、创新能力不足、人口红利消失、人才大量外流以及对外开放程度低的共性问题外，东北每个省在产业结构内部和工业层面内部还存在个性问题：辽宁出口下降，服务业过快增长出现隐患；吉林工业比重过大，汽车产业下降过快；黑龙江农业比重过大，能源行业负向拉动经济增长。样本考察期内无论是从经济体量、投资水平，还是工业盈利等方面，东北三省均

位居全国后几位，尤其在 2015 年以来，GDP 增速除山西增速列倒数第二，辽宁、黑龙江和吉林分别位列倒数第一、倒数第三和倒数第四。从工业增加值增速来看，东北三省中辽宁、黑龙江和吉林分别位列倒数第一、倒数第四和倒数第十位[①]。在我国"供给侧结构性改革"背景下，东北地区在全国各个省域系统性金融风险较高，资源型省份内企业的转型升级和防控风险成为目前阶段的重要工作。

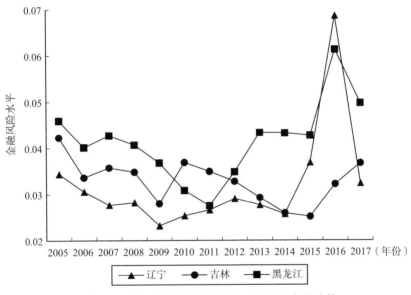

图 3-5　东北地区各省份系统性金融风险变化趋势

3.2　系统性金融风险的时空演变趋势

在对我国系统性金融风险进行测度的基础上，为了更加清晰直观地阐述我国系统性金融风险的时空演化趋势，本部分利用 SMR 方法进一

---

① 数据来自国家统计局官网。

步估计我国各省域系统性金融风险所处风险等级，采用基尼系数法和核密度估计法估计系统性金融风险的空间演化趋势。

3.2.1 时间维度下系统性金融风险的演变趋势

1. SMR 模型构建

SMR 是被来自波兰国立罗兹大学（University of Lodz）的教授多洛塔·维特科夫斯卡（Prof. Dorota Witkowska）和来自波兰华沙生命科学大学（Warsaw University of Life Sciences）的教授克日什托夫·孔帕（Prof. Krzysztof Kompa）推广来验证不同国家经济发展的动态演化过程的方法。他们指出，SMR 模型将研究主体划分为四个层次，Ⅰ 代表优秀发展水平（excellent level of development），指该区域风险稳态处于大于 SMR 加上 1 倍标准差的范围，Ⅱ 代表高发展水平（high level of development），指该区域风险稳态处于 SMR ±1 倍标准差的范围，Ⅲ 代表平均发展水平（average level of development），指该区域风险稳态处于 SMR 减 1 倍标准差之内，Ⅳ 代表低发展水平（low level of development），指该区域风险稳态处在小于 SMR 减 1 倍标准差的范围。总的来说，隶属于 Ⅰ 的区域风险最小，Ⅳ 区域风险最大。SMR 的具体过程如公式（3-8）所示：

$$\text{SMR}_{jt} = 1 - \frac{q_{jt}}{2 \cdot s_{qt} + \overline{q_t}}, \ j = 1, 2, \cdots, n; \ t = 1, 2, \cdots, T$$

$$(3-8)$$

其中，q_{jt} 为目标值与假设基准点间的距离，如公式（3-9）~公式（3-10）所示：

$$q_{jt} = \sqrt{\sum_{j=1}^{k} w_j \cdot (r_{jt} - r_{jt}^0)^2} \tag{3-9}$$

$$r_{jt}^0 = \max_{i=1,2,\cdots,n} \{r_{jt}\} \tag{3-10}$$

其中，w_j 是公式（3-6）所示的指标权重值，r_{jt}^0、r_{jt} 是公式

（3-1）~公式（3-3）所描述的第 j 个指标在时期 t 内演化的标准值，r_{jt}^0 的取值如公式（3-10）所示。

公式（3-8）中的均值及标准差的计算方式如公式（3-11）和公式（3-12）所示：

$$\bar{q} = \frac{1}{n} \sum_{i=1}^{n} q_{it} \qquad (3-11)$$

$$S_{qt} = \sqrt{\frac{\sum_{i=1}^{n} (q_{it} - \bar{q}_t)}{n}} \qquad (3-12)$$

2. 我国系统性金融风险的时序变化特征

根据 SMR，2005~2017 年我国系统性金融风险的时序动态演变趋势如表 3-3 所示。其中，从上到下依次为 Ⅰ、Ⅱ、Ⅲ、Ⅳ 等级，四个等级用粗线分开，等级越高，风险越高。为了更直观地展示我国各省跨风险等级分布状况，现按照风险等级将我国省域列表如表 3-4 所示。

综合表 3-3 和表 3-4 可以得出：

第一，样本期间部分省份金融风险只位于一个等级，并没有跨等级分布，如北京始终处于第Ⅰ等级，湖北始终处于第Ⅱ等级，吉林、山东和广西始终处于第Ⅲ等级，而大部分省份系统性金融风险在样本期间位于两个及以上等级，属于跨等级分布，例如，上海、广东等地处于第Ⅰ等级和第Ⅱ等级。第二，风险等级的转移具有连续性，例如 2006 年山东系统性金融风险处于第Ⅰ等级，2007 上升至第Ⅱ等级，并未跨等级至第Ⅲ或第Ⅳ等级。第三，虽然有省份系统性金融风险连续多年处在某一等级，但在同一等级内的分布也有差异。例如，2012 年和 2013 年内蒙古的系统性金融风险，虽然处于同一个等级，但在 2012 年处于第Ⅲ等级的中间位置，2013 年则处于第Ⅲ等级的末尾。可见，各省域系统性金融风险在时间维度上处于动态变化过程中且大部分省份系统性金融风险较高，风险防范不容忽视。此外，系统性金融风险的转移具有连续性，表明风险的累积是一个过程，为未来系统性金融风险的防范治理提供一定的时间缓冲。

表3－3　2005～2017年我国各省份系统性金融风险所处等级

2005年	2006年	2007年	2008年	2009年	2010年	2011年	2012年	2013年	2014年	2015年	2016年	2017年
北京	北京	北京	北京	北京	北京	北京	北京	北京	北京	北京	北京	北京
上海	广东	云南	广东	上海	广东	上海	陕西	上海	河南	上海	广东	云南
广东	山东	陕西	陕西	广东	陕西	广东	河南	河南	广东	广东	上海	上海
山东	陕西	山东	河南	山东	河南	江苏	海南	陕西	江西	河南	湖北	甘肃
天津	新疆	广东	新疆	江苏	江苏	陕西	广东	广东	湖北	湖北	陕西	广东
陕西	天津	河南	云南	陕西	海南	河南	江西	海南	陕西	江苏	河南	四川
云南	江苏	海南	江西	云南	江西	江西	上海	江西	上海	陕西	江苏	贵州
江苏	河南	新疆	江苏	河南	云南	海南	山东	山东	江苏	江西	浙江	辽宁
黑龙江	上海	上海	黑龙江	福建	上海	福建	江苏	江苏	海南	安徽	安徽	重庆
福建	江西	江苏	海南	江西	福建	山东	云南	湖北	安徽	湖南	湖南	青海
山西	海南	江西	山东	海南	山东	重庆	福建	湖南	湖南	海南	山东	湖北
四川	湖北	四川	湖南	天津	安徽	浙江	湖北	安徽	山东	浙江	四川	新疆
河南	重庆	湖北	湖北	湖北	新疆	吉林	湖南	云南	重庆	山东	贵州	山西
江西	黑龙江	湖南	福建	浙江	湖南	黑龙江	安徽	辽宁	吉林	重庆	广西	湖南
河北	浙江	内蒙古	安徽	甘肃	浙江	云南	四川	甘肃	甘肃	云南	重庆	山东
新疆	福建	河北	天津	重庆	黑龙江	天津	吉林	广西	广西	四川	湖南	广西
重庆	湖南	福建	山西	黑龙江	湖北	安徽	重庆	四川	四川	贵州	福建	海南

2005 年	2006 年	2007 年	2008 年	2009 年	2010 年	2011 年	2012 年	2013 年	2014 年	2015 年	2016 年	2017 年
浙江	四川	广西	内蒙古	新疆	辽宁	湖南	广西	吉林	福建	广西	云南	浙江
甘肃	山西	天津	重庆	内蒙古	广西	湖北	内蒙古	福建	云南	福建	江西	黑龙江
湖北	内蒙古	甘肃	甘肃	湖南	甘肃	辽宁	贵州	河北	天津	天津	天津	陕西
湖南	云南	山西	河北	辽宁	吉林	内蒙古	黑龙江	重庆	浙江	河北	甘肃	安徽
海南	安徽	辽宁	辽宁	四川	四川	四川	甘肃	新疆	贵州	新疆	吉林	福建
安徽	广西	浙江	吉林	河北	天津	河北	新疆	贵州	辽宁	吉林	河北	河南
广西	辽宁	黑龙江	浙江	安徽	重庆	广西	天津	天津	河北	辽宁	新疆	天津
内蒙古	吉林	吉林	广西	广西	内蒙古	山西	河北	浙江	新疆	甘肃	辽宁	江苏
辽宁	甘肃	重庆	贵州	贵州	河北	新疆	辽宁	内蒙古	黑龙江	黑龙江	宁夏	吉林
吉林	贵州	安徽	青海	吉林	山西	贵州	浙江	黑龙江	内蒙古	青海	黑龙江	内蒙古
贵州	宁夏	贵州	四川	宁夏	贵州	甘肃	山西	青海	青海	宁夏	山西	河北
宁夏	河北	青海	上海	青海	宁夏	宁夏	宁夏	山西	宁夏	内蒙古	内蒙古	宁夏
青海	青海	宁夏	宁夏	山西	青海	青海	青海	宁夏	山西	山西	青海	江西

表 3 – 4　　　　　　　　　我国各省份跨风险等级分布汇总表

风险等级	省份
Ⅰ	北京
Ⅰ 和 Ⅱ	上海、广东、陕西
Ⅰ、Ⅱ和Ⅲ	云南、甘肃
Ⅰ、Ⅱ、Ⅲ和Ⅳ	山西
Ⅱ	湖北
Ⅱ 和 Ⅲ	河北、辽宁、黑龙江、江苏、安徽、河南、湖南、重庆
Ⅱ、Ⅲ和Ⅳ	江西、海南、四川、贵州
Ⅲ	吉林、山东、广西
Ⅲ 和 Ⅳ	天津、内蒙古、福建、浙江、青海、宁夏、新疆

资料来源：作者整理。

3.2.2　空间维度下系统性金融风险的演变趋势

1. Dagum 基尼系数法和核密度估计简介

Dagum 基尼系数是 Dagum 提出按照子群将基尼系数进行分解的方法[217]。该方法的优势在于充分考虑了子样本的分布状况，有效解决了数据交叉重叠的问题和区域差异来源问题，是对传统基尼系数和泰尔指数的一种改进。具体如公式（3 – 13）~公式（3 – 23）所示。

$$G = G_w + G_{nb} + G_t \tag{3–13}$$

$$G = \sum_{j=1}^{k} \sum_{h=1}^{k} \sum_{i=1}^{n_j} \sum_{r=1}^{n_h} |y_{ji} - y_{hr}| / 2n^2 \bar{y} \tag{3–14}$$

$$\bar{Y}_h \leqslant \cdots \bar{Y}_j \leqslant \cdots \leqslant \bar{Y}_k \tag{3–15}$$

$$G_{jj} = \frac{1}{2\bar{Y}_j} \sum_{i=1}^{n_j} \sum_{r=1}^{n_j} |y_{ji} - y_{jr}| / n_j^2 \tag{3–16}$$

$$G_w = \sum_{j=1}^{k} G_{jj} p_j s_j \tag{3-17}$$

$$G_{jh} = \sum_{i=1}^{n_j} \sum_{r=1}^{n_h} |y_{ji} - y_{hr}| / n_j n_h (\bar{Y}_j + \bar{Y}_h) \tag{3-18}$$

$$G_{nb} = \sum_{j=2}^{k} \sum_{h=1}^{j-1} G_{jh} (p_j s_h + p_h s_j) D_{jh} \tag{3-19}$$

$$G_t = \sum_{j=2}^{k} \sum_{h=1}^{j-1} G_{jh} (p_j s_h + p_h s_j)(1 - D_{jh}) \tag{3-20}$$

$$D_{jh} = \frac{d_{jh} - p_{jh}}{d_{jh} + p_{jh}} \tag{3-21}$$

$$d_{jh} = \int_0^\infty dF_j(y) \int_0^y (y - x) dF_h(x) \tag{3-22}$$

$$p_{jh} = \int_0^\infty dF_h(y) \int_0^y (y - x) dF_j(y) \tag{3-23}$$

从式（3-13）可知，总体基尼系数（G）来表示，包含三部分：区域间差异贡献率（G_{nb}）、区域内差异贡献率（G_w）和超变密度贡献率（G_t），上述各子项的具体计算如式（3-19）、式（3-16）、式（3-17）和式（3-20）所示。式（3-15）以金融风险水平为参照对四大区域风险水平进行大小排序。式（3-16）和式（3-18）是对区域内 G_{jj} 基尼系数和区域间基尼系数 G_{jh} 的测算，其中 $y_{ji}(y_{hr})$ 表示 $j(h)$ 地区各省份金融风险指数，$\bar{y}$ 为中国各省份金融风险指数均值，k 表示样本区域个数，n 为省份个数，$n_j(n_j)$ 是 $j(h)$ 所在地区省份个数。式（3-21）中 D_{jh} 表示 j、h 区域间金融风险水平的相对影响。式（3-22）中 d_{jh} 是区域间金融风险水平之差，也可认为是 j、h 区域中 $y_{ji} - y_{hr} > 0$ 所有省份金融风险水平之和的均值。式（3-23）中 p_{jh} 定义为超变一阶矩，可以理解为 j、h 地区中所有 $y_{hr} - y_{ji} > 0$ 的样本值加总的数学期望。其中，$F_j(F_h)$ 代表区域 $j(h)$ 的累积密度分布函数。

Kernel 密度估计方法属于非参数方法之一，以其依赖性弱、稳健性强成为分析空间非均衡性的常用工具。该方法可用连续密度曲线描述随机变量分布形态，通常设定 X 的密度函数如公式（3-24）所示。

$$f(x) = \frac{1}{Nh}\sum_{i=1}^{N}K\left(\frac{X_i - x}{h}\right) \qquad (3-24)$$

式（3-24）中，N 是观测值个数，h 为带宽，X_i 为独立同分布观测值，K(·) 是核函数，它是一种加权函数或平滑转换函数，应满足公式（3-25）。

$$\begin{cases} \lim_{x\to\infty}K(x)\cdot x = 0 \\ K(x) \geq 0, \int_{-\infty}^{+\infty}K(x)dx = 1 \\ \sup K(x) < +\infty, \int_{-\infty}^{+\infty}K^2(x)dx < +\infty \end{cases} \qquad (3-25)$$

根据函数形式的不同，Kernel 密度函数包含高斯核、三角核和四角核等。对 Kernel 密度估计带宽的选择至关重要，当其他条件给定，带宽越大，核密度估计方差越小，曲线越平滑，但估计偏差增大[218]。实际选择中，样本数值越多，带宽应越小，但不宜过小，应满足公式（3-26）：

$$\lim_{N\to\infty}h(N) = 0, \quad \lim Nh(N) = N\to\infty \qquad (3-26)$$

本书选择相对常用的高斯核函数估计中国金融风险区域差异的分布动态演进，根据核密度曲线可以观察到研究对象的分布位置、形态以及延展性。其表达式如公式（3-27）所示：

$$K(x) = \frac{1}{\sqrt{2\pi}}\exp\left(-\frac{x^2}{2}\right) \qquad (3-27)$$

2. 我国系统性金融风险的区域差异及其来源

本节利用 Dagum 基尼系数法实证检验了金融风险地区差异的大小及来源，其实证结果绘制成折线图如图 3-6 ~ 图 3-8 所示。实证分析如下：

第一，系统性金融风险总体区域差异。图 3-6 呈现了系统性金融风险总体区域差异的变化趋势。根据图 3-6 可知，全国总体系统性金融风险区域差异呈现以下特征：2005 年之后的十几年中，中国系统性金融风险的总体差异呈波动中上升态势，基尼系数大小处于 0.21 ~ 0.45，其中，2009 年、2012 年和 2015 年系统性金融风险较高，这可能是由于 2008 年前后美国次贷危机爆发，世界上大部分国家系统性金融风险较高，中国也不例外。而 2013 年之后金融风险水平攀升，和我国"三去一降一补"和供给侧结构性改革任务的推进密切相关，在去除过剩产能，去杠杆的过程中，由于催生出新型行业还不足以支撑经济的高速增长，因此系统性金融风险处于较高水平。

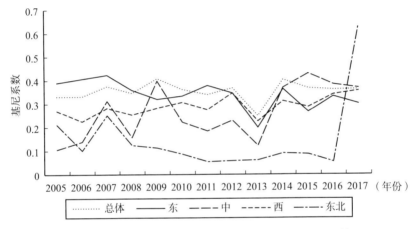

图 3 - 6　系统性金融风险总体及区域内差异的变化趋势

　　第二，系统性金融风险区域内差异。系统性金融风险区域内差异的变化趋势具体如图 3 - 6 所示。由图 3 - 6 可知，从空间维度比较来看，系统性金融风险区域内差异由大到小依次为东部地区、西部地区、中部地区和东北地区。其中，东部地区系统性金融风险区域内差异、西部地区系统性金融风险和中部地区系统性金融风险区域内差异交叉分布，其中中部地区系统性金融风险区域内差异波动幅度比较大，尤其是在 2008 年和 2013 年之后，而西部地区区域内系统性金融风险差异一直处于较高水平，呈波动中上升态势；时间维度上来看，首先是东部地区系统性金融风险区域内差异，东部地区系统性金融风险区域内差异呈现波动性小幅下降趋势,基尼系数处于 0.25 ~ 0.46 范围内,其中 2005 ~ 2007 年处于相对较高的水平,2008 ~ 2010 年、2011 ~ 2013 年系统性金融风险区域内差异不断下降,2014 年有一定幅度上升之后,系统性金融风险的区域内差异呈现微弱的回落趋势;其次是东北地区系统性金融风险的区域内差异,东北地区系统性金融风险的区域内差异和东部地区系统性金融风险的地区内差异走势较为相似,其中在 2005 ~ 2008 年,系统性金融风险的区域内差异一直处于相对较高的水平,基尼系数大约处于 0.1 ~ 0.25 范围内,之后 2009 ~ 2013 年东北地区系统性金融风险地区内差异一直下降,基尼系数处于 0.05 ~ 0.12 之间,经历 2014 ~ 2016 年先上升后下降的波动性变化之后,2017 年东北地区系统性金融风险的区域内差异水平逐渐上升,2017 年基尼系数处于峰值位置,数值为 0.63。两大区域金融风险区域内差异表现相似的原因,在空间角度上来看可能是东部地区和东北地区内各省份区位优势、资源禀赋等较为相近,所以表现出相似的系统性金融风险水平,而在时间维度来看,两大区域之所有走势相似的原因在于,在 2008 年前后全球性的金融危机爆发,东北地区和东部地区各省份并不能在危机中免受影响,所以之后的几年间各省域由于系统性金融风险的普遍上涨,导致系统性金融风险区域内差异逐渐下降,而在 2013 年之后由于我国为应对金融危机出台的一系列政策的实施效果开始显现,不同的省份对宏观经济政策的反映程度不一样,所以才出现区域内系统性金融风险差异拉大的现象。西部地区区域内系统性金融风险差异处于较高水平,这可能由于西部地区地广人稀,西部地区各省的自然环境等差异较大,导致系统性金融风险的省域间分布差异较大,而中部地区系统性金融风险区域内差异波动幅度非常大,尤其是在 2008 年前后和 2012 年之后的几年,这可能与中部地区特殊的地理位置有密切的关系,因为中部地区向东靠近发达的东部地区省份,向西则紧挨较为落后的西部地区省份,导致中部地区内经济发展水平差异较大,各省的系统性金融风险差异较大。

第三,系统性金融风险区域间差异。图 3 - 7 报告了系统性金融风险的区域间差异的演变趋势。图3-7表明我国系统性金融风险存在较大的空间差异特征。整体来看，除去个别区域外，我国系统性金融风险区域间差异变化趋势呈现多次"上升—下降"波动性变化，其中2008年前后以及2013年前后上升趋势较为明显，其余年份波动幅度较小。具体来看，东部地区和中部地区系统性金融风险区域间差异的变化趋势在2007~2009年和2014年以及2016年间的波动较为剧烈，基尼系数变动范围在0.2~0.5，其余年份基尼系数变动较为平稳，其数值大小围绕0.4上下波动；东部地区和西部地区系统性金融风险区域间差异大部分年份较为平稳，2015年之后两大区域系统性金融风险差异有下降趋势，其中在2005~2014年基尼系数数值大约维持在0.3~0.6，2015年之后基尼系数下降较快，峰值达0.3附近；中部地区和西部地区系统性金融风险地区间差异变化较大，且呈现出反复"上升—下降"的变化趋势，其中2005~2009年处于上升趋势，基尼系数由原来的0.22上升至0.42，之后下降，2013年又下降至0.2附近，之后小幅上升至0.4，后又小幅回落；东部地区和东北地区系统性金融风险区域间差异的波动趋势较为明显，呈现出"下降—上升—小幅下降—急速攀升"的演变趋势，其中基尼系数由2005年的较高水平0.35先上升至2006年的0.49，后又上升至2008年的0.55，之后的2年间又快速下降至0.3的水平，2011~2015年基尼系数在0.4的水平上震荡，2016年之后快速攀升，基尼系数最高可达0.58附近；中部地区和东北地区系统性金融风险的区域间差异变化趋势呈现"上升—下降—上升"的波动中变化，其中2005~2008年基尼系数维持在0.25左右，2009年迅速上升至0.32，之后下降，直至2013年下降至0.12，2014年之后呈直线型快速攀升，基尼系数最高可达0.35；西部地区和东北地区系统性金融风险区域间差异变化趋势一直较为平稳，基尼系数始终维持在0.13~0.32，呈现小幅上升趋势。

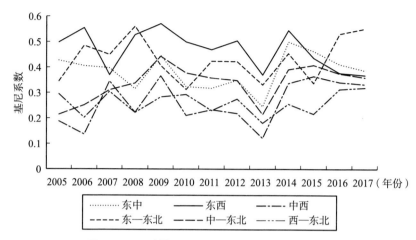

图 3 - 7　系统性金融风险区域间差异的变化趋势

通过对上述我国系统性金融风险区域间差异的演变趋势分析发现，我国四大区域的系统性金融风险区域间差异较为明显，其中存在两大状态，一是较为平稳的状态，时间段包含 2005 ~ 2006 年以及 2010 ~ 2012 年，这可能由于这两个时间段处于全球性金融危机爆发的前夕，各地区系统性金融风险状况变化较为平稳，所以导致该时间内系统性金融风险的区域间差异较为平稳，另一个时间段内则处于危机之后，国家出台一系列经济刺激政策，各省域对经济政策消化期，该期间各省域经济都得到一定程度的救济，对政策的反映还没有完全释放出来，因此该时间段内系统性金融风险的区域间差异变化趋势较为平稳；二是波动较为激烈的状态，这个状态也包含两大时间段，一段时间是 2007 ~ 2009 年，该段时间正处于金融危机爆发区间，全球绝大部分国家的系统性金融风险上升，而疆域辽阔的中国，四大地区的地理区位、资源禀赋和市场环境存有明显的不同，因此受到金融危机影响的程度也存在差异，因此该时间段内系统性金融风险的区域间差异呈现出较大的差异，另一段时间是 2013 年之后的几年间，该段时间中国各个省份处于经济刺激政策的反应期，由于各大地区对经济金融政策的响应存在差异，因此系统性金融风险区域间差异较大，加之，这段时间处于"三去一降一补"和供给侧结构性改革的时期，各省对于这两项战略的实施力度和推进程度有所差异，因此系统性金融风险的区域间差异逐渐拉大。

第四，系统性金融风险区域差异来源及其贡献。图 3 - 8 报告了系统性金融风险区域差异来源的贡献度的变化趋势。根据图 3 - 8，区域间差异贡献最大，其次是区域内差异，最后是超变密度。纵向比较来看，我国系统性金融风险区域差异主要来自系统性金融风险的地区间差异，不同年份系统性金融风险区域差异来源贡献度不同，但系统性金融风险地区内差异的贡献度一直处于 10% ~ 32% 的区间范围内，总体来看地区内差异贡献度处于小幅下降趋势，主要原因在于这个阶段经历全球金融危机期间和供给侧结构性改革和"三去一降一补"阶段，板块内部各省份风险趋势呈现出相似的表现态势，所以系统性金融风险的地区内差异逐渐缩小；其次是系统性金融风险的地区间差异，该来源的贡献度呈现波动中小幅下降态势，其中 2007 ~ 2008 年上升幅度较大，2009 ~ 2015 年一直处于波动性下降趋势，该结果与图 3 - 7 中报告的结果相一致，主要是因为这两个阶段其一处于全球性金融危机爆发阶段，其二处于"三去一降一补"和供给侧结构性改革的攻坚期，板块间系统性金融风险的差异逐渐缩小，而板块内的系统性金融风险差异逐渐拉大，但总体上区域间差异高于区域内差异；最后是超变密度，超变密度一直处于波动中变动态势，表明不同区域交叉重叠问题对中国系统性金融风险区域差异的贡献度较小。

3. 我国系统性金融风险的分布动态演进

本部分采用 Kernel 密度估计方法进一步对中国系统性金融风险的分布位置、态势、极化趋势以及延展性等的动态演进过程展开分析。

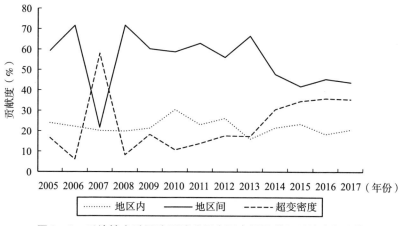

图 3 - 8　系统性金融风险区域差异主要来源及其贡献的变化趋势

第一，四大区域整体系统性金融风险的分布动态演进，如图 3 - 9 所示。可以看出，四大区域整体系统性金融风险增加，且区域差异逐步扩大。从核密度曲线形状具体分析，样本考察期中，位置方面，波峰的位置向左发生移动，表明样本期间我国四大区域内各省域的系统性金融风险差距逐渐拉大，并且样本期间波峰的偏度同样发生向左偏移现象，这进一步强化了我国四大区域内各省域的系统性金融风险差异逐渐拉大的事实；形态方面，首先来看波峰高度，样本考察期内，波峰高度经历了先变矮再变高又变矮的波动性变化，表明样本期间我国四大区域内各省域系统性金融风险的差异呈现"上升—下降—上升"的波动态势，但总体来看呈现出上升趋势，波峰宽度整体来看呈现出加宽的趋势，而波峰数量也由原来的单峰变为双峰，出现极化趋势，表明系统性金融风险大的省份和系统性金融风险小的省份之间差异较大；延展性方面，右拖尾整体看来有抬高和缩短的趋势，表明不同省份内系统性金融风险差异增大。

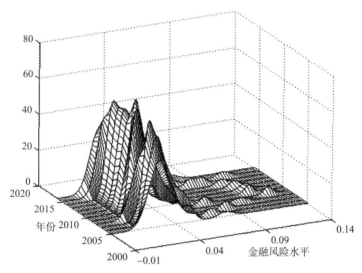

图 3 - 9　四大区域整体系统性金融风险的分布动态演进趋势

第二，东部地区系统性金融风险的分布动态演进趋势，如图 3 - 10 所示。可以看出，东部地区系统性金融风险的分布动态表现出以下特征：位置方面，样本期间，东部地区系统性金融风险分布动态的波峰位置先是向左发生偏移，紧接着向右发生偏移，表明东部地区内各省域的系统性金融风险呈现出"先上升后下降"的波动态势，波峰偏度也出现类似的变化趋势；形态方面，无论是波峰高度还是波峰宽度均呈现出"先上升后下降"的波动性变化态势，表明我国东部地区各省域系统性金融风险呈现出"上升—下降—上升"的波动性变化，而波峰数量则由原来的单峰转变为双峰甚至多峰现象，表明东部地区系统性金融风险的分布出现极化现象，系统性金融风险高的省份和系统性金融风险低的省份差距较大；延展性方面，东部地区内各省域的系统性金融风险分布出现右拖尾现象，且右拖尾有逐渐缩短的趋势，表明东部地区内各省域系统性金融风险差异增大现象。

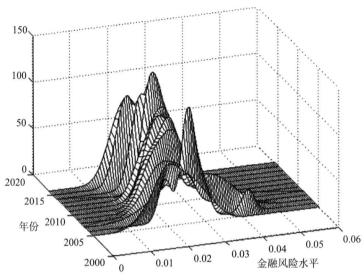

图 3-10   东部地区系统性金融风险分布动态演进

第三，中部地区系统性金融风险的分布动态演进，如图 3-11 所示。可以看出，中部地区系统性金融风险的分布动态表现出以下特征：位置方面，样本考察期间，中部地区系统性金融风险分布无论是波峰位置还是波峰偏度出现小幅左移现象，表明中部地区各省域系统性金融风险差异呈现小幅上升趋势，结果与图 3-1 中部地区系统性金融风险变化相符；形态方面，从中部地区各省域系统性金融风险分布的波峰高度来看，波峰高度变化较为频繁，表明中部地区各省域系统性金融风险的波动较为剧烈，整体来看，波峰偏度有加大趋势，波峰数量也经历了由单峰到双峰的过程，表明中部地区各省域的系统性金融风险也出现一定的极化现象；从延展性来看，中部地区系统性金融风险的分布呈现右拖尾现象，且右拖尾有抬高、缩短趋势，系统性金融风险省域间差异变大。

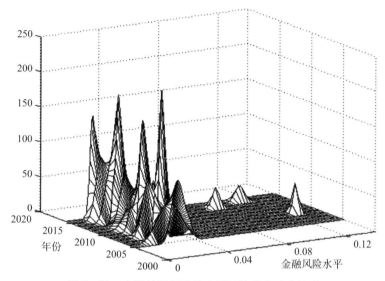

图 3 - 11　中部地区系统性金融风险分布动态演进

第四，西部地区系统性金融风险的分布动态演进，如图 3 - 12 所示。可以看出，西部地区系统性金融风险的分布动态表现出以下特征：位置方面，波峰位置在样本期间并未出现明显的向左偏移现象，且波峰偏度也并未表现出明显的向左移动，表明西部地区各省域系统性金融风险普遍维持在 0.03 左右；形态方面，波峰高度在 2010 年前后变高变窄，其余年份均呈现出较矮较宽的形状，表明我国西部地区各省域系统性金融风险在 2010 年前后有下降的趋势，其他年份系统性金融风险普遍较高，波峰数量也一直处于多峰状态，表明差异维持在较高水平；延展性方面，我国西部地区各省域系统性金融风险分布出现右拖尾现象，且样本期内右拖尾现象有抬高和缩短趋势，表明西部地区内各省域系统性金融风险差异有拉大趋势。

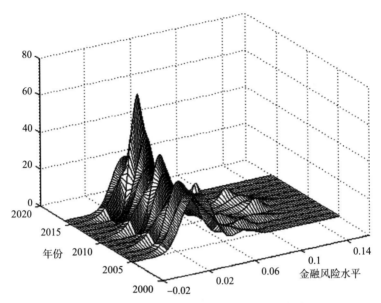

图 3 - 12   西部地区系统性金融风险分布动态演进

第五，东北地区系统性金融风险的分布动态演进，如图 3 - 13 所示。可以看出，东北地区系统性金融风险的分布动态表现出以下特征：东北地区系统性金融风险两极分化现象严重，与图 3 - 1 东北地区系统性金融风险符合。从核密度曲线的形状来看，形态方面，样本考察期内，我国东部地区各省域系统性金融风险 2010 年和 2014 年左右波峰高度变高，其余年份波峰较低，表明 2010 年和 2014 年东北地区各省域系统性金融风险差异较低，其余年份差异较大，且波峰数量由原来的单峰变为双峰，且双峰的高度相当，表明东北地区内各省域系统性金融风险分化很严重；延展性方面，东北地区各省域系统性金融风险分布出现微弱的右拖尾现象，表明系统性金融风险省域间差异越来越大。

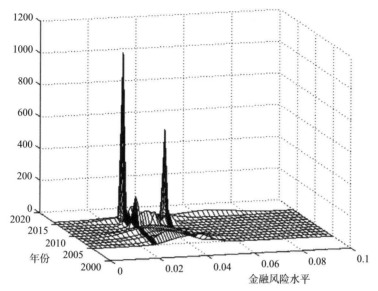

图 3 - 13 东北地区系统性金融风险分布动态演进

3.3 系统性金融风险空间关联关系的识别及结构分析

3.3.1 社会网络模型构建

20 世纪 90 年代后，社会网络研究作为一个全新的社会学研究领域逐渐兴起，引起诸多学者的研究学习。它不但是未来最具影响力的三大学派之一，而且影响力还扩散至社会学、政治学、经济学和管理学等多个学科。从社会网络的研究范围来看，社会网络模型主要关注两个方面：一是关系的性质和关系的社会情境，关系的性质主要指的是行动主体间的关系模式或结构与行动主体行为之间的相互影响，而关系的社会情境则主要指的是当网络处于具体的情境时，行动主体的行为如何变化；二是网络类型的三大分类，第一是个体网，主要指的是一个核心个体与和之有直接关联的其余个体共同构成的网络；第二是局域网，个体网和与其个体网络成员有关联的其他成员共同构成局域网；第三是整体网，指的是由一个网络内部全部个体及其间的关系而组成的网络。目前来看，社会网络在经济学领域关注的重点在于对整体网的研究。整体网所涉及的范围非常丰富，本部分将有所侧重地探讨整体网的研究内容。

1. 整体网的密度

假设整体网为无向的，包含 n 个行动者，那么该整体网的关系总数理论的可能最大值是 $n(n-1)/2$，假设整体网的实际关系数为 m，那么其网络密度就等于"实际关系数"比"理论关系数"，即为 $m/[n(n-1)/2]$。假设整体网为有向的，且行动者的个数为 n，那么关系总数理论的可能最大值为 $n(n-1)$，网络密度则为 $m/[n(n-1)]$。

2. 整体网成员之间的距离

整体网络成员的距离是指图论意义上两个点的距离，即两点间在图论意义或矩阵意义上最短（即捷径）的长度。在求某一整体网两个成员之间的距离时，需要计算出整体网矩阵中所有点之间的"距离矩阵"或"一般化的距离矩阵"。而两点之间"一般化距离"是指这两点间的一条"最优途径"的长度。简言之，整体网两点间的距离就是指二者至少可通过多少条边联系在一起。整体网中计算多个行动者之间的距离要用"距离矩阵"表达。

3. 整体网的中心性分析

社会网络探讨的重点之一就是整体网的中心性分析，这也是社会网络分析中整体网较早研究的内容。中心性的分析主要指的是个体或组织在其所在的整体网中拥有如何的权利或地位。参照不同的标准具有不同的刻画中心度的指标。

（1）点的度数中心度。作为简单指数的度数中心度主要分为两种：绝对中心度和相对中心度。其中绝对度数中心度是指与该点之间连接的其他点的个数。当一个点的与之关联的点很多，我们就认为该点的度数中心度较高。如果一个整体网是有向网络，每个点的度数中心度又包含点入度和点出度。点入度为该点直接得到的关系数，点出度为该点直接发出的关系数。相对度数中心度则主要是指点的绝对中心度与图中点最大可能度数的比值。该相对中心度由弗里曼提出，解决了不同规模图的中心度不可比较的难题。有了相对度数中心度，不同规模图中的度数中心度才可以比较。比如在包含 n 个个体的图中，某一点的最大可能度数为 n-1。若网络有向，任何一点 X 的相对点度中心度就等于(x 的点入度 +x 的点出度)/(2n-2)，其中，n 是网络的规模[219]。

（2）中间中心度。与点度中心度不同，中间中心度衡量的是行动主体对资源的掌控程度。具体来看，若某点在诸多其他点对的捷径上，则表示该点的中间中心度较高。若某个体在多对行动主体间，则表示该点的中间中心度较低。中间中心度较低的点可能起到"重要的中介"作用，往往在网络的中心位置。其具体的测算如下：

假设 g_{jk} 表示点 j 和点 k 的捷径条数，$g_{jk}(i)$ 表示上述捷径中经过点 i 的捷径数目。若 $b_{jk}(i)$ 表示点 i 控制上述两点联系的能力，则 $b_{jk}(i) = g_{jk}(i)/g_{jk}$，表示 i 处于 j 和 k 间的捷径上的可能性大小。把图中点 i 的所有点对的中间度加起来，就算出点 i 的中间中心度，如公式（3-28）所示：

$$C_{ABi} = \sum_{j}^{n} \sum_{k}^{n} b_{jk}(i),\ j \neq k \neq i,\ \text{并且} j < k \qquad (3-28)$$

（3）接近中心度。某一点与其他点越接近，该点传递信息越便捷，该点处于网络中心的可能性越大。接近中心度测量了某一点不受他人控制的程度。换句话说，若某一点和网络中其他点的距离都很短，表示该点的接近中心度越高。某点的接近中心度可以表示成这个点与图中所有其他点的最短距离之和。如公式（3-29）所示：

$$C_{APi}^{-1} = \sum_{j=1}^{n} d_{ij} \qquad (3-29)$$

（4）块模型分析。怀特、布尔曼和布雷格最早提出研究网络位置的块模型分析，该方法主要是代数描述性分析了社会角色。主要包含以下两项：一是参照固定标准，将网络成员分成几个离散子集，称为"位置"、"聚类"或"块"；二是进一步分析每个子集之间存在怎样的关系。构建块模型主要的两步为：先是对网络中成员分区，目的是将每个网络成员划到各个子集中去；再按照固定标准明确各子集的取值。基于块模型我们得到信息的关键在于网络成员所在的位置信息，并对这些聚类进行代数上的描述性分析来探究各个子集之间的信息发送和接收状况与趋势。

按照 Burt 对位置进行的分类研究，产生了位置的四种分类：第一类是孤立分区，处于此块上的行动个体是孤立的，基本与外界无联系；第二类是谄媚分区，处于此块上的行动个体与其他块上的行动个体的联系比与自己块中的行动个体的联系多，此外，接收到其他块行动主体的联系较少；第三类是经纪人分区，处于此块上的行动主体既向其他块成员发出关系，也接收其他块成员发出的关系，且自己块内个体间的联系较少；第四类是首属分区，处于此块上的行动个体既接收其他块个体发出的关系，也接收自己块个体发出的关系[220]。现在我们探讨分区 B_k 成员间的联系，若这一分区中包含 g_k 个成员，则 B_k 分区可能存在总的关系数是 $g_k(g_k-1)$ 个，假如总体规模为 g 个成员，则 B_k 分区中每一个行动者所有可能的关系总数是 $g_k(g-1)$ 个，由此我们可计算得到评价块内关系趋势的总关系期望比例，其就等于 $[g_k(g_k-1)]/[g_k(g-1)] = (g_k-1)/(g-1)$。

由此，我们引申出了在金融领域与之对应的四种位置关系。表3-5绘制了基于内部以及位置之间的关系给出的四种位置分类。其中，净溢入板块是指此板块内的成员既接收来自其他板块成员的关系，也接收来自板块内部成员的关系，但是接受来自板块外部的关系数明显多于此板块对外发出的关系数。净溢出板块是指该板块成员向其他板块发出的关系相较于向板块内部发出的关系更多，并且较少的接收外来关系，此板块的成员会对其他地区产生明显的债务风险传染效应。双向溢出板块是指该板块成员既向板块内部发出关系又向板块外部发出关系，但是较少的接收其他板块的关系，此板块的成员对板块内部、板块外部债务风险

都产生明显的双向传染效应。经纪人板块是指该板块成员既向其他板块
发出关系又接收来自其他板块的关系，但是板块内部关系比例较少，此
板块在地方债务风险空间关联关系中起到中介的作用。

表 3 – 5 四类位置类型

板块内部关系比例	板块接收关系比例	
	≈ 0	> 0
$\geqslant (g_k - 1)/(g - 1)$	双向溢出板块	净溢入板块
$< (g_k - 1)/(g - 1)$	净溢出板块	经纪人板块

3.3.2 系统性金融风险空间关联关系的识别

系统性金融风险的空间关联关系的识别是开展系统性金融风险空间
关联关系的描述以及采用 QAP 回归验证金融杠杆对系统性金融风险空
间传染关系的前提和基础，也是极为关键的一部分。参照以往的研究，
主要采用引力模型和 VAR 格兰杰因果检验构建矩阵来对某研究主体的
空间关联关系进行识别。但是鉴于 VAR 存在无法刻画网络演变趋势及
对滞后阶数过于敏感的缺点，本书采用引力模型来识别我国系统性金融
风险的空间关联关系，构建我国系统性金融风险的空间关联矩阵。按照
刘华军等的研究，本部分将省际之间的地理距离和经济距离引入引力模
型[221]。引力模型的具体形式如公式（3 – 30）所示。

$$a_{ij} = con_{ij} \frac{\sqrt[3]{RFRSI_i Peo_i GDP_i} \sqrt[3]{RFRSI_j Peo_j GDP_j}}{\left(\dfrac{dis_{ij}}{pGDP_i - pGDP_j}\right)^2}, \quad con_{ij} = \frac{RFRSI_i}{RFRSI_i + RFRSI_j}$$

$$(3 – 30)$$

其中，a_{ij} 表示矩阵中第 i 行第 j 列的元素，RFRSI 表示金融压力指
数，Peo 表示年末人口数，GDP 和 pGDP 分别表示地区生产总值和人均
地区生产总值，dis_{ij} 表示地区间地理距离，con_{ij} 表示地区 i 在地区 i、j

之间系统性金融风险关联中的贡献率。依据模型（3 - 30）可以计算出省际系统性金融风险的空间关联矩阵，将矩阵每行的平均值作为该行的临界值，如果 a_{ij} 大于临界值，则取值为 1，表示地区 i 对地区 j 存在影响；否则，取值为 0，认为地区 i 和地区 j 之间不存在影响。

依据上述方法，本书分别构建了 2005 ~ 2017 年我国各省份系统性金融风险的空间关联关系矩阵。

3.3.3 系统性金融风险空间关联关系的结构分析

在根据引力模型测算出我国系统性金融风险 2005 ~ 2017 年的空间关联关系矩阵的基础上，本部分用社会网络分析模型对系统性金融风险空间溢出效应进行描述。

基于识别出的系统性金融风险的空间关联关系，本部分将从整体网结构分析、中心性分析和块模型分析三大方面，具体阐释系统性金融风险空间关联关系的结构特征。

1. 系统性金融风险整体网结构特征及演变趋势

根据社会网络分析模型，对我国系统性金融风险的空间关联关系整体网络结构特征进行分析。表 3 - 6 汇报了我国系统性金融风险空间关联关系的整体网结构特征。

表 3 - 6　　我国系统性金融风险空间关联关系的整体网结构特征

年份	直径	平均路径长度	关系数	平均关系数	网络密度	关联度
2005	6	2.080	197	6.3548	0.2118	1.0000
2006	6	2.121	198	6.3871	0.2129	1.0000
2007	6	2.121	198	6.3871	0.2129	1.0000
2008	6	2.133	199	6.4194	0.2140	1.0000
2009	6	2.121	198	6.3871	0.2129	1.0000

年份	直径	平均路径长度	关系数	平均关系数	网络密度	关联度
2010	6	2.121	198	6.3871	0.2129	1.0000
2011	6	2.121	198	6.3871	0.2129	1.0000
2012	6	2.117	201	6.4839	0.2161	1.0000
2013	6	2.133	199	6.4194	0.2140	1.0000
2014	6	2.107	202	6.5161	0.2172	1.0000
2015	6	2.066	200	6.4516	0.2151	1.0000
2016	6	2.133	199	6.4194	0.2140	1.0000
2017	6	2.107	202	6.5161	0.2172	1.0000

从表 3 - 6 中可以看出：

首先，整体网结构特征显示我国系统性金融风险的空间关联关系存在"小世界现象"和"无标度特征"。表 3 - 6 中显示，我国系统性金融风险的空间关联关系矩阵直径均值长度为 6，最高的平均路径长度是 2.133，最低的平均路径长度为 2.066，从数值上来看，两者大小均远小于空间关联网络节点的个数（即省份的个数），表明我国系统性金融风险的空间关联关系属于典型的"小世界现象"。且从表 3 - 6 中还可以看出，我国系统性金融风险的空间关联关系网络是典型的"无标度网络"，省份与省份之间的关联具有严重的不均匀性和异质性，具体表现在：在系统性金融风险的空间关联关系中，较少的省份和其他省份有比较多的关联，大部分省份与其他省份有较少的空间关联。空间关联关系的异质性和不均匀特性，使得系统性金融风险的这种空间关联关系既稳定又脆弱。之所以空间关联关系是稳定的，主要体现在大部分省份与省份之间的关联度是比较低的，当外部环境变化，冲击关联度比较低的大部分省份时，其余省份受到传染的概率或者遭受损失的程度较低。之所以空间关联关系是脆弱的，主要体现在，当外部冲击影响到关联性较高的省份时，系统性金融风险就会迅速影响整个网络，此时的空间关联关系是脆弱的。

为了展示省际系统性金融风险空间关联关系的具体形态，更加具体直观地了解系统性金融风险空间关联关系的演变趋势，本书利用UCINET可视化工具Netdraw绘制了系统性金融风险的有向网络图，如图3-14所示（限于篇幅，仅以2017年为例），可以发现，我国各地区之间的系统性金融风险呈现出较为典型的网络结构形态，没有孤立点。

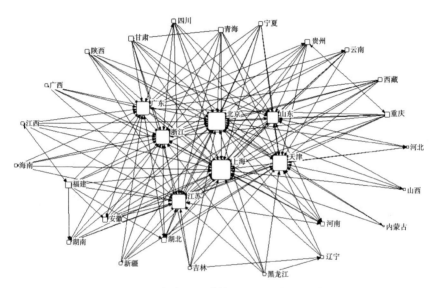

图3-14　2017年我国系统性金融风险空间关联关系图

其次，我国系统性金融风险空间关联明显，并且整体来看系统性金融风险的空间关联关系在逐渐增强。其中，就系统性金融风险空间关联关系的网络关联度来看，样本考察期内其数值大小始终为1，这表明我国系统性金融风险存在较强的空间关联关系。就系统性金融风险空间关联关系的网络密度来看，系统性金融风险的空间关联关系的网络密度整体上也呈现出上升态势，同样，空间关联关系的关系数也由2005年的197个波动上升至2017年的202个波动，整体网的网络密度也由0.2118提高至0.2172，这意味着近年来我国系统性金融风险的空间关联关系越发的紧密，各省份之间的债权债务关系变得越发复杂。整体网络密度的上涨表明我国系统性金融风险的空间关联水平一直在升高，较高的空间关联水平一方面会提高金融风险传染的概率，扩大风险冲击的破坏程度和波及范围；另一方面对网络中的个体来说，较高的空间关联水平会提高网络中各省份化解风险的能力。

最后，系统性金融风险的空间关联关系仍存在很大的提升空间。尽管网络密度在逐年上升，但是从关联关系数值来看，系统性金融风险空间关联网络的紧密程度并不是很高。整个网络 31 个省份之间最大可能的关系数为 930（31 × 30）个，而实际存在的关系数最大 202（2014 年、2017 年）个，因此系统性金融风险的空间关联关系还存在较大的提升空间。

2. 系统性金融风险空间关联关系的中心性分析

本部分的分析视角将从整体网络关联转向网络中的个体省份，重点关注系统性金融风险空间关联关系中各省份拥有什么样的"权利"或居于怎样的中心地位。本书采用度数中心度、中间中心度以及接近中心度三个中心性指标阐释我国各个省份在网络中所处的地位，如表 3 - 7 所示（限于篇幅仅列出 2017 年）。

表 3 - 7　我国系统性金融风险空间关联关系的中心性分析（2017 年）

省份	关联省份（个）	度数中心度				接近中心度		中间中心度	
		溢出关系	接收关系	中心度（%）	排名	中心度（%）	排名	中心度（%）	排名
北京	26	7	26	86.667	2	88.235	2	15.654	2
天津	22	6	21	73.333	3	78.947	3	9.562	3
河北	4	4	4	13.333	29	53.571	29	0.020	29
山西	4	4	2	13.333	30	53.571	30	0.020	30
内蒙古	3	3	1	10.000	31	52.632	31	0.020	31
辽宁	5	4	2	16.667	26	54.545	26	0.058	28

省份	关联省份（个）	度数中心度				接近中心度		中间中心度	
		溢出关系	接收关系	中心度（%）	排名	中心度（%）	排名	中心度（%）	排名
吉林	6	6	1	20.000	22	55.556	22	0.236	11
黑龙江	6	6	0	20.000	23	55.556	23	0.236	12
上海	28	8	28	93.333	1	93.750	1	17.907	1
江苏	21	5	21	70.000	4	76.923	4	7.474	4
浙江	21	6	21	70.000	5	76.923	5	7.474	5
安徽	8	4	8	26.667	9	57.692	9	0.304	8
福建	9	9	1	30.000	8	58.824	8	0.289	10
江西	6	6	5	20.000	24	55.556	24	0.080	25
山东	17	6	16	56.667	7	69.767	7	3.555	7
河南	7	6	7	23.333	15	56.604	15	0.189	14
湖北	8	7	5	26.667	10	57.692	10	0.304	9
湖南	7	6	3	23.333	16	56.604	16	0.194	13
广东	19	11	16	63.333	6	73.171	6	5.688	6
广西	5	5	1	16.667	27	54.545	27	0.080	26
海南	5	5	1	16.667	28	54.545	28	0.080	27
重庆	8	8	1	26.667	11	57.692	11	0.189	15
四川	7	7	1	23.333	17	56.604	17	0.189	16
贵州	8	8	2	26.667	12	57.692	12	0.189	17
云南	7	7	1	23.333	18	56.604	18	0.189	18
西藏	7	7	0	23.333	19	56.604	19	0.189	19
陕西	7	7	0	23.333	20	56.604	20	0.189	20
甘肃	8	7	1	26.667	13	57.692	13	0.189	21
青海	8	8	0	26.667	14	57.692	14	0.189	22
宁夏	7	7	0	23.333	21	56.604	21	0.189	23
新疆	6	6	0	20.000	25	55.556	25	0.136	24
平均值	10.000	6.326	6.326	33.333	—	61.437	—	2.299	—

（1）度数中心度。根据表 3－7 的测度结果，全国 31 个省份的度数中心度的均值为 33.333%，其中度数中心度大于这一均值的有 7 个省份，从高到低依次是上海、北京、天津、江苏、浙江、广东以及山东，表明在系统性金融风险的空间关联网络中上述省份与其他省份的空间关联关系数较多。其中，上海的度数中心度超过 90%，北京的度数中心度超过 80%，天津、江苏和浙江的度数中心度超过（等于）70%，而广东的度数中心度超过 60%，山东的度数中心度超过 50%。基于关联省份的计算结果，这 7 个省份系统性金融风险关联的省份个数分别为 28 个、26 个、22 个、21 个、21 个、19 个以及 17 个省份，表明这 7 个省份的系统性金融风险和其他 28 个、26 个、22 个、21 个、21 个、19 个以及 17 个省份的系统性金融风险存在空间关联关系，进一步表明这 7 个省份处于系统性金融风险空间关联关系的中心位置。值得注意的是，比度数中心度平均值高的这 7 个省份都处于东部沿海地区，这说明东部沿海地区经济发达，金融发展相对成熟，其间的债务债务关系较为复杂，因此这 7 个省份与其他省份的系统性金融风险的空间关联关系较多，具有较强的影响力。度数中心度低于全国平均值的后 5 个省份依次为内蒙古、山西、河北、海南和广西，其中，内蒙古、山西、河北和广西都是我国重要的资源基地，其经济增长主要依赖当地的资源，依靠举债维持发展的动力相对较少，但是随着供给侧结构性改革步入深水区，去产能、去库存进一步推进，导致这些省份更难从别的区域借入资金发展经济，资金流入的力度减低，从而导致其与其他省份之间的空间关联关系较弱，而海南由于其特殊的地理位置、资源优势等方面，与其他省份的系统性金融风险关联也比较弱。

（2）接近中心度。从表 3－7 中接近中心度的测算结果来看，31 个省份的接近中心度排名和度数中心度排名相同，高于平均值的省份依次是上海、北京、天津、江苏、浙江、广东以及山东。接近中心度较高的省份依旧是东部沿海地区，这些省份与系统性金融风险空间关联网络中的其他省份之间"距离"更短，更居于网络中的"中心"。究其原因在于东部地区经济发展水平、金融市场化程度相对较高，是我国经济增长、资本市场建设发展的引擎，发挥着外引内联的作用。这些省份与其他省份之间的资本流动效率更高，同时也具有更强的获得资本的能力，从而能够更加迅速地与其他省份建立起空间关联。

（3）中间中心度。从表3-7中中间中心度的测度结果来看，中间中心度比均值高的仍然为上海、北京、天津、江苏、浙江、广东以及山东7个省份，7个省份均位于东部地区，较高的中间中心度说明上述省份在系统性金融风险空间关联网络中控制其他省份之间资金流动和债务往来的能力较强。其中，上海、北京和天津的中间中心度都以达到10%以上，江苏、浙江的中间中心度也均已达到7%以上，这些省份在系统性金融风险的空间关联网络中不仅处于中心地位，还发挥"中介"和"桥梁"的作用，对网络中的系统性金融风险传染起着较强的控制和支配作用。

（4）块模型分析。块模型分析关注的是网络的整体结构，利用网络中成员的属性数据分析块模型的有效性，把复杂的网络"简化"为"块模型"或"像矩阵"，通过对板块的描述性统计分析具体考察各个板块之间如何发出和接收关系，从而分析各个板块系统之间互动来解释整个网络的结构。针对图3-14的系统性金融风险的空间关联网络，参照结构性特征，把31个省份进行分区，选择最大分割深度为2，收敛标准为0.2，从而得到4个系统性金融风险板块。其中，第一板块包括北京、天津和山东3个省份，主要集中于东部沿海地区；第二板块包含江苏、广东、上海和浙江4个省份，主要位于东南沿海地区；第三板块包括河北、辽宁、河南、内蒙古、安徽和山西省6个省份，这些省份主要分布于中部地区；第四板块包括江西、黑龙江、吉林、湖北、湖南、福建、广西、海南、重庆、四川、贵州、云南、西藏、陕西、甘肃、青海、宁夏和新疆18个省份，主要集中于东北地区和西北地区。表3-8汇报了我国系统性金融风险的空间关联关系的块模型分析结果。

表 3 - 8　　　　我国系统性金融风险的空间关联关系块模型分析

板块	接收关系数				板块成员数目	期望内部关系比例	实际内部关系比例	接收板块外关系数	板块属性
	板块 1	板块 2	板块 3	板块 4					
1	6	1	12	0	3	6.67	46.15	57	净溢入板块
2	1	5	9	15	4	10	20	81	净溢入板块
3	14	10	0	1	3	16.67	0	24	经纪人板块
4	42	70	3	7	18	56.67	6.09	16	净溢出板块

注：板块内部接收（发出）关系数为板块矩阵（Blocked Matrix）中主对角线上关系数之和；板块外接受（发出）关系数为板块矩阵中除自身板块外的其他所有列（行）的关系数之和。期望内部关系比例 =（板块内部成员数量 - 1）/（网络成员数量 - 1）；实际内部关系比例 = 板块内部接收关系数/板块总发出关系数。

根据前文测算，2017 年我国省际系统性金融风险空间关联网络中存在 202 个关系。根据表 3 - 8 的计算结果，属于板块内部省份之间关联关系的有 18 个，系统性金融风险板块之间的关系数为 184 个，这说明板块之间的系统性金融风险存在明显的空间关联性。系统性金融风险的板块 1 的成员发出的关系数有 19 个，其中发至板块内成员的关系有 6 个，接收到由其他板块成员发出的关系数有 57 个；期望内部关系比例为 6.67%，实际内部关系比例为 46.15%。此板块行动者同时接收来自板块内和板块外行动者发出的关系，但接收的由板块外发出的关系数明显多于板块内关系数，因此，系统性金融风险板块 1 属于"净溢入板块"。该板块中包含省份经济金融发展水平高，其中北京更是中国的经济金融中心，与其他板块省份之间存在更为复杂和紧密的关联关系，也更容易受到其他板块省份债权债务关系的影响。板块 2 发出关系数为 30 个，其中 5 个关系发出至板块内部，接收到来自其他板块的关系数为 81 个；期望内部关系比例为 10%，实际内部关系比例为 20%。该板块成员同时接收来自板块内部和板块外部的关系，但是接收到的来自外部的关系数明显多于内部关系数，因此，系统性金融风险板块 2 也属于"净溢入板块"。板块 3 发出关系为 25 个，其中 0 个关系发出至板块内部，接收到来自其他板块的关系数为 24 个；期望内部关系比例为

16.67%，实际内部关系比例为 0%。此板块既接收来自其他板块的债务风险传染效应，又对其他板块有债务风险溢出效应，而板块内部系统性金融风险传染效应较弱，是典型的"经纪人板块"，在系统性金融风险空间关联网络中起着"桥梁"和"中介"的作用。系统性金融风险板块 4 发出关系数为 122 个，其中 7 个关系发出至板块 4 内部，接收到来自其他板块的关系数为 16 个；期望内部关系比例为 56.67%，实际内部关系比例为 6.09%。系统性金融风险板块 4 是明显的净溢出板块，不仅内部省份之间存在较强的系统性金融风险关联效应，而且该板块还会对其他板块省份产生明显的系统性金融风险溢出效应。

以上是从位置层次对块模型分析结果进行解释，接下来将根据关联关系在各区域金融杠杆板块之间的分布，利用网络密度矩阵（density matrix）和像矩阵（image matrix）从整体层次角度解释块模型分析结果，从而反映系统性金融风险空间关联关系在各个板块之间的分布状况。依据前文测算，2017 年系统性金融风险的空间关联网络的整体密度为 0.2172，如果四个板块中任何一个板块的密度大于整体网络密度，则说明系统性金融风险具有在该板块集中的趋势，并将此板块赋值为 1，即 1 - 块；否则赋值为 0，即 0 - 块。网络密度矩阵及像矩阵如表 3 - 9 所示。

表 3 - 9　　　　系统性金融风险空间关联板块的密度矩阵和像矩阵

板块	密度矩阵				像矩阵			
	板块 1	板块 2	板块 3	板块 4	板块 1	板块 2	板块 3	板块 4
板块 1	1.000	0.083	0.667	0.000	1	0	1	0
板块 2	0.083	0.417	0.375	0.208	0	1	1	0
板块 3	0.778	0.417	0.000	0.009	1	1	0	0
板块 4	0.778	0.972	0.028	0.023	1	1	0	0

注：表中"1"表示行对列存在系统性金融风险传染，"0"表示不存在金融风险传染。

根据表 3 - 9 的结果，系统性金融风险空间关联网络中各板块之间存在紧密的联动效应，从像矩阵可以看出，各板块之间显示出明显的"关系传递性"。其中，系统性金融风险板块 1 不仅自身内部存在较强空间关联效应，还受到来自板块 3 和板块 4 的影响，同时板块 1 的系统性金融风险的空间关联效应主要作用于板块 1 和板块 3，这说明处于网络中心的板块 1（北京、天津、山东）更容易受到系统性金融风险的影响；而板块 3（河北、辽宁、河南、内蒙古、安徽和山西）只存在对其他板块（板块 1 和板块 2）的影响，而不接收来自其他板块的系统性金融风险传染效应，这两大板块所包含的大部分省份具有人口少、地理位置偏远、经济规模小以及经济增长动力单一的特点，是我国系统性金融风险的重要源头，板块 4（江西、黑龙江、吉林、湖北、湖南、福建、广西、海南、重庆、四川、贵州、云南、西藏、陕西、甘肃、青海、宁夏和新疆）较少受到来自其余板块的系统性金融风险的影响，但此板块主要作用于板块 1 和板块 2，此外，板块 2 主要受到来自板块 2 自身、板块 3 和板块 4 的影响，同时板块 2 的风险传染效应主要作用于板块 4；系统性金融风险板块 3 主要受到来自板块 1 和板块 2 的影响，同时此板块的系统性金融风险传染也主要作用于板块 1 和板块 2。

3.4　本章小结

本书在测度出我国四大区域和区域内各省域系统性金融风险的基础上，依次刻画了我国系统性金融风险的时空演化趋势，并进一步基于引力模型识别系统性金融风险空间关联关系之后，采用社会网络分析模型对系统性金融风险的空间关联特征进行描述。研究结论如下：第一，我国大部分省份系统性金融风险较高；我国金融风险区域差异呈现扩大态势，东部、中部和西部地区金融风险呈现微弱的多级分化态势，东北地区则表现为严重的两极分化。我国系统性金融风险空间关联网络是典型的"无标度网络"，同时还具有"小世界现象"，较高的关联程度会促进金系统性融风险的传染，提高风险传染的破坏水平和影响范围。本章的研究为后文实证检验金融杠杆对系统性金融风险空间溢出的作用关系做了铺垫。

第 4 章

我国金融杠杆对系统性金融
风险空间溢出的作用关系检验

本章对金融杠杆对系统性金融风险空间溢出的作用关系进行实证检验。首先，对金融杠杆的大小水平展开测度；其次，从结构和地区视角，对金融杠杆的基本特征展开分析，接着对金融杠杆的空间关联关系进行识别和结构描述；再次，对金融杠杆对系统性金融风险空间溢出的作用关系展开 QAP 相关性分析；最后，对金融杠杆对系统性金融风险空间溢出的作用关系展开 QAP 回归分析，以实证检验金融杠杆对系统性金融风险空间溢出的具体作用关系。

4.1 金融杠杆的测度及典型化事实描述

4.1.1 金融杠杆的测度

本书采用的是 2006 年第一季度至 2018 年第四季度这一时间周期的数据。数据主要来源世界银行官网、中国人民银行官网、Wind 数据库和 CASMAR 数据库。政府部门、企业部门、家户部门和金融部门金融杠杆的具体测算结果如表 4-1 所示。具体的测算方法如下。

首先,政府部门金融杠杆的测算。在《中华人民共和国预算法》修订并于 2015 年 1 月 1 日正式实施之前,法律上是不允许我国地方政府举债的,故历年财政决算的数据均是指的中央政府债务。鉴于此,本书参照 BIS、IMF 的计算方式,基于数据的可获得性,将中央政府债务与 GDP 比值作为政府部门的金融杠杆。需要说明的是,将中央政府债务与 GDP 比值作为政府部门金融杠杆存在自身的不足之处:忽略了地方政府债务。这主要是因为我国的地方政府并不存在因超负荷负债而破产的法律基础,中央政府作为最终还款人,对地方政府产生的呆坏账或拖欠的账款承担最终的担保责任,因此应将地方政府债务纳入政府部门金融杠杆的计算中。但即便如此,上述衡量的政府部门金融杠杆也可以大致反映我国政府部门金融杠杆的水平及变化趋势。

其次,企业部门金融杠杆的测算。这里的企业部门主要指非金融企业部门。按照李杨等针对非金融企业部门金融杠杆的测算方法,本书将企业部门债务与 GDP 的比值作为非金融企业部门金融杠杆的替代指标,其中非金融企业部门债务具体的计算方式为:非金融企业部门债务 = 非金融企业部门贷款 + 企业债券余额[62]。

再次,金融部门金融杠杆的测算。因为金融企业是经营金融产品的特殊企业,具有高负债的经营特点,而金融部门的负债又会直接成为非金融部门的资产,为了防止出现重复计算的问题,本部分参考借鉴前人的研究成果,让金融部门债务中不统计通货或存款,仅仅把金融部门发行的各类债券、对其他存款性公司负债以及对其他金融性公司的负债之和与 GDP 之比作为金融部门金融杠杆。

最后,家户部门金融杠杆的测算。在居民部门金融杠杆的测算中,居民部门的债务通常选择住户贷款这一指标,以住户贷款额比 GDP 来反映居民部门金融杠杆水平。

而将上述测度出的政府部门金融杠杆、非金融企业部门金融杠杆、金融部门金融杠杆和家户部门金融杠杆加总即可得到全社会金融杠杆,也就是本书所提到的金融杠杆。因此,本书中所涉及的部门金融杠杆分别指非金融企业部门金融杠杆、政府部门金融杠杆、金融部门金融杠杆和家户部门金融杠杆,加总而得到全社会金融杠杆(下文统称为金融杠杆)。

经过上述方法的计算,我国金融杠杆及四部门金融杠杆 2006 年第一季度至 2018 年第四季度的水平如表 4 - 1 所示。为了更加清晰准确地分析金融杠杆以及四部门金融杠杆的演变趋势,本书进一步根据表 4 - 1 测度出的金融杠杆绘制了折线图 4 - 1。本部分将对我国金融杠杆及分部门金融杠杆的变化趋势展开分析。

表 4 - 1　　　　　我国金融杠杆及四部门金融杠杆测算结果

时间	政府部门金融杠杆	企业部门金融杠杆	居民部门金融杠杆	金融部门金融杠杆	金融杠杆
200601	0.263	1.082	0.115	6.130	7.590
200602	0.260	1.079	0.111	5.321	6.771
200603	0.259	1.072	0.109	4.951	5.354
200604	0.257	1.065	0.108	3.859	5.289
200701	0.269	1.006	0.184	4.618	6.077
200702	0.279	1.007	0.189	2.589	4.064
200703	0.287	0.993	0.194	2.576	4.050
200704	0.293	0.968	0.188	2.323	3.772
200801	0.286	0.974	0.188	3.066	4.514
200802	0.278	0.967	0.186	1.914	3.345
200803	0.273	0.964	0.184	1.825	3.246
200804	0.271	0.963	0.179	1.732	3.145
200901	0.293	1.084	0.189	2.151	3.717
200902	0.313	1.165	0.205	1.492	3.175
200903	0.332	1.193	0.224	1.479	3.228

时间	政府部门 金融杠杆	企业部门 金融杠杆	居民部门 金融杠杆	金融部门 金融杠杆	金融杠杆
200904	0.345	1.199	0.235	1.323	3.102
201001	0.344	1.209	0.256	1.636	3.445
201002	0.341	1.219	0.267	1.020	2.847
201003	0.339	1.213	0.271	0.983	2.806
201004	0.337	1.207	0.272	0.843	2.659
201101	0.337	1.206	0.276	1.024	2.843
201102	0.335	1.20	0.279	0.570	2.384
201103	0.334	1.186	0.279	0.641	2.440
201104	0.335	1.199	0.277	0.641	2.452
201201	0.337	1.23	0.279	0.782	2.628
201202	0.338	1.253	0.284	0.369	2.244
201203	0.341	1.28	0.293	0.390	2.304
201204	0.343	1.306	0.297	0.369	2.315
201301	0.352	1.358	0.307	0.462	2.479
201302	0.359	1.378	0.32	0.250	2.307
201303	0.366	1.40	0.329	0.259	2.354
201304	0.372	1.407	0.331	0.257	2.367
201401	0.380	1.446	0.34	0.322	2.488
201402	0.387	1.475	0.348	2.084	4.294
201403	0.394	1.479	0.353	1.990	4.216
201404	0.401	1.499	0.357	1.917	4.174
201501	0.406	1.535	0.364	2.382	4.687
201502	0.409	1.556	0.373	2.447	4.785
201503	0.413	1.582	0.382	2.368	4.745
201504	0.417	1.627	0.388	2.322	4.754
201601	0.426	1.663	0.40	2.754	5.243
201602	0.434	1.669	0.417	2.613	5.133
201603	0.440	1.663	0.433	2.509	5.045

续表

时间	政府部门 金融杠杆	企业部门 金融杠杆	居民部门 金融杠杆	金融部门 金融杠杆	金融杠杆
201604	0.445	1.664	0.444	2.379	4.932
201701	0.444	1.655	0.456	2.754	5.309
201702	0.459	1.635	0.469	2.493	5.056
201703	0.465	1.624	0.48	2.394	4.963
201704	0.470	1.603	0.484	2.210	4.767
201801	0.478	1.641	0.493	2.582	5.194
201802	0.482	1.562	0.507	2.378	4.929
201803	0.490	1.539	0.519	2.274	4.822
201804	0.498	1.516	0.526	2.120	4.660

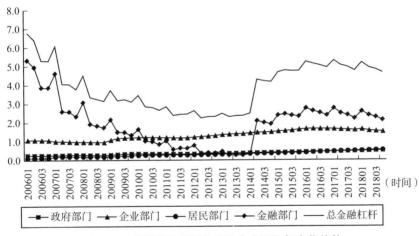

图 4 - 1　我国分部门及其全社会金融杠杆变化趋势

（1）政府部门金融杠杆的变化趋势。

图 4 - 1 汇报了政府部门金融杠杆的变化趋势。从图 4 - 1 可以看出，整体来看，样本考察期内，我国政府部门金融杠杆呈现波动性上升趋势。在 2006 年第一季度至 2018 年第四季度间，我国政府部门金融杠杆由 26.3% 上升至 49.8%，可以看出我国政府部门金融杠杆整体上呈

直线上升趋势。分时期考察我国政府部门金融杠杆的变化趋势可以发现,52 个季度中,我国政府部门金融杠杆上升趋势又可以分为三个阶段:第一阶段为"十一五"期间,即 2006 年第一季度到 2010 年第四季度,政府部门金融杠杆由 26.3% 上升至 33.7%,上升了 7.4 个百分点,此阶段,政府部门金融杠杆呈"上升—下降—上升"的波动性变化趋势,但政府部门金融杠杆基本都维持 25.5% ~ 35% 的范围内;第二阶段为"十二五"期间,即 2011 年第一季度至 2015 年第四季度,政府部门金融杠杆由 33.7% 上升至 41.7%,上升了 8 个百分点,此阶段政府部门金融杠杆呈现"上升—下降—上升"的波动性变化趋势,但基本都维持在 33% 至 42% 的范围内;第三阶段为"十三五"期间,即 2016 年第一季度至 2018 年第四季度,此阶段,我国政府部门金融杠杆由 42.6% 上升至 49.8%,上升了 7.2 个百分点,政府部门金融杠杆在这一时期内呈现持续上升态势,但一直维持在 40% ~ 50% 的范围内。由此可见,三个阶段中,政府部门金融杠杆增长幅度均较快,其中"十二五"期间政府部门金融杠杆的增长幅度最大,其次是"十一五"期间,最后是"十三五"期间。

出现这种现象的原因可能是样本期内,美国次贷危机爆发,为使我国经济免遭金融危机的过重冲击,政府部门积极负债,举债规模在国家推出的"四万亿"经济刺激计划的基础上进一步加码,以维护我国经济平稳运行。同时,在样本考察期内,随着经济增长的"L"型探底趋势的出现,经济增速放缓,地区财政收入的增加日益难以承担负债规模的增加,偿债压力进一步凸显,政府部门金融杠杆进一步提高。

鉴于数据可得性,本书的政府部门金融杠杆只考虑了中央政府的债务,如果考虑地方政府负债的情形,情况将更为复杂①,因为基于地方政府债务不同的统计口径,地方政府债务主要涵盖三种:地方政府负有

---

① 政府部门的债务包括中央政府债务和地方政府债务,在《预算法》修改并实施之前,法律上我国地方政府是不能举债的,故历年财政决算数据仅指中央政府债务,假如考虑地方政府债务,情形则更加复杂。

偿还责任的债务、地方政府负有担保责任的债务、地方政府可能负有偿还责任的债务即或有债务。虽然我国政府部门金融杠杆远远低于发达国家的 117.5% 的水平，如日本、意大利、西班牙等①，但政府部门金融杠杆较快的增长速度值得高度警惕。

（2）非金融企业部门金融杠杆的变化趋势。

图 4 - 1 汇报了非金融企业部门金融杠杆的变化趋势。从图 4 - 1 中可以看出，整体来看，非金融企业部门金融杠杆呈上升趋势，从 2006 年第一季度的 108.2% 上升至 2018 年第四季度的 151.6%，上升了 43.4 个百分点。分时期来看，伴随经济周期的波动，非金融企业部门金融杠杆也呈现出不一样的变化，主要表现为以下几个阶段：第一个阶段是 2006 年第一季度至 2008 年第四季度，该阶段我国非金融企业部门金融杠杆呈现小幅下降趋势，由原来的 108.2% 下降至 96.3%，这可能是由于金融危机期间，各企业面临着比较难的融资情况，举债能力下降；第二个阶段是 2009 年的第一季度至 2018 年的第一季度，虽然此阶段我国非金融企业部门金融杠杆会有小幅的"上升—下降"的波动性变化，但从此阶段整体来看，我国非金融企业部门金融杠杆快速攀升，其关键原因在于为了减轻全球金融危机对我国经济造成的损失，我国政府出台了四万亿的经济刺激计划，四万亿的经济刺激计划提振了经济，刺激了企业投资，提高了非金融企业部门金融杠杆水平；第三阶段是 2018 年第二季度至 2018 年第四季度，此阶段非金融企业部门金融杠杆有所回落，呈现出小幅下降趋势，这主要归功于近年来非金融企业部门金融杠杆的快速飙涨引起了政府部门的高度关注，政府调动多方力量积极"去杠杆"的成效凸显，非金融企业部门金融杠杆呈现下降趋势。

（3）金融部门金融杠杆的变化趋势。

金融部门金融杠杆的变化趋势如图 4 - 1 所示。从图 4 - 1 中可以看出，整体来看，金融部门金融杠杆呈现"下降—上升"波动性变化趋势。从时间变化维度来看，下降的时间段主要是 2006 年第一季度至

———————————

① 数据来自 BIS、IMF 官方网站。

2013 年第四季度，金融部门金融杠杆由 613% 下降至 2013 年第四季度的 25.7%，下降了 587.3 个百分点，产生这种现象的原因可能是此阶段伴随金融危机的爆发，金融监管日趋加强，金融部门发行债务规模及对存款性金融机构和金融性公司的负债降低，因而金融部门金融杠杆降低；上升的阶段为 2014 年第一季度至 2018 年第四季度，金融部门金融杠杆由 32.2% 上升 212%，上升了 179.7 个百分点，产生这种现象的原因可能是在逐利动机的驱使下，金融部门为规避监管，积极进行金融创新，大力发展金融部门间的同业拆借和影子银行业务，同时政策性银行也大规模发行金融债券，急剧扩大了金融部门债务规模，导致金融部门金融杠杆大幅上升。与国际上发达国家金融部门金融杠杆相比，我国金融部门金融杠杆水平较高，近年来虽比金融部门金融杠杆在 250% 以上的英国低，但却远高于金融部门金融杠杆在 110% 以上的日本。

（4）居民部门金融杠杆的变化趋势。

图 4-1 汇报了居民部门金融杠杆的变化趋势。从图 4-1 中可以看出，整体来看，样本考察期内，我国居民部门金融杠杆总体上呈现波动性上升趋势。在 2006 年第一季度至 2018 年第四季度间，我国居民部门金融杠杆由 11.5% 上升至 52.6%，上升了 40 多个百分点，可以看出我国居民部门金融杠杆整体上呈飞速上升趋势。分时期来看，52 个季度中，居民部门金融杠杆上升趋势又可以分为四个阶段：第一阶段为 2006 年第一季度到 2009 年第一季度，此阶段居民部门金融杠杆由 11.5% 上升至 18.9%，上升了 7.4 个百分点，但居民部门金融杠杆基本维持在 20% 以下；第二个阶段是 2009 年第二季度至 2012 年第四季度，此阶段我国居民部门金融杠杆在 20.5% 至 29.7%，上升了 9.2 个百分点，居民部门金融杠杆维持在 20% 至 30% 之间；第三个阶段是 2013 年第一季度至 2015 年第四季度，此阶段居民部门金融杠杆由 30.7% 上升至 38.8%，上升了 8.1 个百分点，但居民金融杠杆一直维持在 30% ~ 40% 之间；第四阶段为 2016 年第一季度至 2018 年第四季度，此阶段居民部门金融杠杆由 40% 上升至 52.6%，上升了 12.6 个百分点，居民金

融杠杆一直维持在 40% 至 50% 之间。居民部门金融杠杆一直增长的最主要原因在于我国房价的持续攀升，居民的家庭收入不足以维持房贷的快速增长，导致居民部门金融杠杆快速增加。

（5）金融杠杆（全社会金融杠杆）的变化趋势。

图 4-1 展示了金融杠杆的波动变化过程。因为金融部门金融杠杆相比于其余部门金融杠杆水平较高，因此金融杠杆整体的变化趋势和金融部门金融杠杆的变化走势相似。2006 年第一季度至 2013 年第四季度，金融杠杆由 759.6% 下降至 236.7%，下降了 522.9 个百分点，2014 年第一季度至 2018 年第四季度，金融杠杆由 248.8% 上升至 466%，上升了 217.2 个百分点。

综上所述，随着时间的推移，政府部门、企业部门和家户部门的金融杠杆总体上呈波动性上升趋势，其中企业部门金融杠杆的上升速度最快，其次是政府部门和家户部门。金融部门金融杠杆的变化趋势比较特殊，样本考察期内呈现先下降后上升的变化趋势。从与国际上发达国家的金融杠杆相比，企业部门金融杠杆和金融部门金融杠杆已经大幅度超过发达国家的金融杠杆，而政府部门与家户部门金融杠杆虽然在绝对水平上低于发达国家金融杠杆水平，但是其快速的增长速度不容忽视，需防止因金融杠杆的快速增长而导致的债务无法偿还的风险。

4.1.2　金融杠杆的典型化事实描述

1. 金融杠杆的结构性特征

上一部分对我国金融杠杆及各部门金融杠杆进行测度并对其变化趋势做了分析和描述。本部分在此基础上，立足于国际比较视角以及区域比较视角，具体阐释我国金融杠杆的典型化事实，旨在进一步分析出我国金融杠杆出现的特殊变化状况、在国际上处于何种水平以及区域结构特征，以更好地察觉基于现阶段金融杠杆所面临的风险点。

（1）非金融部门金融杠杆的国际比较。

本部分绘制了发达经济体、新兴经济体、美国、英国、欧元区、日本、中国及其样本国家的非金融部门（政府部门＋非金融企业部门＋家户部门）金融杠杆随时间的变化程度，目的是基于横向的国际比较视角判断我国非金融部门金融杠杆的整体水平，具体如图4－2所示。

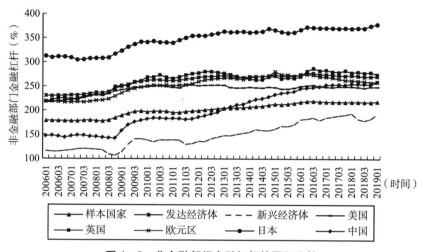

图4－2　非金融部门金融杠杆的国际比较

从不同国家和地区的非金融部门金融杠杆的绝对水平来看，金融杠杆水平由高到低依次是日本、英国、发达经济体、欧元区、样本国家、中国和新兴经济体。2019年第一季度，中国非金融部门金融杠杆为259.4%，低于2019年第一季度发达经济体12个百分点，并远低于日本的378.4%和英国的275%，这表明中国非金融部门金融杠杆并没有高于西方发达经济体，尚处于比较安全的范围内。但值得引起警惕的是，虽然中国非金融部门金融杠杆远低于日本和英国等发达经济体，但已比美国非金融部门金融杠杆高出10个百分点，而且大幅高于新兴经济体国家约70个百分点。

从金融杠杆的增长速度来看，2006年第一季度至2019年第一季度样本国家非金融部门金融杠杆的累计升幅为39.6个百分点，发达经济体非金融部门金融杠杆累计上升41个百分点，新兴经济体非金融部门金融杠杆累计上升76.1个百分点，而美国、英国、欧元区、日本非金融部门金融杠杆累计上升分别为32.3个百分点、56.7个百分点、41.3个百分点、65.9个百分点，而我国非金融部门金融杠杆累积上升了112.3个百分点，远远超过样本国家72.7个百分点，超过发达经济体71.3个百分点，超过新兴经济体36.2个百分点，超过美国80个百分点、英国55.6个百分点、欧元区71个百分点、日本56.4个百分点。由此，我们可以得出，我国非金融部门金融杠杆绝对水平不异常高，但上升速度快。

（2）非金融私人部门金融杠杆的国际比较。

图4-3汇报了非金融私人部门（非金融企业部门＋家户部门）金融杠杆的国际比较。从图4-3中可以看出，我国非金融私人部门信贷缺口持续扩大。从金融杠杆绝对水平的比较来看，2019年第一季度，我国非金融私人部门金融杠杆为259.4%，仅低于英国的275%、日本的378.4%和欧元区的259.9%，高于样本国家的238.2%、发达经济体的267.1%、新兴经济体的192.4%和美国的249.3%。

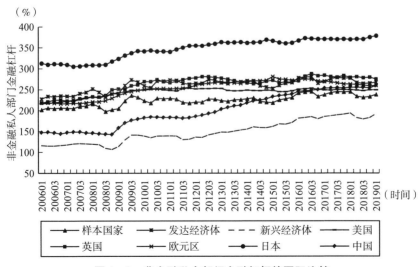

图4-3　非金融私人部门金融杠杆的国际比较

从非金融私人部门金融杠杆增长幅度的国际比较来看，我国非金融私人部门金融杠杆由 2006 年第一季度的 147.1% 上涨至 2019 年第一季度的 259.4%，累计增幅为 112.3 个百分点；样本国家非金融私人部门金融杠杆由 2006 年第一季度的 201.9% 增长至 2019 年第一季度的 238.2%，增长幅度为 36.3 个百分点，比我国非金融私人部门金融杠杆的增幅低 76 个百分点；发达经济体非金融私人部门金融杠杆由 2006 年第一季度的 227.5% 增长至 2019 年第一季度的 267.1%，增长幅度为 39.6 个百分点，比我国非金融私人部门金融杠杆的增幅低 72.7 个百分点；新兴经济体非金融私人部门金融杠杆由 2006 年第一季度的 116.3% 增长至 2019 年第一季度的 192.4%，增长幅度为 76.1 个百分点，比我国非金融私人部门金融杠杆的增幅低 36.2 个百分点；美国非金融私人部门金融杠杆由 2006 年第一季度的 217% 增长至 2019 年第一季度的 249.3%，增长幅度为 76.1 个百分点，比我国非金融私人部门金融杠杆的增幅低 32.3 个百分点；英国非金融私人部门的金融杠杆由 2006 年第一季度的 218.3% 增长至 2019 年第一季度的 275%，增长幅度为 56.7 个百分点，比我国非金融私人部门金融杠杆的增幅低 55.6 个百分点；欧元区非金融私人部门的金融杠杆由 2006 年第一季度的 218.6% 增长至 2019 年第一季度的 259.9%，增长幅度为 41.3 个百分点，比我国非金融私人部门金融杠杆的增幅低 71 个百分点；日本非金融私人部门金融杠杆由 2006 年第一季度的 312.5% 增长至 2019 年第一季度的 378.4%，增长幅度为 65.9 个百分点，比我国非金融私人部门金融杠杆的增幅低 46.4 个百分点。由此可见，无论是发达国家还是新兴经济体，我国非金融私人部门金融杠杆的信贷缺口都非常大，且我国非金融私人部门金融杠杆持续扩大。

（3）政府部门金融杠杆的国际比较。

图 4-4 汇报了政府部门金融杠杆的国际比较。从图 4-4 中可以看出，我国政府部门金融杠杆经历了 2006 年第一季度至 2008 年第四季度的小幅下降，之后上升速度加快。从政府部门金融杠杆绝对水平的国际比较来看，2019 年第一季度，我国政府部门金融杠杆已由 2006 年第

一季度的 26.3% 上升至 2019 年第一季度的 51.1%，低于样本国家的 84.2%，低于发达经济体的 105.6%，高于新兴经济体的 50.2%，低于美国的 99.4%，低于英国的 110.2%，低于欧元区的 97.5%，低于日本的 217%。由此可见我国政府部门金融杠杆绝对水平在国际上不高。

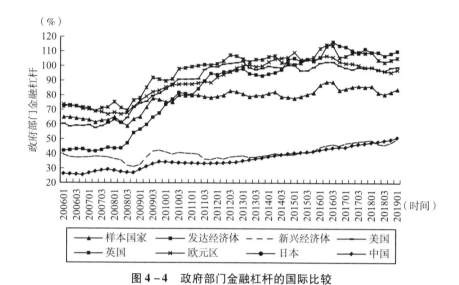

图 4-4　政府部门金融杠杆的国际比较

从国际政府部门金融杠杆的增长幅度来看，我国政府部门金融杠杆的增幅较低，远远低于发达经济体、美国、英国和日本政府部门金融杠杆的增幅，却略高于样本国家、新兴经济体和欧元区，但是 2012 年以来金融杠杆的直线上升趋势表明我国政府部门金融杠杆上升速度有加快趋势。具体来看，样本国家政府部门金融杠杆由 2006 年第一季度的 64.9% 增长至 2019 年第一季度的 84.2%，上涨幅度为 19.3 个百分点，比我国政府部门金融杠杆的增长幅度低 5.5 个百分点；发达经济体政府部门金融杠杆由 2006 年第一季度的 72.4% 上升至 2019 年第一季度的 105.6%，上升幅度为 33.2%，比我国政府部门金融杠杆的增长幅度高 8.4 个百分点；新兴经济体政府部门金融杠杆由 2006 年第一季度的

39.4%上升至2019年第一季度的50.2%，上涨幅度为10.8%，比我国政府部门金融杠杆的增长幅度低14个百分点；美国政府部门金融杠杆由2006年第一季度的60.4%上升至2019年第一季度的99.4%，上涨幅度为39%，比我国政府部门金融杠杆的增长幅度高14.2个百分点；英国政府部门金融杠杆由2006年第一季度的42.2%上升至2019年第一季度的110.2%，上涨幅度为68%，比我国政府部门金融杠杆的增长幅度高43.2个百分点；欧元区政府部门金融杠杆由2006年第一季度的73.8%上升至2019年第一季度的97.5%，上涨幅度为23.7%，比我国政府部门金融杠杆的增长幅度低1.1个百分点；日本政府部门金融杠杆由2006年第一季度的148.5%上升至2019年第一季度的217%，上升幅度为68.5%，比我国政府部门金融杠杆的增长幅度高43.7个百分点。由此可见，我国政府部门金融杠杆的整体水平不高，但上升速度有加快趋势。

同时值得注意的是，上述我国政府部门金融杠杆是基于中央政府的显性债务计算而得，若考虑地方政府的隐性债务，情况将变得比较复杂。近年来，随着地方政府融资平台信用扩张的加快，地方政府金融杠杆快速上升，受此影响，我国政府部门金融杠杆也将快速上升，且增长速度有加快趋势。

为了简要说明地方政府债务规模的变化情况，本部分搜集了地方政府城投债发行规模的数据，并绘制了地方政府城投债发行规模的趋势变化图，详细请见图4-5。由图4-5可知，为消除全球性金融危机产生的外生冲击对经济造成的负面影响，我国政府采取了一系列积极财政政策刺激经济复苏，在此背景下，地方政府融资平台举债规模也随之迅速扩大。但从债券市场方面来看，2002~2018年城投债累计发行证券期数为8351期，累计发行的债券规模为91917.68亿元。就证券发行增速来看，2008年地方政府融资平台新发城投债数额为117亿元，2009年上涨至814亿元，2012年首次突破万亿元大关，2016年城投债新发额规模则高达近3万亿元。债券市场的发展成熟与繁荣，为地方政府融资平台的发展壮大提供了极大的便利，地方政府的隐性担保则为地方政府融资平台提供了事实上的预算软约束。而进一步扩张的地方政府融资平台，促进了地方政府隐性债务风险的爆发，使得地方政府部门债务情况更加复杂。

图4-5 我国地方政府城投债发行规模变化趋势

（4）非金融企业部门金融杠杆的国际比较。

图4-6汇报了非金融企业部门金融杠杆的国际比较。从图4-6中可以看出，从金融杠杆绝对水平的国际比较来看，2013年之前，我国非金融企业部门金融杠杆处于较低水平，分别低于英国、日本、美国和欧元区，但是略高于新兴经济体和样本国家。自从2013年第三季度之后，我国非金融企业部门金融杠杆急速攀升，截止到2019年第一季度，金融杠杆已远远超过发达经济体和新兴经济体。具体来看，2019年第一季度我国非金融企业部门金融杠杆为208.3%，高于样本国家的154%，高于发达经济体的163.2%，高于新兴经济体的142.2%，高于美国的149.9%，高于英国的170.7%，高于日本的161.2%，高于欧元区的162.6%。由此可见，我国非金融企业部门金融杠杆的绝对水平在国际上处于高位。

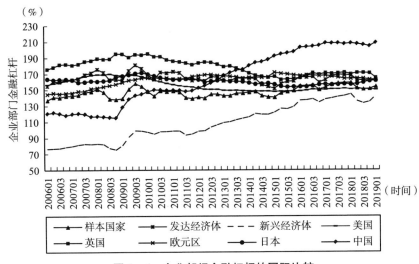

图 4 - 6　企业部门金融杠杆的国际比较

而从非金融企业部门金融杠杆增长幅度的国际比较来看，样本考察期内我国非金融企业部门金融杠杆上涨了 87.5 个百分点，样本国家非金融企业部门金融杠杆由 2006 年第一季度的 137.1% 上升至 2019 年第一季度的 154%，上升了 16.9 个百分点；发达经济体由 2006 年第一季度的 156.9% 增长至 2019 年第一季度的 163.2%，上涨了 6.3 个百分点；新兴经济体则由 2006 年第一季度的 76.9% 增长至 2019 年第一季度的 142.2%，累计增幅达 65.9 个百分点；而美国、英国、欧元区和日本则相继增长了 - 6.7 个百分点、- 11.3 个百分点、17.6 个百分点和 - 2.5 个百分点。我国非金融企业部门金融杠杆的增幅均分别高于样本国家、发达经济体和新兴经济体 70.6 个百分点、81.2 个百分点和 22 个百分点，分别高于美国、英国、欧元区和日本 94.2 个百分点、98.8 个百分点、69.9 个百分点和 90 个百分点。由此可见，我国非金融企业部门金融杠杆的增幅最快，且我国非金融企业部门信贷缺口持续扩大，成为加杠杆的主要主体。

（5）家户部门金融杠杆的国际比较。

图 4 - 7 汇报了家户部门金融杠杆的国际比较。由图 4 - 7 可以看出，

从家户部门金融杠杆绝对水平的国际比较来看，家户部门金融杠杆的国际排序由大到小依次是英国、美国、发达经济体、欧元区、样本国家、日本、中国以及新兴经济体。由此可见，和国际上不同国家和经济体的家户部门金融杠杆比较，我国家户部门金融杠杆的整体水平不高，远低于美国、英国和欧元区等西方发达经济体和日本，同时也仅仅稍高于新兴经济体。

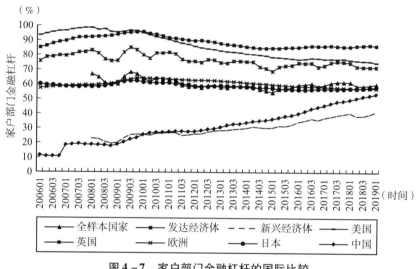

图4-7 家户部门金融杠杆的国际比较

从家户部门金融杠杆的增长幅度的国际比较来看，样本国家家户部门金融杠杆由 2006 年第一季度的 67% 下降至 2019 年第一季度的 60.3%，下降幅度为 6.7 个百分点，比我国家户部门金融杠杆的增长幅度低 48.8 个百分点；发达经济体家户部门金融杠杆由 2006 年第一季度的 75.8% 下降至 2019 年第一季度的 72%，下降幅度为 3.8 个百分点，比我国家户部门金融杠杆的增长幅度低 45.9 个百分点；新兴经济体家户部门金融杠杆由 2008 年第一季度的 23% 上升至 2019 年第一季度的 41.6%，上涨幅度为 18.6%，比我国家户部门金融杠杆的增长幅度低 23.5 个百分点；美国家户部门金融杠杆由 2006 年第一季度的 93.5% 下降至 2019 年第一季度的 75%，下跌幅度为 18.5%，比我国家户部门金融杠杆的增长幅度低 60.6 个百分点；英国家户部门金融杠杆由 2006 年第一季度的 85.2% 上升至 2019 年第一季度的 86.6%，上涨幅度为 1.4%，比我国家户部门金融杠杆的增长幅度低 40.7 个百分点；欧元区家户部门金融杠杆由 2006 年第一季度的 57.4% 上升至 2019 年第一季度的 57.6%，上涨幅度为 0.2%，比我国家户部门金融杠杆的增长幅度低 41.9 个百分点；日本家户部门金融杠杆由 2006 年第一季度的 60.2% 下降至 2019 年第一季度的 58.2%，下降幅度为 2%，比我国家户部门金融杠杆的增长幅度低 44.1 个百分点。由此可见，我国家户部门金融杠杆虽然整体水平不高，但增长幅度却很快。

2. 金融杠杆的地区特征

在测度出我国各部门金融杠杆并对其结构特征进行分析之后，本书接下来对我国金融杠杆的地区特征展开分析。本书参照陈德凯的做法，将各省份的总债务分为以下五个方面：金融机构贷款余额、信用债余额、委托贷款存量、信托贷款存量和未贴现银行承兑汇票存量，这里金融机构贷款余额涵盖了家户部门贷款、非金融企业部门贷款以及地方政府融资平台贷款，信用债余额涵盖了非金融企业信用债、金融机构信用债、地方政府债券，因此上述两部分内容包含了各省份债务的主要内容[174]。而委托信贷、信托贷款和未贴现银行承兑汇票作为非金融企业部门表外信贷，是对非金融企业部门负债的补充内容。需要进一步说明的是，由于数据获得性较低，非金融企业部门通过非正规金融、民间融资等方式获得的债务，地方政府非融资平台的债务等没有计入各省份的总债务之中，最终通过上述方式所测算出来的债务要比实际的债务低一些。上述所有数据均来自 Wind 数据库。测算结果的数据包含 31 个省份的金融杠杆数据，时间跨度为 2005 年至 2017 年的数据。

我国各省份的金融杠杆的测算结果详实展示如图 4-8~图 4-11 所

示。为了能够更加清晰地展示出我国各省份金融杠杆 2005～2017 年的变化趋势，本书将我国 31 个省份金融杠杆分地区列示如下。

图 4 - 8 绘制了东部地区各省份金融杠杆的变化趋势。从图 4 - 8 中可以看出，整体来看，东部地区各省份金融杠杆呈上升趋势。从东部地区各省份金融杠杆的绝对水平来看，北京的金融杠杆水平最高，其金融杠杆的范围在 2.5～7 之间；其次是上海，其金融杠杆水平在 1.5～3.5 之间；东部地区其余省份的金融杠杆水平交叉分布，其金融杠杆大致处于 0.5～2.5 范围内。从东部地区各省份金融杠杆的变动幅度来看，其中变动幅度最大的是北京，样本考察期内最大变动幅度为 4.02；上海样本考察期内金融杠杆的最大变动幅度为 1.83，位居第二；接着是海南，样本考察期内最大变动幅度为 1.75，之后从大到小依次是福建、天津、浙江、广东、河北、江苏和山东。

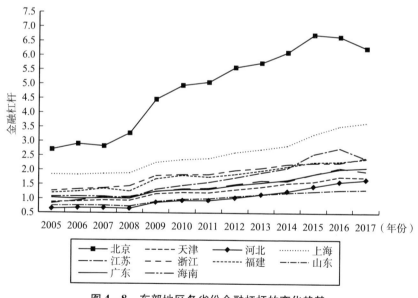

图 4 - 8　东部地区各省份金融杠杆的变化趋势

图 4 - 9 绘制了中部地区各省份金融杠杆的变化趋势。从图 4 - 9 中

可以看出，整体来看，中部地区各省份金融杠杆呈现波动中上升趋势。
从金融杠杆的绝对水平来看，从大到小依次是山西、安徽、江西、湖
北、湖南和河南。从金融杠杆的波动幅度来看，样本考察期内波动幅度
由大到小依次是山西、安徽、江西、湖南、湖北和河南。其中最大的山
西为1.29，最小的河南为0.66。

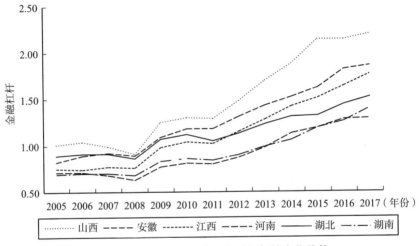

图4-9　中部地区各省份金融杠杆的变化趋势

图4-10绘制了西部地区各省份金融杠杆的变化趋势。从图4-10
中可以看出，整体来看，西部地区各省份金融杠杆呈现波动中上升的趋
势。从金融杠杆的绝对水平来看，大部分年份金融杠杆由高到低依次排
序的省份是青海、西藏、甘肃、重庆、贵州、云南、宁夏、新疆、四
川、陕西、广西和内蒙古。从金融杠杆的变动幅度来看，样本考察期内
幅度变动由高到低排序的省份依次是西藏、青海、甘肃、新疆、贵州、
重庆、宁夏、内蒙古、云南、四川、陕西和广西，其中，最大变动幅度
最大为3.56，最小为0.76。

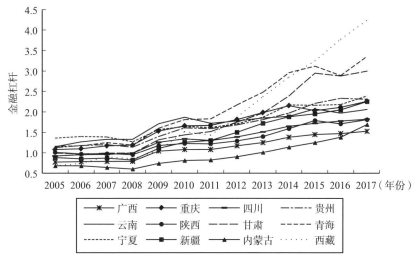

图4-10 西部地区各省份金融杠杆的变化趋势

图4-11绘制了东北地区各省份金融杠杆的变化趋势。从整体来看，样本考察期内东北地区各省份金融杠杆呈现上升趋势。从金融杠杆的绝对水平来看，由大到小依次排序的省份是辽宁、吉林和黑龙江。从金融杠杆的波动幅度来看，样本考察期内波动幅度由大到小依次排序的省份是辽宁、黑龙江和吉林，其中最大波动幅度最大是1.35，最小是0.78。

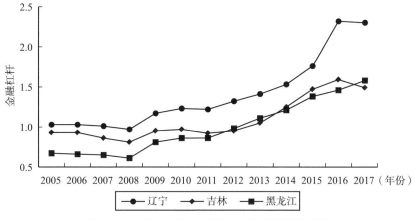

图4-11 东北地区各省份金融杠杆的变化趋势

根据图 4-8~图 4-11 所示的测算结果,可以总结出我国各省份金融杠杆呈现以下两大特点。

第一,我国金融杠杆区域差异显著。从金融杠杆的绝对水平来看,我国金融杠杆排前三的省份为北京、上海和青海,2005~2017 年的平均水平为 486.7%、254.5% 和 207.6%,而金融杠杆排后三个的省份为湖南、河南和内蒙古,样本考察期的平均水平为 91.15%、93.08% 和 94.92%。金融杠杆最高的是西部地区,金融杠杆最低的是中部地区。中部地区六个省份中除山西省之外,其他五个省份的金融杠杆都处于 200% 之下,而西部地区的十二个省份的金融杠杆,除了四川和陕西之外,其他十个省份的金融杠杆都已超过 200% 的水平,青海和甘肃更是都超过 300% 的水平;而东部地区十个省份的金融杠杆则出现比较严重的两极分化现象,北京和上海的金融杠杆非常高,其两者的平均大小已经超过 450% 的水平,而山东的金融杠杆水平则相对比较低,其大小只有 133.3%,河北、福建和江苏的金融杠杆水平也在 200% 之下。从金融杠杆增长的幅度来看,2005 年来我国金融杠杆上升最快的省份为北京和青海,金融杠杆上升幅度分别为 355% 和 220%;其次是甘肃和上海,金融杠杆的上升幅度分别为 201% 和 182%。吉林省的金融杠杆增加幅度最低,样本考察期内金融杠杆的上升幅度仅为 56%,河南、山东、湖北、湖南、广西和陕西金融杠杆的上升幅度也比较低,样本考察期内仅分别上升了 58%、58%、63%、71%、76% 和 80%。而西部地区金融杠杆增加的幅度最高,中部地区金融杠杆增长幅度最低。

第二,从我国金融杠杆的变化趋势来看,2008 年是金融杠杆增速变化较大的分水岭,2008 年之前金融杠杆增速缓慢,而在 2008 年之后金融杠杆的增速加快。这表明 2008 年前后我国全国层面和各省域层面的金融杠杆水平均出现了前缓慢后急升的变化态势。这可能主要源于在 2008 年金融危机之前,我国普遍面临"去杠杆"的阶段,只有极个别省份在加杠杆,而全球性金融危机之后,为使我国经济免遭金融危机的严重冲击,我国政府 2010 年前后出台了"四万亿"经济刺激计划,各省份在此基础上均大幅度地增加投资,伴随经济的"L"型探底过程,各省份金融杠杆持续快速攀升。但 2017 年以来我国各省份金融杠杆的快速上涨态势得到遏制。除了内蒙古、青海等少数省份金融杠杆还在一直增加之外，其他各个省份的金融杠杆增长幅度在降低。其中，北京、海南、辽宁、福建和贵州金融杠杆增幅由正转负。北京的金融杠杆增长幅度降低最快，增长幅度降低达到 60%，这可能主要源于，一方面，2016～2017 年北京的 GDP 增速持续上升；另一方面，北京债务存量在降低，尤其是表外信贷由于受到强监管作用，债务余额大幅缩减。

4.2 金融杠杆空间关联关系的识别与结构分析

4.2.1 金融杠杆空间关联关系的识别

类似地，本部分依旧采用引力模型对金融杠杆的空间传染关系进行识别。基于引力模型以及前文测度的金融杠杆大小，本书对 2005～2017 年金融杠杆的空间关联关系进行了识别。通过实证结果可知每一年金融杠杆的空间关联关系构成一个空间关联网络矩阵，表明金融杠杆在不同省份之间存在空间关联。由于篇幅限制，这里就不一一将金融杠杆的空间关联网络矩阵列示。

4.2.2 金融杠杆空间关联关系的结构分析

1. 金融杠杆整体网结构特征及演变趋势

根据社会网络分析模型，对我国金融杠杆空间关联关系的整体网络结构特征进行分析。表 4－2 汇报了我国金融杠杆空间关联关系整体网的结构特征。

表4－2 我国金融杠杆空间关联关系的整体网结构特征

年份	直径	平均路径长度	关系数	平均关系数	网络密度	关联度
2005	4	1. 929	196	6. 3226	0. 2111	1. 0000
2006	6	2. 130	201	6. 4839	0. 2161	1. 0000
2007	6	2. 130	201	6. 4839	0. 2161	1. 0000
2008	6	2. 130	201	6. 4839	0. 2161	1. 0000
2009	6	2. 130	201	6. 4839	0. 2161	1. 0000
2010	6	2. 129	202	6. 5161	0. 2172	1. 0000
2011	6	2. 129	202	6. 5161	0. 2172	1. 0000
2012	6	2. 128	203	6. 5484	0. 2183	1. 0000
2013	6	2. 128	203	6. 5484	0. 2183	1. 0000
2014	6	2. 128	203	6. 5484	0. 2183	1. 0000
2015	6	2. 128	203	6. 5484	0. 2183	1. 0000
2016	6	2. 128	203	6. 5484	0. 2183	1. 0000
2017	5	2. 074	201	6. 4839	0. 2161	1. 0000

从表4－2中可知：

首先，整体网结构特征显示我国金融杠杆的空间关联关系存在"小世界现象"和"无标度特征"。表4－2中显示，我国金融杠杆的空间关联关系矩阵最大的直径为6，最小的直径是4，最高的平均路径长度是2.130，最低的平均路径长度为1.929，从数值上来看，两者大小均远小于空间关联网络节点的个数（即省份的个数），表明我国金融杠杆的空间关联关系属于典型的"小世界现象"。同时，根据表4－2还可以看出，我国金融杠杆的空间关联关系网络是典型的"无标度网络"，省份与省份之间的关联具有严重的不均匀性和异质性，具体表现在：在金融杠杆的空间关联关系中，较少的省份和其他省份有比较多的关联，大部分省份与其他省份有较少的空间关联。空间关联关系的异质性和不均匀特性，使得金融杠杆的这种空间关联关系既稳定又脆弱。之所以空间关联关系是稳定的，主要体现在大部分省份与省份之间关联度是比较低的，当外部环境变化，冲击关联度比较低的大部分省份时，其余省份受到传染的概率或者遭受损失的程度较低。之所以空间关联关系是脆弱的，主要体现在，当外部冲击影响到关联性较高的省份时，金融杠杆所引发的相关风险，就会迅速影响到整个网络，此时的空间关联关系是脆弱的。

　　为了展示省际金融杠杆空间关联关系的具体形态，更加具体直观地了解金融杠杆空间关联关系的关联方式，本书利用 UCINET 可视化工具 Netdraw 绘制了金融杠杆的有向网络图，详细如图 4 - 12 所示（限于篇幅，仅以 2017 年为例），由图 4 - 12 可以发现，我国各地区之间的金融杠杆呈现出较为典型的网络结构形态，不存在孤立点。

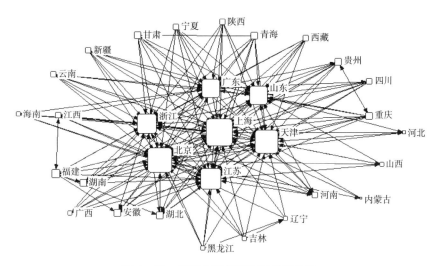

图 4 - 12　我国金融杠杆空间关联关系

　　其次，我国金融杠杆空间关联明显，并且整体来看金融杠杆的空间关联关系在逐渐增强。其中，就金融杠杆空间关联关系的网络关联度来看，样本考察期内其数值大小始终为 1，这表明我国金融杠杆存在较强的空间关联关系。就金融杠杆空间关联关系的网络密度来看，金融杠杆的空间关联关系的网络密度整体上也呈现出上升态势，同样，空间关联关系的关系数也由 2005 年的 196 个上升至 2017 年的 201 个，整体网络密度也由 2005 年的 0.2111 提高至 2017 年的 0.2161，这意味着近年来我国金融杠杆的空间关联关系越发的紧密，各省份之间的债权债务关系变得越发复杂。整体网的网络密度的上涨表明我国金融杠杆的空间关联水平逐渐升高，较高的空间关联水平一方面会升高债务风险扩散的可能性，加剧风险冲击的破坏程度和波及范围；另一方面对整体网中的行动者来讲，空间关联水平较高也会增强处于网络中的各省份化解防御风险的能力。

最后，金融杠杆的空间关联关系仍存在很大的提升空间。尽管网络密度在逐年上升，但是从关联关系数值来看，金融杠杆空间关联网络的紧密程度并不是很高。整个网络 31 个省份之间最大可能的关系数为 930（31×30）个，而实际存在的关系数最大 203（2012～2014 年）个，因此金融杠杆的空间关联关系还存在较大的提升空间。

2. 金融杠杆空间关联关系的中心性分析

本部分的分析视角将从整体网络关联转向网络中的个体省份，重点关注金融杠杆空间关联关系中各省份拥有什么样的"权利"或居于怎样的中心地位。本书采用度数中心度、中间中心度以及接近中心度三个中心性指标阐释我国各个省份在网络中所处的地位。如表 4 – 3 所示（限于篇幅仅列出 2017 年）。

表 4 – 3　　我国金融杠杆空间关联关系的中心性分析（2017 年）

省份	关联省份（个）	度数中心度				接近中心度		中间中心度	
		溢出关系	接收关系	中心度（％）	排名	中心度（％）	排名	中心度（％）	排名
北京	26	7	25	86.667	2	88.235	2	13.848	2
天津	24	6	23	80.000	3	83.333	3	11.005	3
河北	4	4	4	13.333	30	53.571	30	0.019	30

省份	关联省份（个）	度数中心度				接近中心度		中间中心度	
		溢出关系	接收关系	中心度（%）	排名	中心度（%）	排名	中心度（%）	排名
山西	5	5	2	16.667	27	54.545	27	0.057	29
内蒙古	3	3	1	10.000	31	52.632	31	0.019	31
辽宁	5	4	2	16.667	28	54.545	28	0.058	28
吉林	6	6	1	20.000	24	55.556	24	0.231	12
黑龙江	6	6	0	20.000	25	55.556	25	0.231	13
上海	28	9	28	93.333	1	93.750	1	16.334	1
江苏	22	5	22	73.333	4	78.947	4	8.105	4
浙江	21	6	21	70.000	5	76.923	5	7.078	5
安徽	8	3	8	26.667	9	57.692	9	0.266	8
福建	9	9	1	30.000	8	58.824	8	0.264	11
江西	7	7	5	23.333	16	56.604	16	0.175	14
山东	19	6	18	63.333	6	73.171	6	4.435	7
河南	7	6	7	23.333	17	56.604	17	0.174	15
湖北	8	7	5	26.667	10	57.692	10	0.266	9
湖南	8	7	4	26.667	11	57.692	11	0.266	10
广东	19	11	16	63.333	7	73.171	7	5.339	6
广西	6	6	1	20.000	26	55.556	26	0.129	26
海南	5	5	1	16.667	29	54.545	29	0.080	27
重庆	8	8	1	26.667	12	57.692	12	0.174	16
四川	7	7	1	23.333	18	56.604	18	0.174	17
贵州	8	8	2	26.667	13	57.692	13	0.174	18
云南	7	7	1	23.333	19	56.604	19	0.174	19
西藏	7	7	0	23.333	20	56.604	20	0.174	20

省份	关联省份（个）	度数中心度				接近中心度		中间中心度	
		溢出关系	接收关系	中心度（%）	排名	中心度（%）	排名	中心度（%）	排名
陕西	7	7	0	23.333	21	56.604	21	0.174	21
甘肃	8	7	1	26.667	14	57.692	14	0.174	22
青海	8	8	0	26.667	15	57.692	15	0.174	23
宁夏	7	7	0	23.333	22	56.604	22	0.174	24
新疆	7	7	0	23.333	23	56.604	23	0.174	25
平均值	10.323	6.226	6.484	34.409	—	61.921	—	2.262	—

第一，度数中心度。根据表 4-3 的测度结果，全国 31 个省份的度数中心度的均值为 34.409%，其中度数中心度大于这一均值的有 7 个省份，从高到低依次是上海、北京、天津、江苏、浙江、山东以及广东，说明这些省份在金融杠杆的空间关联网络中与其他省份的空间关联关系数较多。其中，上海的度数中心度超过 90%，北京和天津的度数中心度超过 80%，江苏和浙江的度数中心度超过 70%，而山东和广东的度数中心度超过 60%。基于关联省份的计算结果，这 7 个省份金融杠杆关联的省份个数分别为 28 个、26 个、24 个、22 个、21 个、19 个以及 19 个省份，表明这 7 个省份的金融杠杆和其他 28 个、26 个、24 个、22 个、21 个、19 个以及 19 个省份的金融杠杆存在空间关联关系，进一步表明这 7 个省份处于金融杠杆空间关联关系的中心位置。值得注意的是，比度数中心度平均值高的这 7 个省份都处于东部地区，这说明东部地区经济发达，金融发展相对成熟，其间的债务关系较为复杂，因此这 7 个省份与其他省份的金融杠杆的空间关联关系较多，具有较强的影响力。度数中心度低于全国平均值的后 5 个省份依次为内蒙古、河北、山西、海南和辽宁，其中，内蒙古、河北、山西和辽宁都是我国重要的资源基地，其经济增长主要依赖当地的资源，较少依靠扩大债务规

模维持发展，且随着供给侧结构性改革的去产能、去库存的进一步推进，导致这些省份更难从别的区域借入资金发展经济，资金流入的力度减低，从而导致其与其他省份之间的空间关联关系较弱，而海南由于其特殊的地理位置、资源优势等方面，与其他省份的债务关联也比较弱。

第二，接近中心度。从表 4 – 3 中接近中心度的测算结果来看，31个省份的接近中心度排名和度数中心度排名相同，比平均值高的省份依次是上海、北京、天津、江苏、浙江、山东以及广东。接近中心度较高的省份依旧是东部地区，这些省份与地方金融空间关联网络中的其他省份之间"距离"更短，更居于网络中的"中心"。究其原因在于东部地区经济发展水平、金融市场化程度相对较高，是我国经济增长、资本市场建设发展的引擎，发挥着外引内联的作用。这些省份与其他省份之间的资本流动效率更高，同时也具有更强的获得资本的能力，从而能够更加迅速地与其他省份建立起空间关联。

第三，中间中心度。从表 4 – 3 中中间中心度的测度结果来看，中间中心度高于均值的省份依旧是上海、北京、天津、江苏、浙江、广东以及山东 7 个省份，7 个省份均位于东部地区，较高的中间中心度说明上述省份在金融杠杆空间关联网络中控制其他省份之间资金流动和债务往来的能力较强。其中，上海、北京和天津的中间中心度都已达到10% 以上，江苏和浙江的中间中心度也均达到 7% 以上，山东和广东的中间中心度达到 4% 以上，这些省份在金融杠杆的空间关联网络中不仅处于中心地位，还发挥"中介"和"桥梁"的作用，对网络中的债券债务关系起着较强的控制和支配作用。

3. 块模型分析

块模型分析关注的是网络的整体结构，利用网络中成员的属性数据分析块模型的有效性，把复杂的网络"简化"为"块模型"或"像矩阵"，通过对板块的描述性统计分析各个板块之间如何发出和接收关系，从而分析各个板块系统之间的互动来解释整个网络的结构。针对表 4 – 4

的金融杠杆的空间关联网络，参照结构性特征，把 31 个省份进行分区，选择最大分割深度为 2，收敛标准为 0.2，从而得到 4 个金融杠杆板块。其中，第一板块包括北京、天津和山东 3 个省份，都集中于东部地区；第二个板块包含江苏、广东、上海和浙江 4 个省份，都位于东南地区；第三个板块包括河北、辽宁、河南、内蒙古、安徽和山西省 6 个省份，这些省份主要分布于中部地区；第四板块包括江西、黑龙江、吉林、湖北、湖南、福建、广西、海南、重庆、四川、贵州、云南、西藏、陕西、甘肃、青海、宁夏和新疆 18 个省份，主要集中于东北地区和西部地区。

表 4 - 4   我国金融杠杆的空间关联关系的块模型分析

板块	接收关系数				板块成员数目	期望内部关系比例	实际内部关系比例	接收板块外关系数	板块属性
	板块 1	板块 2	板块 3	板块 4					
1	6	1	12	0	3	6.67%	31.57%	60	净溢入板块
2	1	5	9	16	4	10%	19.23%	82	净溢入板块
3	13	11	0	1	6	16.67%	0	24	经纪人板块
4	46	70	3	7	18	56.67%	5.56%	17	净溢出板块

注：板块内部接收（发出）关系数为板块矩阵（blocked matrix）中主对角线上关系数之和；板块外接受（发出）关系数为板块矩阵中除自身板块外的其他所有列（行）的关系数之和。期望内部关系比例 =（板块内部成员数量 -1）/（网络成员数量 -1）；实际内部关系比例 = 板块内部接收关系数/板块总发出关系数。

根据前文测算，2017 年我国省际金融杠杆空间关联网络中存在 201 个关系。表 4 - 4 汇报了我国金融杠杆的空间关联关系的块模型分析结果。根据表 4 - 4 的测算结果，属于板块内部省份之间关联关系的有 18 个，属于板块之间的关系数为 183 个，这说明板块之间的金融杠杆存在明显的空间关联性。金融杠杆板块 1 发出关系数为 19 个，其中 6 个关系发出至板块内部，接收到来自其他板块的关系数为 60 个；期望内部关系比例为 6.67%，实际内部关系比例为 31.57%。该板块网络个体同时接收来自板块内和板块外发出的关系，但接收到由板块外发出关系数明显比板块内发出的关系数多，因此，金融杠杆板块 1 属于"净溢入板块"。该板块中包含的省份经济金融发展水平高，其中北京更是中国的经济金融中心，与其他板块省份之间存在更为复杂和紧密的关联关系，也更容易受到其他板块省份债权债务关系的影响。板块 2 发出关系数为31 个，其中发出至板块 2 内部的关系数有 5 个，接收到由板块外发出的关系数是 82 个；期望内部关系比例是 10%，实际内部关系比例是19.23%。该板块成员同时接收来自板块内部和板块外部的关系，但是接收到的来自外部的关系数明显多于内部关系数，因此，金融杠杆板块2 也属于"净溢入板块"。板块 3 发出关系为 25 个，其中 0 个关系发出至板块内部，接收到来自其他板块的关系数为 24 个；期望内部关系比例为 16.67%，实际内部关系比例为 0%。此板块既接收来自其他板块的债务风险传染效应，又对其他板块有债务风险溢出效应，而板块内部债务风险传染效应较弱，是典型的"经纪人板块"，在金融杠杆空间关联网络中起着"桥梁"和"中介"的作用。金融杠杆板块 4 发出关系数为 126 个，其中 7 个关系发出至板块 4 内部，接收到来自其他板块的关系数为 17 个；期望内部关系比例为 56.67%，实际内部关系比例为5.56%。金融杠杆板块 4 是明显的净溢出板块，不仅内部省份之间存在较强的债务关联效应，而且该板块还会对其他板块省份产生明显的债务风险溢出效应。

以上是从位置层次对块模型分析结果进行解释，接下来将根据关联关系在各区域金融杠杆板块之间的分布，利用网络密度矩阵（density matrix）和像矩阵（image matrix）从整体层次角度解释块模型分析结果，从而反映金融杠杆空间关联关系在各个板块之间的分布状况。依据前文测算，2017 年金融杠杆的空间关联网络的整体密度为 0.2161，如果四个板块中任何一个板块的密度大于整体网络密度，则说明金融杠杆具有在该板块集中的趋势，并将此板块赋值为 1，即 1 - 块；否则赋值为 0，即 0 - 块。网络密度矩阵及像矩阵如表 4 - 5 所示。

表 4 - 5 金融杠杆空间关联板块的密度矩阵和像矩阵

板块	密度矩阵				像矩阵			
	板块 1	板块 2	板块 3	板块 4	板块 1	板块 2	板块 3	板块 4
板块 1	1.000	0.083	0.667	0.000	1	0	1	0
板块 2	0.083	0.417	0.375	0.222	0	1	1	1
板块 3	0.722	0.458	0.000	0.009	1	1	0	0
板块 4	0.852	0.972	0.028	0.023	1	1	0	0

注：表中"1"表示行对列存在金融杠杆传染效应，"0"表示不存在金融杠杆传染效应。

根据表 4 - 5 的结果，金融杠杆空间关联网络中各板块之间存在紧密的联动效应，从像矩阵可以看出，各板块之间显示出明显的"关系传递性"。其中，金融杠杆板块 1 不仅自身内部存在较强空间关联效应，还受到来自板块 3 和板块 4 的影响，同时板块 1 的金融杠杆的空间关联效应主要作用于板块 1 和板块 3，这说明处于网络中心的板块 1（北京、天津、山东）更容易受到债务风险的影响；而板块 3（河北、辽宁、河南、内蒙古、安徽和山西）和只存在对其他板块（板块 1 和板块 2）的影响，而不接受来自其他板块的债务风险传染效应，这两大板块所包含的大部分省份具有人口少、地理位置偏远、经济规模小以及经济增长动力单一的特点，是我国债务违约和信用风险的重要源头；板块 4（江西、黑龙江、吉林、湖北、湖南、福建、广西、海南、重庆、四川、贵州、云南、西藏、陕西、甘肃、青海、宁夏和新疆）只受到来自板块 2 的金融杠杆的影响，但此板块主要作用于板块 1 和板块 2，此外，板块 2 主要受到来自板块 2 自身、板块 3 和板块 4 的影响，同时板块 2 的风险传染效应主要作用于板块 4；金融杠杆板块 3 主要受到来自板块 1 和板块 2 的影响，同时此板块的金融杠杆传染也主要作用于板块 1 和板块 2。

4.3　金融杠杆对系统性金融风险空间溢出的作用关系的实证分析

4.3.1　模型构建及指标说明

首先，模型的构建。根据本部分数据特征及研究需要，借鉴前人研究[222]，本部分所要构建的模型为 QAP（也被称作二次指派程序）。QAP 也称为关系—关系层次的假设检验，其含义是指通过对两个方阵中的每个元素进行对比，得出两个方阵的相关系数，之后对得出的相关系数进行非参数检验。该方法通常采用的是随机置换来得到相关系数，其步骤主要包含以下两步：第一步是针对一个被解释变量向量和几个解释变量向量的对应值展开标准化的多元回归；第二步是对被解释变量向量的各个值所在的行进行随机置换，然后重新进行回归分析，并保存计算出来的确定系数和回归系数。表 4 – 6 汇报了置换检验和常规检验之间的区别。

表 4 – 6　　　　　　　置换检验与常规统计检验之间的区别

置换检验	常规统计检验
检验关系变量之间的关系；不关注总体的分布；非参数检验	检验属性变量之间的关系，随机样本，总体为正态分布，参数检验；检验的结果可以推广到总体

其次，数据的说明。根据模型构建部分的说明，通过 QAP 分析可以检验被解释变量向量和解释变量向量之间的多元回归关系。而本部分所涉及的被解释变量向量是我国系统性金融风险空间关联矩阵，而相应的解释变量向量则是金融杠杆的空间关联矩阵，上述变量的时间跨度为 2005～2017 年，样本范围包含除数据不全的西藏自治区之外的我国其

余30个省份。

4.3.2　QAP 相关性分析

QAP 相关性分析是 QAP 回归分析的基础和前提，只有通过 QAP 的相关性分析，继而进行的 QAP 的回归分析才有意义。因此本书在进行 QAP 回归分析之前，首先对金融杠杆对系统性金融风险的空间溢出进行了 QAP 相关性分析。表 4 – 7 则汇报了金融杠杆对系统性金融风险空间溢出的 QAP 相关性分析。从表中可以看出，2005 ~ 2017 年的变量值（Obs Value）的值在 0.719 ~ 0.987 之间，显著性（Significa）的值始终为 0，这表明各省份金融杠杆和系统性金融风险的相关系数大小处于 0.719 ~ 0.987 之间，相关性较强，且相关系数的显著性水平一直为 0，可见上述结果也十分显著；均值（Average）的范围为 – 0.002 ~ 0.003，标准差（Std Dev）的值的范围是 0.081 ~ 0.094，这表明每一年的金融杠杆和系统性金融风险空间关联矩阵依照 5000 次随机置换而得的相关系数均值的范围为 – 0.002 至 0.003，其标准差的范围为 0.081 至 0.094；最小值（Minimum）表示随机计算的相关系数中出现的最小值，其范围为 – 0.270 至 – 0.210，最大值（Maximum）表示随机计算的相关关系中出现的最大值，其范围为 0.338 至 0.481；概率大于等于 0（Prop≥0）的值在样本考察期内均为 0，表明这些随机计算出来的相关系数大于或者等于实际相关系数的概率接近 0，概率小于等于 0（Prop≤0）的值在样本考察期内均为 1，表明这些随机计算出来的相关系数小于或者等于实际相关系数的概率接近于 1。

表 4 – 7　金融杠杆对系统性金融风险空间溢出的 QAP 相关性分析

年份	观测值	显著性	均值	标准差	最大值	最小值	概率≥0	概率≤0
2005	0.719	0	0.003	0.081	– 0.210	0.339	0	1
2006	0.984	0	0.001	0.092	– 0.222	0.416	0	1

年份	观测值	显著性	均值	标准差	最大值	最小值	概率≥0	概率≤0
2007	0.984	0	0	0.092	−0.228	0.403	0	1
2008	0.987	0	0.001	0.091	−0.217	0.357	0	1
2009	0.984	0	−0.002	0.09	−0.222	0.352	0	1
2010	0.981	0	0.001	0.092	−0.217	0.389	0	1
2011	0.981	0	−0.001	0.092	−0.223	0.338	0	1
2012	0.987	0	0.002	0.092	−0.227	0.481	0	1
2013	0.975	0	−0.001	0.091	−0.270	0.348	0	1
2014	0.978	0	−0.001	0.091	−0.240	0.380	0	1
2015	0.972	0	0	0.094	−0.229	0.395	0	1
2016	0.975	0	0	0.093	−0.227	0.373	0	1
2017	0.978	0	−0.002	0.092	−0.220	0.354	0	1

从相关系数的变化趋势来看，样本考察期内，相关系数呈现出"上升—下降—上升"的波动性上升趋势。这可能由于在 2005～2012 年，为减弱金融危机对中国经济的负面冲击，我国政府制定并实施了"四万亿"的刺激经济计划，此时我国的实体经济和虚拟经济在加杠杆增大投资的同时，也在一定程度上累积了风险，使得系统性金融风险和金融杠杆的关联性加强。而自从 2013 年以来，伴随着"供给侧结构性改革"的实施和持续推进，"三去一降一补"任务也逐渐实施，金融杠杆的飞涨局面得到遏制，金融杠杆和系统性金融风险的相关性有小幅回落的趋势。但总体来看，金融杠杆和系统性金融风险的相关性在加强，这表明现阶段，高金融杠杆作为系统性金融风险的一种重要来源，其大小与系统性金融风险的大小密切相关。

4.3.3　QAP 回归分析

从金融杠杆对系统性金融风险空间溢出的 QAP 相关性分析结果可

以看出，样本考察期内，系统性金融风险与金融杠杆的相关系数均显著为正，且通过了 1% 的显著性水平，这表明金融杠杆与系统性金融风险存在显著的相关关系。在此基础上，本部分将对金融杠杆对系统性金融风险空间溢出进行 QAP 回归分析，以进一步揭示金融杠杆对系统性金融风险空间溢出的大小以及变动情况。

1. 基于全国层面的考察

表 4 - 8 汇报了全国层面的金融杠杆对系统性金融风险空间溢出的 QAP 回归结果。与传统的最小二乘法相比，QAP 回归结果报告了未标准化系数和标准化系数。因为标准化回归系数不受观测值量纲的影响，本部分着重对比标准化回归系数的相对大小，以进一步探究不同的自变量对因变量影响强度。从表 4 - 8 中可以看出：样本期内，计算出来的调整的确定系数（修正 R^2）的范围为 0.517 ~ 0.975，且均在 1% 的显著性水平上显著，说明该模型的拟合情况比较好，当高杠杆引发的债权债务关系与系统性金融风险存在相关性的时候，高杠杆引发的债权债务关系可以解释系统性金融风险空间溢出的范围为 0.517 ~ 0.975。从高金融杠杆引发的债权债务关系对系统性金融风险空间溢出影响的方向和强度来看，样本考察期内，高金融杠杆引发的债权债务关系对系统性金融风险空间溢出影响的标准化系数处于 0.7193 ~ 0.9874 的范围内，且均通过 1% 的显著性水平，这表明高金融杠杆引发的债务债权关系刺激了系统性金融风险的空间溢出。从高金融杠杆引发的债权债务关系对系统性金融风险空间溢出影响强度的变化趋势来看，样本考察期内，高金融杠杆引发的债权债务关系对系统性金融风险空间溢出影响强度呈现"上升—下降"的波动性变化，2013 年之前，经济刺激计划的实施以及我国经济增速维持在较高水平，"加杠杆"行为使得高金融杠杆引发的债权债务关系对系统性金融风险空间溢出的冲击较强，但是在 2013 年之后，面临经济结构调整，经济步入新的发展阶段，我国积极推行"供给侧结构性改革"，"三去一降一补"任务的持续推进，高杠杆引发的债权债务关系对系统性金融风险空间溢出的冲击作用有所减弱。由此可

见，金融杠杆对系统性金融风险空间溢出的冲击并非简单的线性关系，而是非线性关系。过高金融杠杆引发的复杂债权债务关系容易加快系统性金融风险的空间溢出，而适度的金融杠杆则有利于降低系统性金融风险的空间溢出。因此，实现对系统性金融风险的良好防控，需控制金融杠杆处于合理水平。

表 4-8　　　　　　　　　　　全国层面的 QAP 回归结果

年份	截距	Pi 值	未标准化系数	标准化系数	Pc 值	修正 R^2	Pr 值	观测值个数
2005	0.0599	0	0.7207	0.7193	0	0.517	0	930
2006	0.0014	0	0.9787	0.9841	0	0.968	0	930
2007	0.0014	0	0.9787	0.9841	0	0.968	0	930
2008	0.0014	0	0.9837	0.9873	0	0.975	0	930
2009	0.0014	0	0.9787	0.9841	0	0.968	0	930
2010	0.0014	0	0.9739	0.9810	0	0.962	0	930
2011	0.0014	0	0.9739	0.9810	0	0.962	0	930
2012	0.0014	0	0.9838	0.9874	0	0.975	0	930
2013	0.0028	0	0.9677	0.9747	0	0.950	0	930
2014	0.0041	0	0.9762	0.9779	0	0.956	0	930
2015	0.0041	0	0.9663	0.9715	0	0.944	0	930
2016	0.0028	0	0.9677	0.9747	0	0.950	0	930
2017	0.0014	0	0.9688	0.9777	0	0.956	0	930

2. 基于区域层面的考察

表 4-9 至表 4-12 依次汇报了东部地区、西部地区、中部地区和东北地区的 QAP 回归结果。下面具体来进行分析。第一，表 4-9 汇报了东部地区的 QAP 回归结果，从东部地区的 QAP 回归结果可以看出，样本考察期内，东部地区的修正 R^2 的取值范围为 0.840 ~ 0.949，且均通过了 1% 的显著性检验，这表明模型的拟合程度比较好，可信度比较

高。东部地区的未标准化回归系数的取值范围在0.9046～0.9844，且均在1%的显著性水平下显著，表明东部地区各省份之间高金融杠杆形成的债权债务关系对系统性金融风险的空间溢出的贡献度较大且十分显著。和全国层面的考察结果一致，东部地区高杠杆引发的债权债务关系对系统性金融风险空间溢出的影响强度呈现先上升后下降的趋势，这表明东部地区金融杠杆背后的债权债务关系对系统性金融风险的空间溢出并非简单的线性关系。由此可见，东部地区的高金融杠杆所形成的债权债务关系对系统性金融风险的空间溢出的冲击无论是在强度还是强度的变化趋势上都是比较类似的。

表4-9   东部地区的QAP回归结果

年份	未标准化系数	标准化系数	Pc值	修正 R²	Pr值	观测值个数
2005	0.9416	0.9416	0	0.887	0	90
2006	0.9046	0.9162	0	0.840	0	90
2007	0.9280	0.9162	0	0.840	0	90
2008	0.9600	0.9723	0	0.945	0	90
2009	0.9615	0.9730	0	0.947	0	90
2010	0.9642	0.9742	0	0.949	0	90
2011	0.9643	0.9742	0	0.949	0	90
2012	0.9643	0.9742	0	0.949	0	90
2013	0.9482	0.9482	0	0.899	0	90
2014	0.9630	0.9736	0	0.948	0	90
2015	0.9844	0.9736	0	0.948	0	90
2016	0.9844	0.9736	0	0.948	0	90
2017	0.9630	0.9736	0	0.948	0	90

第二，表4-10汇报了西部地区的QAP回归结果。从表4-10中可以看出，修正 R²的取值范围在0.924～1.000之间，说明模型的拟合效果较好，可信度较高。西部地区的标准化系数的取值范围为0.9612～

1.0000 之间，同样说明西部地区的债权债务关系对系统性金融风险空间溢出的冲击作用较大。与全国和东部地区的冲击效应相比，西部地区的冲击作用明显较高，这可能由于西部地区的金融市场发展不如东部地区的金融市场成熟，筹集资金的手段更多依赖以银行信贷为主的间接融资方式，因此债权债务关联对系统性金融风险的空间传染更大。

表 4 - 10　　　　　　　　　　西部地区的 QAP 回归结果

年份	未标准化系数	标准化系数	Pc 值	修正 R²	Pr 值	观测值个数
2005	1.0000	1.0000	0	1.000	0	132
2006	0.9756	0.9823	0	0.965	0	132
2007	1.0000	1.0000	0	1.000	0	132
2008	0.9636	0.9636	0	0.929	0	132
2009	0.9896	0.9812	0	0.963	0	132
2010	1.0000	1.0000	0	1.000	0	132
2011	0.9641	0.9641	0	0.930	0	132
2012	0.9891	0.9823	0	0.965	0	132
2013	0.9646	0.9646	0	0.930	0	132
2014	1.0000	1.0000	0	1.000	0	132
2015	1.0000	1.0000	0	1.000	0	132
2016	0.9730	0.9812	0	0.963	0	132
2017	0.9429	0.9612	0	0.924	0	132

第三，表 4 - 11 汇报了中部地区的 QAP 回归结果。从表 4 - 11 中可以看出，中部地区的修正 R² 除了在 2017 年为 0.857 之外，其余年份均为 1.000，这表明模型的拟合程度非常高，可信度很高。中部地区的标准化系数只有在 2017 年为 0.9258 之外，在其余年份的取值均为 1.0000，且大部分年份都通过了 5% 的显著性检验，这表明中部地区的高金融杠杆背后的债权债务关系对系统性金融风险空间溢出的影响非常大且大部分年份都非常显著。从影响的强度来看，中部地区高于东部地

区和全国地区，这可能由于中部地区的金融市场发展并不如东部地区的金融市场成熟，筹集资金的手段较多地依赖以银行信贷为主的间接融资方式，因此债权债务关联对系统性金融风险的空间传染更大。

表 4-11 中部地区的 QAP 回归结果

年份	未标准化系数	标准化系数	Pc 值	Adj R^2	Pr 值	观测值个数
2005	1.0000	1.0000	0.002	1.000	0.002	30
2006	1.0000	1.0000	0.356	1.000	0.001	30
2007	1.0000	1.0000	0.356	1.000	0.001	30
2008	1.0000	1.0000	0.002	1.000	0.002	30
2009	1.0000	1.0000	0.002	1.000	0.001	30
2010	1.0000	1.0000	0.370	1.000	0.001	30
2011	1.0000	1.0000	0.001	1.000	0.002	30
2012	1.0000	1.0000	0.000	1.000	0.002	30
2013	1.0000	1.0000	0.005	1.000	0.005	30
2014	1.0000	1.0000	0.003	1.000	0.002	30
2015	1.0000	1.0000	0.404	1.000	0.002	30
2016	1.0000	1.0000	0.006	1.000	0.002	30
2017	0.9000	0.9258	0.001	0.857	0.002	30

第四，表 4-12 汇报了东北地区 QAP 的回归结果。从表 4-12 中可以看出，东北地区高金融杠杆背后的债权债务关系对系统性金融风险空间传染的冲击作用不显著。这主要的原因可能是：一方面，东北地区的省份较少（只有三个省份），省份之间在资源优势、区位环境等方面比较相似，因此省份之间的互动较少，且东北三省和东部地区省份之间地理位置较为接近，东北三省可以较为容易地与资金、技术等方面都比较发达的东部地区发生区域之间的经济互动；另一方面，相比于东北三省在债券债务关联对系统性金融风险空间传染的影响，东北三省大量落后产能和体制机制僵化所带来的风险对系统性金融风险的冲击要更大。

表 4 – 12　　　　　　　　　东北部地区的 QAP 回归结果

年份	未标准化系数	标准化系数	Pc 值	Adj R^2	Pr 值	观测值个数
2005	1.0000	1.0000	0.679	1.0000	0.157	6
2006	1.0000	1.0000	0.666	1.0000	0.164	6
2007	1.0000	1.0000	0.659	1.0000	0.176	6
2008	1.0000	1.0000	0.357	1.0000	0.327	6
2009	1.0000	1.0000	0.334	1.0000	0.312	6
2010	1.0000	1.0000	0.347	1.0000	0.332	6
2011	1.0000	1.0000	0.342	1.0000	0.334	6
2012	1.0000	1.0000	0.320	1.0000	0.351	6
2013	1.0000	1.0000	0.369	1.0000	0.357	6
2014	1.0000	1.0000	0.412	1.0000	0.417	6
2015	1.0000	1.0000	0.435	1.0000	0.433	6
2016	1.0000	1.0000	0.660	1.0000	0.158	6
2017	1.0000	1.0000	0.659	1.0000	0.161	6

4.4　实证结果分析

综上，从全国层面的 QAP 回归结果来看，高金融杠杆引发的债务债权关系刺激了系统性金融风险的空间溢出，但两者之间的刺激作用并非简单的线性相关，而是呈现一种非线性相关关系，因此金融杠杆应该处于一种合适的水平才能体现其正向效应。从区域层面的 QAP 回归结果来看，总体上得到的结论与全国层面的实证结论一致，即高金融杠杆引发的债务债权关系刺激了系统性金融风险的空间溢出，但是从影响的强度来看，西部地区和中部地区明显高于东部地区和全国地区，这可能主要源于较之西部地区和中部地区，东部地区的金融市场发展较为成熟，以银行信贷为主的间接融资方式在所有融资方式中的地位被弱化，因此东部地区的债权债务关系对系统性金融风险空间传染的影响要比西部地区和中部地区弱；东北地区的债权债务关系对东北地区系统性金融风险空间传染不明显，这可能由于东北地区省份较少，省份之间的相似性较高，互动较少，而东北地区和东部地区地理位置上较为接近，因此与东部地区的互动更为频繁，且相较债权债务关系对系统性金融风险的冲击，东北地区大量落后产能和体制机制僵化所隐藏的风险对系统性金融风险的冲击更大。

4.5 本章小结

本章主要做了三个方面的工作：首先，在对金融杠杆进行内涵界定的基础上，从结构和地区视角对我国金融杠杆的基本特征展开分析；其次，对金融杠杆的空间关联关系进行识别并描述；再次，就金融杠杆对系统性金融风险空间溢出的作用关系进行 QAP 相关性分析；最后，对金融杠杆对系统性金融风险空间溢出的作用关系进行 QAP 回归分析。所得结论为：样本考察期内，企业部门和金融部门金融杠杆上升速度较快，政府部门和家户部门次之。我国各省份金融杠杆差异明显，其空间关联明显，存在"小世界现象"和"无标度特征"，并且空间关联关系日益增强。金融杠杆与系统性金融风险各自关联网络之间具有较强的相关性，金融杠杆对系统性金融风险空间溢出确实存在非线性关系。本章的研究为后文实证检验金融杠杆对系统性金融风险空间溢出的作用机制做了铺垫。

第 5 章

我国金融杠杆对系统性金融风险空间溢出的作用机制检验

本章在对金融杠杆对系统性金融风险空间溢出的作用关系进行实证检验的基础上，通过指标体系的选择与构建，利用空间计量模型进一步实证检验我国金融杠杆对系统性金融风险空间溢出的作用机制。本章包含四个部分：第一部分是指标的选择、数据来源及描述性统计分析；第二部分为空间计量模型的设定；第三部分为金融杠杆对系统性金融风险空间溢出作用机制的实证检验；第四部分是本章小结。

5.1 指标选择、数据来源与描述性统计分析

5.1.1 指标选择与数据来源

根据本书第 2 章的理论分析，鉴于数据的可得性，本部分构建如下的指标体系来验证我国金融杠杆对系统性金融风险空间溢出的作用机制。需要说明的是，本部分的被解释变量为前文中依据熵权法测算出的金融压力指数，具体衡量系统性金融风险大小，用符号（risk_s）表示。本部分核心的解释变量如下所示。

首先，金融杠杆（Lev）的测算方法如公式（5-1）所示：

$$金融杠杆 = \frac{部门信贷之和}{地区\ GDP} \qquad (5-1)$$

在这里，为了检验金融杠杆对系统性金融风险空间溢出的非线性影响，本部分进一步引入金融杠杆的二次方项（Lev2）。若金融杠杆的二次方项（Lev2）前的系数显著，则表明金融杠杆对系统性金融风险空间溢出的非线性关系存在，反之则不存在。

其次，为了验证金融杠杆对系统性金融风险空间溢出的作用机制，根据理论分析，本部分从三个方面选择与金融杠杆交乘的指标，分别来验证理论分析中的三条渠道。

第一，资金配置效率的衡量。结合学者的研究，本部分采用投资弹性系数指标来衡量资本的配置效率，用 ef 表示[223]。在上述学者对该指标的核算方法的指导下，鉴于数据可得性，利用我国 30 个省份（西藏除外）工业行业的工业增加值与固定投净值之比作为投资弹性系数的测算方式，以此来衡量经济资金配置效率。当投资弹性系数越高时，代表金融杠杆中资金配置效率越高；反之，当投资系数较低时，则代表金融杠杆中资金配置效率较低。$U_{ic,t}$ 为随机扰动项系数，表示特殊误差项。金融杠杆与地区投资弹性系数的交乘项用符号 Lev * ef 表示。

第二，金融与实体经济适配度的衡量。借鉴李鹏飞等、夏越的研究，本部分金融与实体经济适配度的衡量指标为：金融体系增长率与实体经济增长率之差，用 Spd 表示，用以衡量金融体系与实体经济适配性程度，其中，金融体系增长率用社会融资规模增长率表示，实体经济增长率则用 GDP 增长率来表示。该指标值越大，表明社会融资规模的增长快于实体经济的增长，金融与实体经济的适配度降低，金融"脱实向虚"程度越大，反之则相反[223]。金融杠杆和金融与实体经济适配度两者的交乘项用符号 Lev * Spd 表示。

第三，经济周期特征的衡量。本部分借用杨开忠等、王俏茹等的研究，用 GDP 增长率来表征经济周期特征，用符号 rGDP 表示。由于本书更关注经济周期的波动性变化，因此对 GDP 增长率的原始数据进行

H – P 滤波处理（λ = 100）[①]，进而获取经济周期波动成分[225 – 226]。该指标数值越大，表示经济周期波动越剧烈，反之则表示经济运行越平稳。金融杠杆的亲周期特征，将会影响金融杠杆对系统性金融风险空间溢出的大小。因此用金融杠杆与经济周期的交乘项来反映金融杠杆的周期性特征，用符号 Lev * rGDP 表示。

第四，其他控制变量。为了增强模型的可靠性以及准确性，本部分还引入了其他控制变量。本部分主要对以下三个方面的影响因素加以控制：一是宏观经济层面的因素，主要包含通货膨胀率（CPI）、经济政策不确定性（EPU）和投资的市场化程度（Sch），其中通货膨胀率 CPI 衡量物价的变动程度，EPU 数据借鉴了贝克等（Baker at al.）的研究，用来衡量经济政策不确定性[227]，Sch 参考王擎等的研究，构建为 Sch = （利用外资总额 + 自筹投资额 + 其他投资额）/全社会固定资产投资总额[228]；二是金融层面的因素，主要包含存款增长率（Deposit），借鉴王擎等（2019）的研究，采用此指标来衡量银行业规模；三是社会人文层面，包括城镇化率（Ubrn）[228]。

为了更加清晰明确地展示上述解释变量和被解释变量，本书将指标做成如下表格，具体如表 5 – 1 所示。此外，为了使所获得的指标免受数据量纲的影响，本部分对上述数据均进行了标准化处理。

表 5 – 1　　　　　　　　　　　变量设计及含义

类型	名称	含义
被解释变量	系统性金融风险（Risk）	用金融压力指数衡量
解释变量	金融杠杆（Lev）	部门债务之和/地区 GDP 衡量
	金融杠杆的二次方项（Lev2）	衡量金融杠杆对系统性金融风险空间溢出的非线性影响

① 关于 λ 的取值存在争议：巴克斯和凯霍（Backus and Kehoe, 1992）指出，在处理年度数据时 λ 的取值为 100；而有学者（Ravn and Uhlig, 2002）经过试验发现 λ = 6.25 更可靠。为了结果稳健，本书对 λ = 100 和 λ = 6.25 均进行了检验，发现结果相差不多，因此本书采用了 λ = 100 的实证结果。

类型	名称	含义
解释变量	地区投资弹性系数（ef）	衡量资金配置效率
	金融与实体经济的适配度（Spd）	衡量金融"脱实向虚"程度，用金融体系增长率与实体经济增长率之差表示
	经济周期波动 H－P 滤波（rGDP）	表征经济的周期性波动特征
控制变量	通货膨胀率（CPI）	衡量物价的变动程度
	经济政策不确定性（EPU）	衡量经济政策的不确定性
	投资的市场化程度（Sch）	反映投资的制度化环境
	存款增长率（Deposit）	衡量银行业稳健运行程度
	城镇化率（Ubrn）	用城镇人口占总人口比重衡量

5.1.2　变量的描述性统计分析

为了更加清晰直观地展示数据的统计特征，本部分从全国及四大区域层面对解释变量和被解释变量进行了描述性统计分析，具体如表 5－2～表 5－6 所示。

1. 基于全国层面的描述性统计分析

表 5－2 汇报了全国层面指标的描述性统计分析。从表 5－2 中可以看出，变量的总个数为 240。从核心变量的描述性统计分析来看，系统性金融风险（Risk）的水平处于 0.017～0.112 之间，其均值为 0.030，标准差为 0.012，表明系统性金融风险整体水平处于可控范围内，且波动幅度较大。金融杠杆（Lev）的大小处于 0.800～6.73 之间，其均值为 1.803，标准差为 0.938，可见各省份的金融杠杆水平差异较大，且金融杠杆随时间趋势变化的幅度较大。地区投资弹性系数（ef）的取值在 0.077～1.135 之间，其均值为 0.519，标准差为 0.227，这表明大部分省份的资金配置效率不高，且地区间资金使用效率差异较大。金融和

实体经济适配度（Spd）的取值在 - 0.780 ~ 0.424 之间，均值为 0.028，标准差为 0.073，这表明金融体系规模的不断庞大，导致金融体系规模增长速度越来越快于实体经济的增长速度，从而金融和实体经济适配度越来越低，金融"脱实向虚"的程度越来越严重。

表 5 - 2 全国层面变量的描述性统计分析

变量	个数	均值	标准差	最小值	最大值
Risk	240	0.030	0.012	0.017	0.112
Lev	240	1.803	0.938	0.800	6.730
ef	240	0.519	0.227	0.077	1.135
Spd	240	0.028	0.073	- 0.780	0.424
CPI	240	102.7	1.334	100.6	106.3
Urb	240	0.560	0.127	0.338	0.896
rGDP	240	0.103	0.080	- 0.289	0.939
Deposit	240	0.123	0.041	0.025	0.288
Sch	240	0.804	0.079	0.545	0.943
EPU	240	207.7	100.3	98.89	364.8

从其余控制变量的描述性统计分析来看，通货膨胀率（CPI）的取值在 100.6 ~ 106.3 之间，均值为 102.7，标准差为 1.334，表明物价波动较为温和。城镇化率（Urb）的取值在 0.338 ~ 0.896 之间，均值为 0.560，标准差为 0.127，表明我国城镇化率不断提高，且不同区域的城镇化率还存在明显差异。我国 GDP 增长率的平均水平为 0.103，取值为 - 0.289 ~ 0.939，均值为 0.103，标准差为 0.080，表明虽然近年来我国经济增长出现小幅度下滑，但平均增长幅度还维持在一定水平，且各地区的经济增长率存在差异。存款增长率（Deposit）均值维持在 0.123，标准差为 0.041，最大值为 0.288，最小值为 0.025，表明存款增幅较大，各地区银行业的存款规模存在差异。投资的市场化程度（Sch）取值处于 0.545 ~ 0.943 之间，均值为 0.804，标准差为 0.0791，

表明各省份投资的市场化程度较高，波动幅度较小。经济政策不确定性（EPU）的取值在 98.89 ~ 364.8 之间，均值为 207.7，标准差为 100.3，这表明我国的经济政策的不确定性较高，且政策不确定性的波动幅度较大。

2. 基于四大区域层面的描述性统计分析

第一，表 5 - 3 汇报了东部地区变量的描述性统计分析。从表 5 - 3 中可知，从核心变量的描述性统计分析来看，东部地区各省份的系统性金融风险（Risk）的均值为 0.024，标准差为 0.004，最小值为 0.017，最大值为 0.034，这表明东部地区平均的系统性金融风险水平低于全国均值，且波动幅度低于全国水平。东部地区金融杠杆（Lev）的均值为 2.227，标准差为 1.365，最大值为 6.730，最小值为 0.940，这表明东部地区金融杠杆的均值要高于全国层面的金融杠杆，且东部地区金融杠杆的波动幅度要大于全国层面金融杠杆的波动幅度。地区投资弹性系数（ef）的均值为 0.599，标准差为 0.200，最大值为 1.135，最小值为 0.165，可以看出东部地区地区投资弹性系数的均值水平高于全国水平，但是波动幅度要低于全国水平。金融和实体经济适配度（Spd）的均值为 0.032，标准差为 0.034，最大值为 0.122，最小值为 - 0.040，这表明东部地区金融与实体经济的适配程度要优于全国水平。从其余变量的均值、标准差来看，其中与全国水平相当的指标有通货膨胀率（CPI）、投资的市场化程度（Sch）以及经济政策的不确定性（EPU），略高于全国水平的指标有城镇化率（Urb）、存款增长率（Deposit），略低于全国水平的指标有 GDP 增长率（rGDP）。

表 5 - 3　　　　　　　　　东部地区变量的描述性统计分析

变量	个数	均值	方差	最小值	最大值
Risk	80	0.024	0.004	0.017	0.034
Lev	80	2.227	1.365	0.940	6.730
ef	80	0.599	0.200	0.165	1.135

变量	个数	均值	方差	最小值	最大值
Spd	80	0.032	0.034	− 0.040	0.122
CPI	80	102.7	1.232	100.9	106.1
Urb	80	0.673	0.135	0.445	0.896
rGDP	80	0.099	0.039	0.013	0.199
Deposit	80	0.116	0.043	0.058	0.288
Sch	80	0.803	0.072	0.628	0.916
EPU	80	207.7	100.8	98.89	364.8

第二，表 5 - 4 汇报了中部地区变量的描述性统计分析。从表 5 - 4 中可以看出，从核心变量的描述性统计分析来看，系统性金融风险（Risk）的均值为 0.029，要比全国系统性金融风险低，但是标准差为 0.018，却高于全国水平，这表明中部地区系统性金融风险要低于全国平均水平，但系统性金融风险的波动幅度较大。金融杠杆（Lev）的均值为 1.330，低于全国均值水平 1.803，标准差为 0.352，低于全国的标准差 0.938，这表明中部地区金融杠杆无论是平均大小还是波动幅度均低于全国水平。地区弹性投资系数（ef）的均值为 0.651，高于全国均值水平 0.519，标准差为 0.225，低于全国标准差 0.227，这意味着中部地区的投资效率优于全国平均水平。金融和实体经济的适配度（Spd）的均值为 0.025，低于全国均值水平 0.0276，标准差为 0.046，低于全国标准差 0.0734，表明中部地区的金融体系规模增长慢于全国水平，但地区间的差异及波动要高于全国水平。其他控制变量从均值的大小来看，高于全国均值水平的指标有 GDP 增长率（rGDP）、存款增长率（Deposit）、投资的市场化程度（Sch），低于全国均值水平的指标有城镇化率（Urb），和全国均值水平相当的是通货膨胀率（CPI）和经济政策不确定性（EPU）；从波动幅度的变化程度来看，通过膨胀率（CPI）、城镇化率（Urb）、GDP 增长率（rGDP）、存款增长率（Deposit）和投资的市场化程度（Sch）均低于全国水平。

表5-4 中部地区变量的描述性统计分析

变量	个数	均值	标准差	最小值	最大值
Risk	48	0.029	0.018	0.017	0.112
Lev	48	1.330	0.352	0.800	2.200
ef	48	0.651	0.225	0.184	1.130
Spd	48	0.025	0.046	-0.082	0.135
CPI	48	102.5	1.306	100.6	105.8
Urb	48	0.499	0.048	0.385	0.593
rGDP	48	0.106	0.052	0.0004	0.200
Deposit	48	0.131	0.035	0.025	0.215
Sch	48	0.858	0.028	0.776	0.919
EPU	48	207.7	101.2	98.89	364.8

第三，表5-5汇报了西部地区变量的描述性统计分析。从表5-5中可以看出，从核心变量的描述性统计分析来看，西部地区系统性金融风险（Risk）的均值为0.035，高于全国均值水平0.0301，标准差为0.0103，低于全国的标准差0.0122，这表明西部地区各省份的系统性金融风险均值水平高于全国平均水平，而波动性较全国较低。金融杠杆（Lev）均值为1.801，和全国均值水平1.803相当，标准差为0.52，低于全国标准差，表明西部地区系统性金融风险和全国均值水平相当，波动性也低于全国水平。西部地区地区弹性投资系数（ef）的均值为0.395，低于全国均值水平0.519，标准差为0.201，低于全国的0.227，这表明西部地区企业的投资效率低于全国水平，西部地区各省份投资效率的波动性小于全国水平。金融和实体经济的适配度（Spd）的均值为0.0149，低于全国均值水平0.0276，标准差为0.0996，高于全国标准差0.0734，说明西部地区金融体系规模的平均增长速度低于全国，但

波动性较全国更剧烈。其余指标从均值的大小来看，低于全国均值的指标有城镇化率（Urb）、投资的市场化程度（Sch），高于全国均值的指标有 GDP 增长率（rGDP）、存款增长率（Deposit），全国均值水平相当的指标有通货膨胀率（CPI）和经济政策不确定性（EPU）；从波动程度来看，低于全国的指标有城镇化率（Urb）、投资的市场化程度（Sch），高于全国的指标有通货膨胀率（CPI）、GDP 增长率（rGDP），和全国水平相当的指标有存款增长率（Deposit）和经济政策不确定性（EPU）。

表 5 - 5 西部地区变量的描述性统计分析

变量	个数	均值	标准差	最小值	最大值
Risk	88	0.035	0.010	0.020	0.064
Lev	88	1.801	0.520	0.810	3.360
ef	88	0.395	0.201	0.077	0.946
Spd	88	0.015	0.100	- 0.780	0.204
CPI	88	102.7	1.447	100.6	106.3
Urb	88	0.481	0.073	0.338	0.641
rGDP	88	0.116	0.107	- 0.126	0.939
Deposit	88	0.131	0.041	0.060	0.230
Sch	88	0.754	0.075	0.545	0.880
EPU	88	207.7	100.7	98.89	364.8

第四，表 5 - 6 汇报了东北地区变量的描述性统计分析。从表 5 - 6 中可以看出，从核心变量的描述性统计分析来看，东北地区系统性金融风险（Risk）的均值为 0.036，高于全国均值水平 0.0301，标准差为 0.011，低于全国水平，这表明东北地区系统性金融风险（Risk）平均水平高于全国水平，但波动幅度低于全国水平。金融杠杆（Lev）的均值为 1.343，低于全国均值 1.803，标准差为 0.391，低于全国的 0.938，

这表明平均来看，东北地区的金融杠杆水平和其波动幅度均低于全国水平。东北地区地区弹性投资系数（ef）的均值为0.480，低于全国水平，标准差为0.147，低于全国标准差，表明平均来看，东北地区的投资效率低于全国水平，但波动性较小。金融和实体经济的适配度（Spd）的均值为0.0645，高于全国水平，标准差为0.0905，高于全国标准差，表明东北地区金融体系的扩张速度较低，且波动性较大。其余指标从均值水平来看，高于全国均值的有城镇化率（Urb）、投资的市场化程度（Sch），低于全国均值的有GDP增长率（rGDP）、存款增长率（Deposit），和全国均值相当的指标有通货膨胀率（CPI）和经济政策不确定性（EPU）；从波动幅度来看，高于全国水平的有GDP增长率（rGDP），低于全国水平的有城镇化率（Urb）、存款增长率（Deposit）、投资的市场化程度（Sch），和全国水平相当的指标有通货膨胀率（CPI）和经济政策不确定性（EPU）。

表5-6　　　　　　　　东北地区变量的描述性统计分析

变量	个数	均值	标准差	最小值	最大值
Risk	24	0.036	0.011	0.025	0.069
Lev	24	1.343	0.391	0.860	2.320
ef	24	0.480	0.147	0.216	0.716
Spd	24	0.065	0.091	-0.025	0.424
CPI	24	102.6	1.346	101.1	105.8
Urb	24	0.594	0.051	0.533	0.675
rGDP	24	0.067	0.097	-0.289	0.180
Deposit	24	0.104	0.033	0.041	0.168
Sch	24	0.884	0.048	0.804	0.943
EPU	24	207.7	102.3	98.89	364.8

综上，从四大区域的比较来看，首先，从均值水平来看，系统性金

融风险（Risk）高于全国平均水平的是东北地区和西部地区，低于全国平均水平的是东部地区和中部地区。金融杠杆（Lev）高于全国平均水平的是东部地区，与全国水平相当的是西部地区，低于全国平均水平的是中部地区和东北地区。地区投资弹性系数（ef）高于全国均值的是中部地区和东北地区，低于全国均值的是东部地区和西部地区。金融和实体经济的适配度（Spd）优于全国均值的是中部地区和西部地区，次于全国均值的是东部地区和东北地区。城镇化率（Urb）高于全国均值的是东部地区和东北地区，低于全国均值的是中部地区和西部地区。GDP增长率（rGDP）、存款增长率（Deposit）低于全国均值的是东部地区和东北地区，高于全国均值的是中部地区和西部地区。投资的市场化程度（Sch）高于全国均值的是中部地区和东北地区，低于全国均值的是东部地区和东北地区。从波动性来看，东部地区和东北地区各指标的波动性较小，中部地区和西部地区的波动性较大。

5.2　空间相关性分析

在验证金融杠杆对系统性金融风险空间溢出影响之前必须对系统性金融风险进行空间自相关检验，包含全局空间自相关检验和局部空间自相关检验。本书基于最常用的"莫兰指数 I"（Moran's I）进行系统性金融风险的全局空间自相关检验，基于 LISA 散点图进行系统性金融风险的局部空间自相关检验。表 5-7 汇报了邻接权重矩阵、地理距离权重矩阵和经济距离权重①矩阵下我国系统性金融风险的 Moron's I 指数。在计算出莫兰指数之后，为了更直观地展示我国各省份系统性金融风险的

---

①　根据沃尔多·托勃勒（Waldo Tobler）"任何事物都相关，相近事物关联更密切"的观点，设置邻接权重矩阵（w1）反映地理分布远近产生的溢出效应，该矩阵在区域 i 和区域 j 相邻时设置为 1，否则为 0；地理权重矩阵（w2）采用地理距离平方的倒数构建，地理距离用省会城市间的球面距离衡量；本书参照林光平（2006）的方法设置经济距离权重矩阵（w3），w3 = w2 * m，w2 为地理距离权重矩阵，m 为经济距离矩阵，用省际人均 GDP 之差的倒数来衡量。

空间相关关系，本部分接着对各省份系统性金融风险进行了 LISA 散点图分析，旨在对系统性金融风险的局部自相关进行检验。

表 5 – 7 　　　　　　　我国系统性金融风险的 Moron's I 指数

年份	邻接权重矩阵		地理权重矩阵		经济距离权重矩阵	
	I	P	I	P	I	P
2010	0. 089	0. 0321	0. 0671	0. 0028	0. 120	0. 0265
2011	0. 046	0. 0324	0. 0017	0. 0433	0. 0055	0. 0540
2012	0. 231	0. 0113	0. 0131	0. 0290	0. 315	0. 0630
2013	0. 278	0. 0030	0. 0146	0. 0113	0. 380	0. 0106
2014	0. 020	0. 0697	0. 0180	0. 0324	− 0. 020	− 0. 3542
2015	0. 013	0. 0470	0. 0105	0. 2920	− 0. 146	− 0. 1740
2016	0. 104	0. 0180	0. 0367	0. 4791	0. 125	0. 0287
2017	0. 126	0. 0064	0. 0853	0. 0465	0. 254	0. 0032

注：数据由作者整理。

5.2.1　全局空间自相关检验：莫兰指数（Moron's I 指数）

第一，Moran's I[①] 指数构建。该指数可以从理论上帮助我们了解系统性金融风险的空间自相关性及其程度[229]。空间统计学中 Moran's I 指数的定义如公式（5 – 2）：

$$\text{Moran's I} = \frac{n \sum\limits_{i=1}^{n} \sum\limits_{j=1}^{n} w_{ij}(x_i - \bar{x})(x_j - \bar{x})}{\sum\limits_{i=1}^{n} \sum\limits_{j=1}^{n} w_{ij} \sum\limits_{i=1}^{n} (x_i - \bar{x})^2} = \frac{\sum\limits_{i=1}^{n} \sum\limits_{j=1}^{n} w_{ij}(x_i - \bar{x})(x_i - \bar{x})}{S^2 \sum\limits_{i=1}^{n} \sum\limits_{j=1}^{n} w_{ij}}$$

$$(5 - 2)$$

---

①　Moran's I 指数的取值范围在 – 1 至 1 之间，如果取值为正，代表所研究变量呈空间正相关；如果取值为负，代表空间负相关；如果取值为 0，则表示空间分布独立。Moran's I 指数绝对值衡量空间相关性的大小，绝对值越大代表空间相关性越大，反之则越小。

其中，$S^2 = \frac{1}{n} \sum\limits_{i=1}^{n} (x_i - \bar{x})^2$，$\bar{x} = \frac{1}{n} \sum\limits_{i=1}^{n} x_i$，$n$ 为空间单元个数，w_{ij} 为需要设置的空间权重矩阵的各元素，x_i 代表空间单元 i 的观测值（取自然对数）。

安瑟林（Anselin）指出全局 Moran's I 指数呈正态分布[230]，均值为 $E(I) = \frac{1}{n-1}$，方差如公式（5-3）：

$$var(I) = \frac{N^2 \sum_{ij} w_{ij}^2 + 3 \left(\sum_{ij} w_{ij} \right)^2 - N \sum_{i} \left(\sum_{j} w_{ij} \right)^2}{(N^2 - 1) \left(\sum_{ij} w_{ij} \right)^2} \quad (5-3)$$

标准化的全局 Moran's I 指数统计量服从标准正态分布，即满足公式（5-4）：

$$Z(I) = \frac{I - E(I)}{\sqrt{var(I)}} \sim N(0, 1) \quad (5-4)$$

第二，实证结果分析。由表 5-7 可知：其一，在三种空间权重矩阵下，Moron's I 指数在大部分年份显著为正，这表明我国系统性金融风险的空间依赖性显著，且我国系统性金融风险的区域间分布态势呈现"高—高"模式，系统性金融风险空间的依赖及外溢效应较强。其二，从 Moron's I 指数的演变趋势上看，大部分年份 Moron's I 指数呈现显著的正相关，我国经济地区间的互动较为显著，预示系统性金融风险关联性凸显。其三，绝大多数年份中，经济距离矩阵权重下的 Moron's I 较大，其次是邻接权重距离，最后是地理权重距离，表明随着经济的发展，经济发展水平相似且位置靠近的省份系统性金融风险相关性比较大，系统性金融风险外溢效应比较明显。

5.2.2　局部空间自相关检验：LISA 散点图分析

Moran's I 指数表明了我国系统性金融风险的全局空间相关性，但为了展示不同省份系统性金融风险聚类的状况，可以采用安瑟琳（Anselin）提出的局域 Moran 指数，也称空间关联局部指标（Local Indicator of Spatial Association，LISA），其具体测算公式如（5 – 5）所示[231]。LISA 散点图是以（z，W_z）为坐标点（其中 $z_i = x_i - \bar{x}$ 为空间滞后因子，W 为空间权重矩阵），是对空间滞后因子（z，W_z）的二维可视化图示。

$$LISA = \frac{(x_i - \bar{x})}{S^2 \sum_{j \neq 1}^{n} w_{ij}(x_j - \bar{x})} \qquad (5 - 5)$$

根据上述公式，我们给出了 2010 ~ 2017 年三种空间权重矩阵下的 LISA 散点图，具体如图 5 – 1 ~ 图 5 – 3 所示。基于 LISA 散点图可知，可以将各省份系统性金融风险分为 4 种空间相关模式：若在第一象限或第三象限，表明高风险的省份被其他高风险的省份所包围（HH）或低风险的省份被其他低风险的省份所包围（LL），代表正向的空间自相关的集聚；若在第二象限或第四象限，表明低风险的省份被其他高风险的省份所包围（LH）或高风险的省份被其他低风险的省份所包围（HL），代表负向的空间自相关的集聚。

首先，邻接空间权重矩阵下的散点图。图 5 – 1 汇报了邻接距离权重下我国系统性金融风险集聚的 LISA 散点图，从左到右依次是 2010 ~ 2017 年邻接矩阵下的各省份系统性金融风险聚集的散点图。由图 5 – 1 可绘制出表 5 – 8，表示了邻接权重矩阵下的各省份系统性金融风险集聚的空间相关模式。从表 5 – 8 中可以看出在邻接空间权重矩阵条件下 2010 年的散点图中，较少省份位于第二、第四象限（只有 8 个，其中处在第二象限的有 5 个省份，处在第四象限有 3 个省份），位于第一、第三象限的省份较多，其中有 9 个省份处于第一象限，这些省域金融风险呈现了 HH 集聚模式；有 13 个省份处于第三象限，这些省份金融风险的传染呈现了 LL 集聚模式。2011 年的散点图中，有 7 个省份处于第一象限，其系统性金融风险属于 HH 集聚模式，而 14 个省份位于第三象限，属于 LL 聚集模式。2012 年的散点图中，8 个省份的系统性金融风险属于 HH 集聚模式，14 个省份的系统性金融风险属于 LL 集聚模式。而在接下来的 2013 年、2014 年、2015 年和 2016 年，系统性金融风险处于 HH 集聚模式的省份分别有 9 个、10 个、7 个和 8 个，处于 LL 集聚模式的省份分别有 16 个、13 个、14 个和 15 个。2017 年的散点图中，有 7 个省份处于第二、第四象限，大部分省份处于第一、第三象限，位于第一象限的 9 个省份的金融风险是 HH 集聚模式；处于三象限的 14 个省份的金融风险是 LL 集聚模式。从两种主流模式省份的所属区域来看，系统性金融风险属于 HH 集聚模式的省份大部分位于西部地区和东北地区，而系统性金融风险属于 LL 集聚模式的省份则大部分位于东部地区，少部分位于中部地区。从邻接距离权重矩阵下的散点图的时间变化视角可以看出，我国系统性金融风险存在空间自相关性，且空间相关性有增加趋势，表明我国系统性金融风险的空间辐射作用呈现上升趋势，且存在空间异质性。

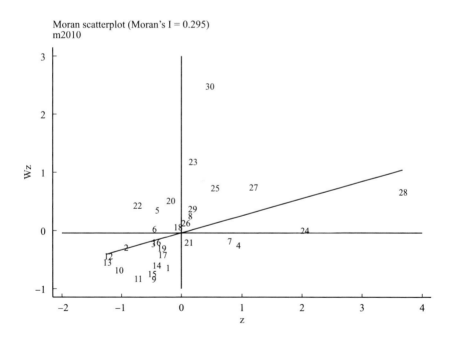

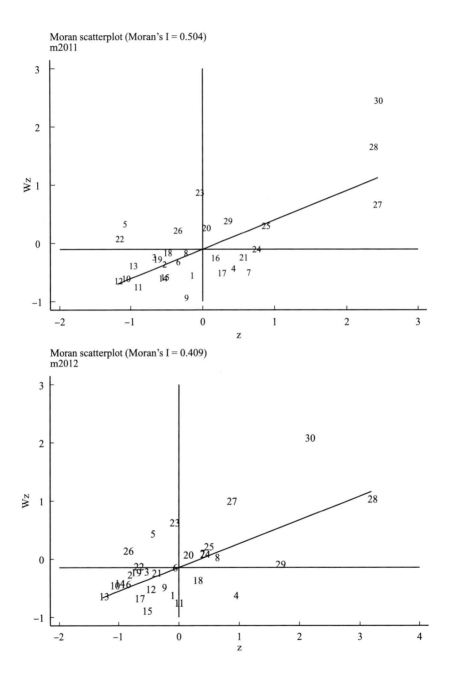

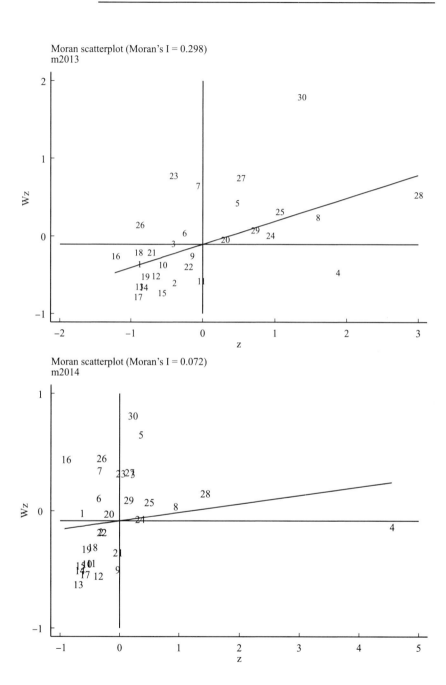

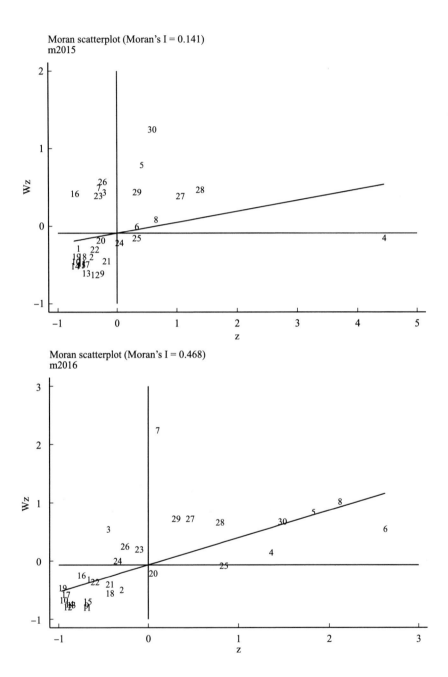

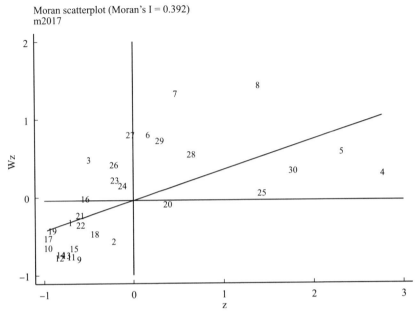

图 5 – 1　邻接距离权重下我国系统性金融风险的 Moran's I 散点图

表 5 – 8　　邻接权重矩阵下的各省份系统性金融风险的空间相关模式

年份	主要模式	
	HH	LL
2010	黑龙江、四川、贵州、云南、陕西、甘肃、青海、宁夏、新疆	北京、天津、河北、上海、江苏、浙江、安徽、福建、江西、山东、河南、湖北、广东
2011	广西、贵州、云南、甘肃、青海、宁夏、新疆	北京、天津、河北、辽宁、黑龙江、上海、江苏、浙江、安徽、福建、江西、山东、湖南、广东
2012	吉林、黑龙江、广西、贵州、云南、甘肃、青海、新疆	北京、天津、河北、辽宁、上海、江苏、浙江、安徽、福建、江西、山东、河南、湖北、广东

年份	主要模式	
	HH	LL
2013	内蒙古、黑龙江、广西、贵州、云南、甘肃、青海、宁夏、新疆	北京、天津、河北、上海、江苏、浙江、安徽、福建、江西、山东、河南、湖北、湖南、广东、海南、重庆
2014	河北、内蒙古、黑龙江、四川、贵州、云南、甘肃、青海、宁夏、新疆	天津、上海、江苏、浙江、安徽、福建、江西、山东、湖北、湖南、广东、海南、重庆
2015	内蒙古、辽宁、黑龙江、甘肃、青海、宁夏、新疆	北京、天津、吉林、上海、江苏、浙江、安徽、福建、江西、山东、湖南、广东、广西、海南
2016	山西、内蒙古、辽宁、黑龙江、云南、甘肃、青海、宁夏	北京、天津、上海、江苏、浙江、安徽、福建、江西、山东、河南、湖北、湖南、广东、海南、重庆
2017	山西、内蒙古、辽宁、吉林、黑龙江、云南、青海、宁夏、新疆	北京、天津、上海、江苏、浙江、安徽、福建、江西、山东、湖北、湖南、广东、海南、重庆

其次，地理距离空间权重下的散点图。图 5-2 报告了地理距离权重下我国系统性金融风险的 Moran's I 散点图，从上到下依次是 2010～2017 年地理距离矩阵下的散点图。从图 5-2 中可以得出表 5-9，表示地理距离权重矩阵下的各省份系统性金融风险的空间相关模式。在地理距离空间权重矩阵条件下，2010 年的散点图中，较少省份位于第二、第四象限（只有 9 个，其中 6 个位于第二象限，3 个位于第四象限），位于第一和第三象限的省份较多，其中位于第一象限的有 8 个省份，金融风险呈现了 HH 集聚模式；位于第三象限有 13 个省份，金融风险呈现了 LL 集聚模式。2011 年的散点图中，位于第二和第四象限的省份有 14 个，多数省份位于第一和第三象限，其中有 6 个省份处于第一象限，金融风险呈现 HH 集聚模式；有 10 个省份位于第三象限，金融风险呈现 LL 集聚模式。2012 年、2013 年、2014 年、2015 年和 2016 年的散点

图中，少部分省份处于第二、四象限，大部分省份位于第一、三象限，其中，分别有 7 个、8 个、7 个、5 个和 8 个省份位于第一象限，这些省份的系统性金融风险属于 HH 空间集聚模式，分别有 13 个、13 个、14 个、15 个和 13 个省份处于第三象限，这些省份的系统性金融风险属于 LL 集聚模式。2017 年的散点图中，有 12 个省份处于第二、四象限，大部分省份处于第一、三象限，其中，位于第一象限的省份有 7 个，其系统性金融风险属于 HH 集聚模式，处于三象限的省份有 11 个，其系统性金融风险属于 LL 集聚模式。从两种主流模式省份的所属区域来看，整体来看，系统性金融风险属于 HH 集聚模式的省份大部分位于西部地区和东北地区，而系统性金融风险属于 LL 集聚模式的省份则大部分位于东部地区，少部分位于中部地区。从邻接距离权重矩阵下的 Moran's I 散点图的时间变化视角可以看出，我国系统性金融风险具有空间相关性，且其对其余地区的风险传染具有空间异质性。

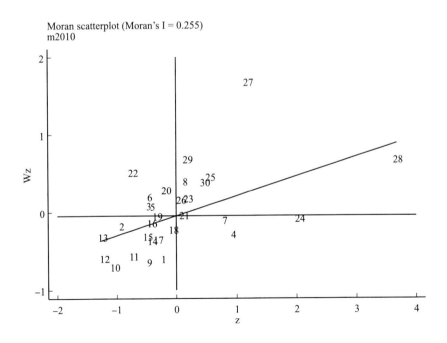

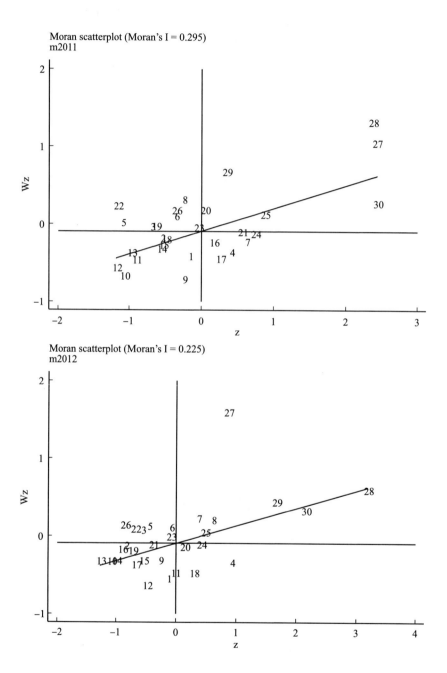

Moran scatterplot (Moran's I = 0.295)
m2011

Moran scatterplot (Moran's I = 0.225)
m2012

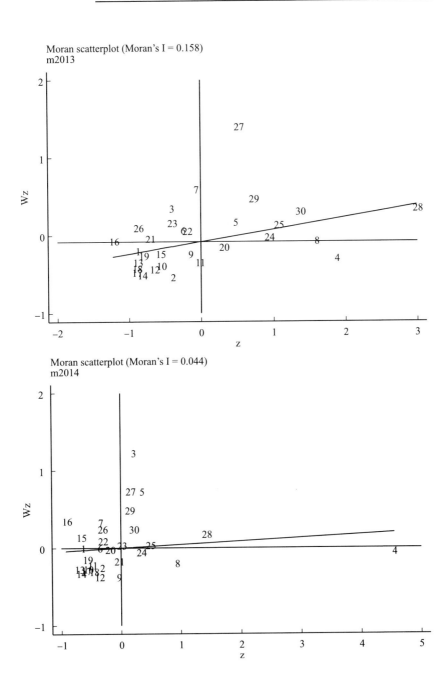

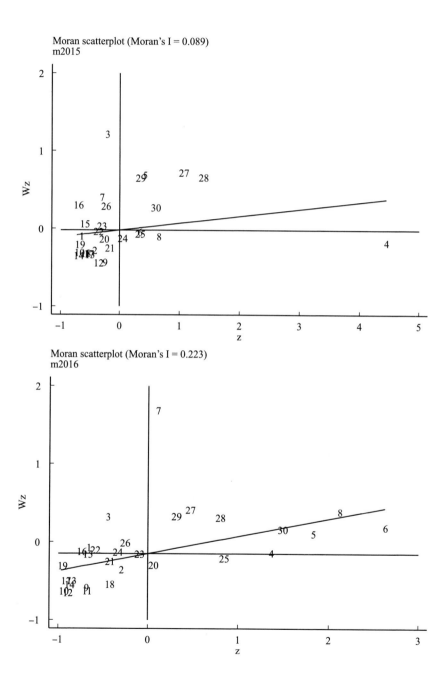

Moran scatterplot (Moran's I = 0.089)
m2015

Moran scatterplot (Moran's I = 0.223)
m2016

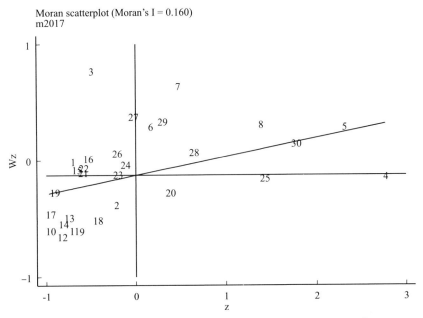

图 5 - 2 地理距离权重下我国系统性金融风险的 Moran's I 散点图

表 5 - 9 地理权重矩阵下的各省份系统性金融风险的空间相关模式

年份	主要模式	
	HH	LL
2010	黑龙江、四川、云南、陕西、甘肃、青海、宁夏、新疆	北京、天津、上海、江苏、浙江、安徽、福建、江西、山东、河南、湖北、湖南、广东
2011	广西、云南、甘肃、青海、宁夏、新疆	北京、天津、上海、江苏、浙江、安徽、福建、江西、山东、湖南
2012	吉林、黑龙江、云南、甘肃、青海、宁夏、新疆	北京、天津、上海、江苏、浙江、安徽、福建、江西、山东、河南、湖北、广东、海南
2013	内蒙古、黑龙江、贵州、云南、甘肃、青海、宁夏、新疆	北京、天津、上海、江苏、浙江、安徽、福建、江西、山东、河南、湖北、湖南、广东
2014	河北、内蒙古、云南、甘肃、青海、宁夏、新疆	北京、天津、辽宁、上海、江苏、浙江、安徽、福建、江西、湖北、湖南、广东、广西、海南

年份	主要模式	
	HH	LL
2015	内蒙古、甘肃、青海、宁夏、新疆	北京、天津、黑龙江、上海、江苏、浙江、安徽、福建、江西、湖北、湖南、广东、广西、海南、重庆
2016	山西、内蒙古、辽宁、黑龙江、甘肃、青海、宁夏、新疆	天津、上海、江苏、浙江、安徽、福建、江西、山东、湖北、湖南、广东、海南、四川
2017	内蒙古、辽宁、吉林、黑龙江、青海、宁夏、新疆	天津、上海、江苏、浙江、安徽、福建、江西、湖北、湖南、广东、四川

最后，经济距离空间权重下的散点图。图 5 - 3 报告了经济距离权重下我国系统性金融风险的 Moran's I 散点图，从上到下依次是 2010 年至 2017 年的经济距离矩阵下的散点图。从图 5 - 3 可以得出表 5 - 10。

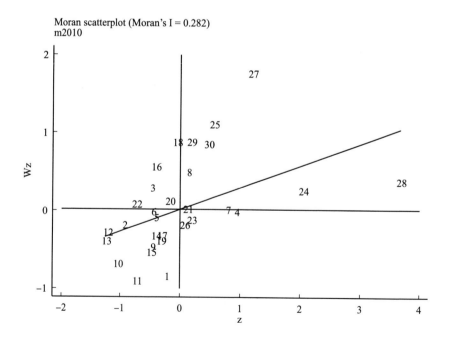

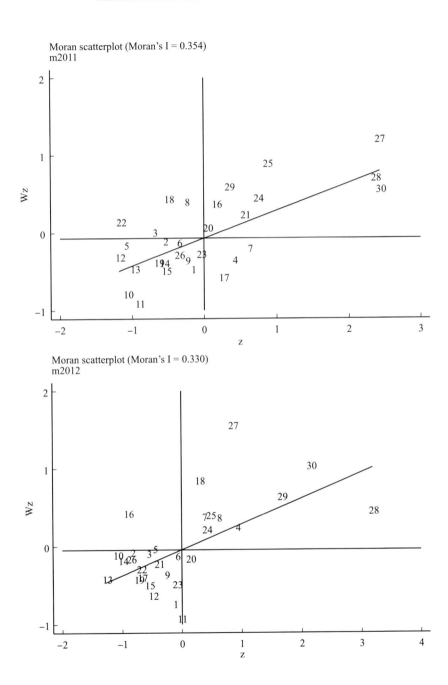

Moran scatterplot (Moran's I = 0.354)
m2011

Moran scatterplot (Moran's I = 0.330)
m2012

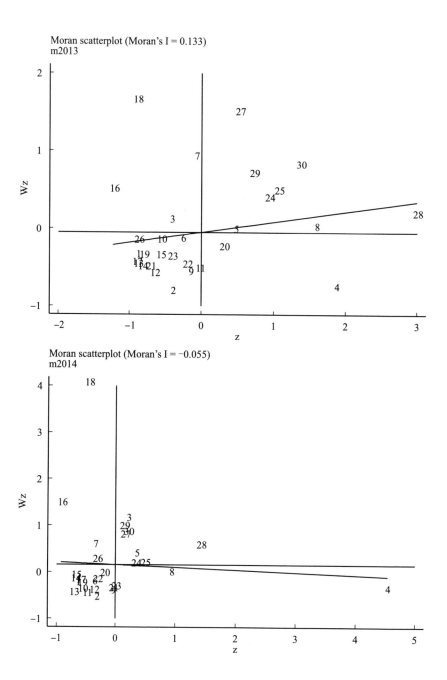

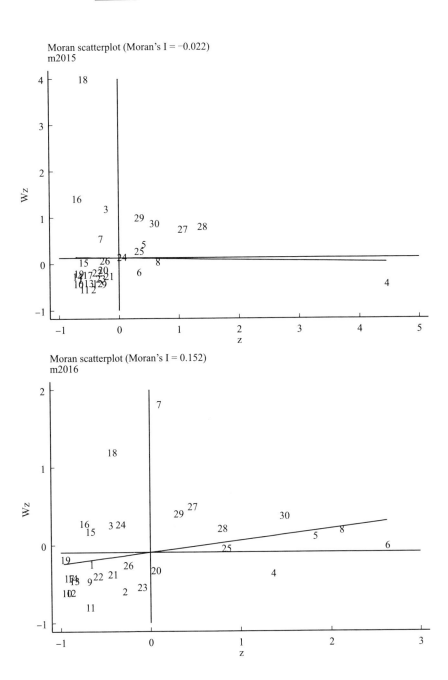

Moran scatterplot (Moran's I = −0.022)
m2015

Moran scatterplot (Moran's I = 0.152)
m2016

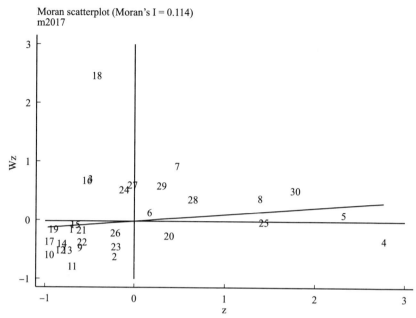

图 5 - 3　经济距离权重下我国系统性金融风险的 Moran's I 散点图

表 5 - 10　　经济距离权重下的各省份系统性金融风险的空间相关模式

年份	主要模式	
	HH	LL
2010	黑龙江、贵州、云南、甘肃、青海、宁夏、新疆	北京、天津、内蒙古、辽宁、上海、江苏、浙江、安徽、福建、江西、山东、湖北、广东
2011	河南、广西、海南、贵州、云南、甘肃、青海、宁夏、新疆	北京、天津、内蒙古、辽宁、上海、江苏、浙江、安徽、福建、江西、山东、广东、四川、陕西
2012	山西、吉林、黑龙江、湖南、贵州、云南、甘肃、青海、宁夏、新疆	北京、天津、河北、内蒙古、辽宁、上海、江苏、浙江、安徽、福建、江西、山东、湖北、广东、海南、重庆、四川、陕西

年份	主要模式	
	HH	LL
2013	内蒙古、黑龙江、贵州、云南、甘肃、青海、宁夏、新疆	北京、天津、辽宁、上海、江苏、浙江、安徽、福建、江西、山东、湖北、广东、海南、重庆、四川、陕西
2014	河北、内蒙古、贵州、云南、甘肃、青海、宁夏、新疆	北京、天津、辽宁、上海、江苏、浙江、安徽、福建、江西、山东、湖北、广东、广西、海南、重庆、四川
2015	内蒙古、贵州、云南、甘肃、青海、宁夏、新疆	北京、天津、上海、江苏、浙江、安徽、福建、江西、山东、湖北、广东、广西、海南、重庆、四川、陕西
2016	内蒙古、辽宁、吉林、黑龙江、云南、甘肃、青海、宁夏、新疆	北京、天津、上海、江苏、浙江、安徽、福建、江西、湖北、广东、海南、重庆、四川、陕西
2017	内蒙古、辽宁、吉林、黑龙江、云南、青海、宁夏、新疆	北京、天津、上海、江苏、浙江、安徽、福建、江西、山东、湖北、广东、海南、重庆、四川、陕西

表5-10汇报了经济距离权重矩阵下的系统性金融风险的空间集聚模式。在经济距离空间权重矩阵条件下，2010年的散点图中，较少省份位于第二、第四象限（只有10个，其中有7个省份位于第二象限，有3个省份位于第四象限），位于第一和第三象限的省份较多，其中处于第一象限的有7个省份，金融风险呈现了HH集聚模式；处于第三象限的有13个省份，金融风险呈现了LL集聚模式。2011年的散点图中，有7个省份位于第二、第四象限，多数省份位于第一、第三象限，其中有9个省份处于第一象限，系统性金融风险是HH集聚模式；有14个省份位于第三象限，系统性金融风险是LL集聚模式。2012年、2013年、2014年、2015年和2016年的散点图中，处于第二、第四象限的省份占少部分，位于第一、第三象限的省份占大部分，其中，分别有10个、8个、8个、7个和9个省份位于第一象限，险属于HH空间集聚模

式；有 18 个、16 个、16 个、16 个和 14 个省份位于第三象限，其系统性金融风险属于 LL 空间聚集模式。2017 年的散点图中，有 7 个省份处于第四象限，23 个省份处于第一、第三象限，位于第二、四象限的省份的系统性金融风险是 LH 集聚模式；处于第一象限的省份的系统性金融风险属于 HH 集聚模式，处于第三象限的省份的系统性金融风险属于 LL 模式。从两种主流模式省份的所属区域来看，系统性金融风险属于 HH 集聚模式的省份大部分位于西部地区和东北地区，而系统性金融风险属于 LL 集聚模式的省份则大部分位于东部地区，少部分位于中部地区。从邻接距离权重矩阵下的 Moran's I 散点图的时间变化视角可以看出，我国系统性金融风险具有空间自相关性，且我国系统性金融风险的空间传染作用在上升。

5.3 空间计量模型设定

理论研究表明，金融杠杆、资金配置效率、金融与实体经济的适配度以及金融杠杆的经济周期特征对金融杠杆对系统性金融风险空间溢出的作用关系具有显著影响。为实证验证上述效应，本书借鉴勒塞奇和佩斯（LeSage and Pace）提出的空间杜宾模型（SDM）[232]，设计计量模型如下：

$$y = \alpha l_n + \rho Wy + \beta X + \theta WX + \varepsilon \qquad (5-6)$$

式（5-6）中，y 为 n 阶向量，表示系统性金融风险；X 为解释变量向量；α 为常数项；l_n 为 $n \times 1$ 阶单位矩阵；ε 为误差项；W 为空间权重矩阵；WY 与 WX 分别考虑了被解释变量 y 和解释变量 x 的空间滞后项。需要说明的是，在空间计量模型的估计结果中，如果 ρ 不等于 0，则不能直接用 X 的系数以及 WY 的系数来解释解释变量对被解释变量的影响及空间溢出效应，与传统的 OLS 模型存在很大的差别。因此他们提出用空间回归偏微分方法来合理解释空间计量模型的回归系数，借鉴他们的方法，将模型改写如下：

$$(I_n - \rho W) y = \alpha I_n + \beta W X + \varepsilon \qquad (5-7)$$

则，

$$y = (I_n - \rho W)^{-1} \alpha I_n + (I_n - \rho W)^{-1} \beta W X + (I_n - \rho W)^{-1} \varepsilon$$

$$= \sum_{r=1}^{k} S_r(W) x_r + V(W) \alpha I_n + V(W) \varepsilon \qquad (5-8)$$

其中，

$$S_r(W) = V(W)(l_n \beta_r + W \theta_r) \qquad (5-9)$$

$$V(W) = (l_n - \rho W)^{-1} = l_n + \rho W + \rho^2 W^2 + \rho^3 W^3 + \cdots \qquad (5-10)$$

I_n 表示 $n \times n$ 的单位矩阵，k 表示自变量数量，x_r 代表第 r 个自变量，$r = 1, 2, \cdots, k$，I_n 代表自变量向量 X 中的第 r 个自变量的回归系数，θ_r 表示 WX 的第 r 个自变量的待估系数，为了更好地说明 $S_r(W)$ 的用处，将公式（5-8）化为公式（5-11），任一地区的 $i(i = 1, 2, \cdots, n)$ 的 y_i 可表示为公式（5-11）：

$$\begin{pmatrix} y_1 \\ y_2 \\ \vdots \\ y_n \end{pmatrix} = \sum_{r=1}^{k} \begin{pmatrix} S_r(W)_{11} & S_r(W)_{12} & \cdots & S_r(W)_{1n} \\ S_r(W)_{21} & S_r(W)_{22} & \cdots & S_r(W)_{2n} \\ \vdots & \vdots & \ddots & \vdots \\ S_r(W)_{n1} & S_r(W)_{2n} & \cdots & S_r(W)_{nn} \end{pmatrix} \begin{pmatrix} x_{1r} \\ x_{2r} \\ \vdots \\ x_{nr} \end{pmatrix} + V(W) \alpha I_n + V(W) \varepsilon$$

$$(5-11)$$

$$y_i = \sum_{r=1}^{k} \left[S_r(W)_{i1} x_{1r} + S_r(W)_{i2} x_{2r} + \cdots + S_r(W)_{in} x_{nr} \right] + V(W) \alpha I_n + V(W) \varepsilon$$

$$(5-12)$$

依据公式（5-8），把 y_i 对本地区 i、其余地区 j 的第 r 个自变量的 x_{ir} 与 x_{jr} 求偏导求出公式（5-13）与公式（5-14）。

$$\frac{\partial y_i}{\partial x_{jr}} = S_r(W)_{ij} \qquad (5-13)$$

$$\frac{\partial y_i}{\partial x_{ir}} = S_r(W)_{ii} \qquad (5-14)$$

其中，$S_r(W)_{ij}$ 和 $S_r(W)_{ii}$ 依次代表其他地区 j、本地区 i 的第 r 个自变量对本地区 i 因变量的冲击大小。依照公式（5-13）与公式（5-14），与之前的 OLS 的估计系数不同的是，在空间计量方法中，若 j 与 r 数值不等，一般情况下，y_i 对 x_{ji} 的偏导数也不等于 0，主要是由 $S_r(W)_{ij}$ 中第 i、j 个元素所决定。而一般来看，y_i 对 x_{ir} 的偏导数也不是 β_r，这时，本地区的因变量的变化不仅会受到本地区自变量变化的冲击，而且也会受到其余地区自变量的冲击。根据莱萨奇和佩斯（LeSage and Pace）的研究，前者称为直接效应（Direct Effect），衡量区域内溢出效应，后者称为间接效应（Indirect Effect），衡量区域间溢出效应，两者加总则为总效应（Total Effect）[231]。

5.4 金融杠杆对系统性金融风险空间溢出的作用机制的实证分析

空间计量方法可以弥补传统计量由于空间异质性和空间相关性导致结果有偏的不足。按照公式（5-8）估计的 ρ 值均不为 0，且通过了 1% 的显著性检验，因此对实证结果的分析便不能简单参照传统的 OLS 分析，要参照勒塞奇和佩斯（LeSage and Pace）的空间杜宾模型分析方法将自变量和其余控制变量对系统性金融风险的空间溢出效应分解为区域内溢出效应、区域间溢出效应和总体溢出效应[232]。根据计算出的豪斯曼结果，本书采用固定效应模型。为了充分考察不同地区的异质性，本部分除了采用空间杜宾的固定效应模型实证检验全国层面的金融杠杆对系统性金融风险空间溢出的作用机制，还进一步考察了四大地区层面的金融杠杆对系统性金融风险空间溢出的作用机制，其实证结果具体见表 5-11。

1. 全国层面的实证结果分析

表 5-11 汇报了全国层面的金融杠杆对系统性金融风险空间溢出的作用机制的实证检验结果。

表 5 – 11　　　　全国层面金融杠杆对系统性金融风险
空间溢出的作用机制检验结果

解释变量	区域内溢出			区域间溢出			总溢出		
	邻接距离	地理距离	经济距离	邻接距离	地理距离	经济距离	邻接距离	地理距离	经济距离
	（1）	（2）	（3）	（4）	（5）	（6）	（7）	（8）	（9）
Lev	0.078 ** (2.06)	0.076 ** (2.06)	0.094 ** (2.51)	0.016 (1.11)	0.094 * (1.94)	− 0.053 ** (− 2.74)	0.094 ** (1.97)	0.170 * (1.90)	0.041 ** (2.33)
Lev2	0.013 (1.28)	0.012 *** (2.69)	0.014 ** (2.01)	0.017 (0.68)	0.016 * (1.94)	0.003 * (1.93)	0.030 (0.66)	0.028 *** (2.64)	0.017 * (1.92)
Lev * ef	− 0.094 ** (− 2.43)	− 0.094 ** (− 2.45)	− 0.111 *** (− 2.81)	− 0.019 * (− 1.79)	− 0.058 ** (− 2.21)	− 0.054 ** (− 2.27)	− 0.113 ** (− 2.32)	− 0.152 * (− 1.83)	− 0.165 *** (− 2.62)
Lev * spd	0.007 ** (2.01)	0.021 ** (2.31)	0.051 * (1.83)	− 0.001 ** (− 2.54)	0.008 *** (4.14)	0.051 * (1.72)	0.006 ** (2.17)	0.029 *** (4.48)	0.102 ** (2.00)
Lev * rGDP	− 0.014 *** (− 4.25)	− 0.015 *** (− 4.74)	− 0.017 *** (− 6.01)	0.008 ** (2.19)	− 0.013 *** (− 2.84)	− 0.017 *** (− 4.71)	− 0.006 *** (− 4.90)	− 0.028 *** (− 4.82)	− 0.034 *** (− 4.00)
CPI	0.014 *** (3.84)	0.018 *** (4.91)	0.014 *** (3.96)	0.003 (1.40)	0.015 (1.31)	0.001 (0.37)	0.017 *** (4.66)	0.033 *** (3.46)	0.015 ** (2.23)
Urb	− 0.032 (− 1.03)	− 0.005 (− 0.86)	− 0.052 (− 1.41)	− 0.006 (− 0.73)	− 0.004 (− 0.59)	− 0.002 (− 0.03)	− 0.038 (− 1.01)	− 0.009 (− 1.19)	− 0.054 (− 0.13)
Deposit	− 0.002 *** (− 2.71)	− 0.006 ** (− 2.54)	− 0.007 ** (− 2.33)	− 0.002 * (− 1.84)	− 0.010 * (− 1.67)	− 0.024 ** (− 2.56)	− 0.004 *** (− 2.63)	− 0.016 ** (− 2.41)	− 0.031 *** (− 2.83)
Sch	0.005 (0.62)	0.004 (1.04)	0.003 (0.61)	0.002 (0.61)	0.005 (0.38)	0.002 (0.22)	0.007 (0.25)	0.009 (0.73)	0.005 ** (2.09)
EPU	0.002 * (1.74)	0.002 (1.13)	0.002 (0.81)	0.004 * (1.45)	0.004 * (1.71)	0.002 *** (7.70)	0.006 *** (5.74)	0.006 (1.09)	0.004 (1.19)

注：* 表示在10%水平下显著，** 表示在5%水平下显著，*** 表示在1%水平下显著。

从表 5 – 11 中可以看出：

首先，在区域内溢出结果中，金融杠杆（Lev）对系统性金融风险

（Risk）的区域内溢出在三种空间权重矩阵下均为正，均通过了5%的显著性检验，且金融杠杆的二次方项（Lev2）在地理距离权重矩阵下和经济距离权重矩阵下均为正，分别通过了1%和5%的显著性检验，这表明金融杠杆对系统性金融风险的空间溢出存在"U"型的非线性关系，当金融杠杆处于某一水平之前，其对系统性金融风险的区域内溢出为负，即金融杠杆水平越高，系统性金融风险越小，但是当金融杠杆超过某一水平之后，上述区域内溢出由负转正。这可能由于在经济发展的前期，金融资本不足，伴随金融杠杆的上升，金融杠杆正的经济增长效应显著，系统性金融风险降低，但在经济发展后期，伴随金融资本的不断累积，资本的边际效用减弱，金融杠杆的负效应显现，系统性金融风险增加。这警示我们金融杠杆应保持在合理水平，要防止金融杠杆的过快上涨加大对系统性金融风险负面冲击。金融杠杆（Lev）与地区投资弹性系数（ef）的交乘项（Lev * ef）对系统性金融风险的区域内溢出在三种空间权重矩阵下均为负，且分别通过了5%、5%和1%的显著性检验，这表明地区弹性投资系数与金融杠杆的交乘项对系统性金融风险的区域内溢出是负向的，即在金融杠杆水平一定的情形下，地区投资弹性系数越大，系统性金融风险越小。这和我们的现实情形相符合。现实中，地区投资弹性投资系数越高，代表资金配置效率越高，单位资金所创造的价值越高，企业的投资不足和过度投资现象被弱化，从而企业的技术和创新能力得到一定程度的提升，过剩产能得到一定程度的化解，从而在一定程度上抑制了系统性金融风险的爆发。金融杠杆与金融与实体经济适配度（Spd）的交乘项（Lev * Spd）的区域内溢出为正，且在三种空间权重矩阵下分别通过了5%、5%和10%的显著性检验，这表明在金融杠杆水平一定的情形下，金融与实体经济的匹配度越低，系统性金融风险越高，可能的原因是金融体系规模越庞大，导致金融等虚拟经济脱离实体经济越严重，资金"脱实向虚"的程度越深，从而带来资金链延长和系统性金融风险累积的后果。这带给我们的启示为：金融只有更好地服务实体经济，防止其自我膨胀与资金空转，避免资金大规模的"脱实向虚"，才能更好地防控系统性金融风险的爆发。金融杠杆

（Lev）与经济增长率（rGDP）交乘项（Lev * rGDP）的区域内溢出为负，且在三种空间权重矩阵下均通过了 1% 的显著性检验，这表明在金融杠杆水平一定的情形下，经济增长率越高，系统性金融风险越小。这体现了金融杠杆对系统性金融风险的区域内溢出具有逆经济周期特征。当宏观经济下行时，企业自身盈利水平下降，再加上企业存货和应收账款占用资金，导致企业资金的流动性紧张，企业举债动机增强，债务规模扩张，系统性金融风险也随之增强，反之则出现相反的情形。

在其余控制变量中，通货膨胀率（CPI）在三种空间权重距离下对系统性金融风险的区域内溢出为正，且均通过了 1% 的显著性检验，这可能由于物价或成本较高的情况下，企业的投资成本较高，企业利润空间被压缩，进而企业的还贷负担加重，由此导致系统性风险上升。城镇化率（Urb）在三种空间权重矩阵下对系统性金融风险的区域内溢出为负，但在计量意义上并不显著。银行业存款增长率（Deposit）对系统性金融风险的区域内溢出在三种空间权重矩阵下均显著为负，且均通过了 1% 的显著性水平，这表明银行业的存款规模越大，银行业运行得越稳健，由此导致的系统性金融风险较小。投资的市场化程度（Sch）对系统性金融风险的区域内溢出在三种空间权重矩阵距离下为正，但在此计量意义上并不显著。经济政策不确定性（EPU）对系统性金融风险的区域内溢出在邻接权重矩阵距离下为正，且通过了 10% 的显著性检验，这表明在邻接权重矩阵距离下，经济政策不确定性越大，系统性金融风险越大，这可能由于经济政策的不确定性越大，经济主体或投资人对政策做出不适当反应的可能性越大，进而会出现决策不当甚至失误的现象，增加系统性金融风险。因此现实中决策层应增加对实体部门的政策解读和沟通，保持政策的稳定性和连续性，避免实体部门对新出台政策的过度反应或反应不足导致系统性金融风险的加强或政策效果的削弱。

其次，在区域间溢出中，在地理距离权重矩阵下和经济距离权重矩阵下，金融杠杆（Lev）及其二次方项（Lev2）对系统性金融风险的区域间溢出均在 10% 的显著性水平下为正，这表明金融杠杆对系统性金融风险存在非线性的区域间溢出，即存在某一最佳的金融杠杆水平，在此水平之前，金融杠杆对系统性金融风险的区域间溢出为正，超过该水平，金融杠杆对系统性金融风险的区域间溢出减弱，这种结果也进一步验证了前文中对金融杠杆的 HH 空间集聚模式，这同时也说明我国各区域之间可能会通过区域间基于经济基本面、投资者行为方式以及银行机构间资产负债表渠道以及资产价格渠道等方式，触发辖区间系统性金融风险的外溢效应。从所选择的三种渠道变量与金融杠杆交乘项的区域间溢出看，三种空间权重矩阵下，地区投资弹性系数、金融与实体经济适配度和实体经济增长率均对金融杠杆对系统性金融风险的区域间溢出有显著的调节作用，且调节的方向均与在区域内溢出的实证结果相似。这启示我们，金融与实体经济适配性、资金配置效率以及经济周期特征均会导致系统性金融风险在地区间的传染与扩大，它们是影响系统性金融风险的主要因素。在其余控制变量中，银行业的存款规模（Deposit）和经济政策的不确定性（EPU）对系统性金融风险具有计量意义上显著的区域间溢出，这可能是由于银行业之间通过资产负债表渠道以及资产价格渠道等关联方式与其他区域关联密切，而经济政策作为一项宏观层面的一元政策，其实施必然会在不同区域导致联动效应，进而对其他地区系统性金融风险产生影响。

最后，在总体溢出效应中，我们发现金融杠杆对系统性金融风险的空间溢出的非线性关系存在，且地区投资弹性系数、金融与实体经济适配度以及经济周期对金融杠杆对系统性金融风险的空间溢出的调节作用也显著成立，此外，通货膨胀率、银行业存款规模以及经济政策不确定性对系统性金融风险的空间溢出效应存在。这启示我们在探讨金融杠杆对系统性金融风险的空间溢出时，除了要考察金融杠杆自身对系统性金融风险的区域内和区域外的溢出作用，还要充分关注资金配置效率、金融与实体经济适配度以及经济周期对两者关系的区域内与区域外的调节作用，防止因决策失误导致的系统性金融风险的累积和爆发。

2. 东部地区的实证结果分析

东部地区层面的金融杠杆对系统性金融风险空间溢出的作用机制的

实证检验结果如表5－12所示。从表5－12中可以看出：在区域内溢出的结果中，东部地区核心变量对系统性金融风险区域内溢出的实证结果与全国层面相似，如金融杠杆（Lev）对系统性金融风险的区域内溢出在三种空间权重矩阵下显著为正，表明金融杠杆越高，系统性金融风险越大。金融杠杆（Lev）与地区投资弹性系数（ef）的交乘项（Lev＊ef）对系统性金融风险（Risk）的区域内溢出在三种空间权重矩阵下均为负，且分别通过了5％的显著性检验，这表明地区弹性投资系数对金融杠杆对系统性金融风险的区域内溢出的调节是负向的，即在金融杠杆水平一定的情形下，地区投资弹性系数越大，系统性金融风险越小。金融杠杆（Lev）与金融与实体经济适配度（Spd）的交乘项（Lev＊Spd）的区域内溢出为正，且在三种空间权重矩阵下分别通过了5％、10％和10％的显著性检验，这表明在金融杠杆水平一定的情形下，金融与实体经济的匹配度越低，系统性金融风险越大。金融杠杆（Lev）与经济增长率（rGDP）交乘项（Lev＊rGDP）的区域内溢出为负，且在三种空间权重矩阵下均通过了5％的显著性检验，这表明在金融杠杆水平一定的情形下，经济增长率越高，系统性金融风险越小。

表5－12 东部地区金融杠杆对系统性金融风险
空间溢出的作用机制检验结果

解释变量	区域内溢出			区域间溢出			总溢出		
	邻接距离	地理距离	经济距离	邻接距离	地理距离	经济距离	邻接距离	地理距离	经济距离
	(1)	(2)	(3)	(4)	(5)	(6)	(7)	(8)	(9)
Lev	0.046 *** (2.68)	0.039 ** (2.43)	0.059 *** (3.34)	0.033 ** (2.05)	0.044 *** (2.87)	0.012 ** (2.40)	0.079 ** (2.52)	0.083 ** (2.15)	0.071 *** (3.64)
Lev＊ef	－0.058 *** (－3.38)	－0.062 *** (－4.16)	－0.060 *** (－3.38)	－0.011 ** (－2.21)	0.028 ** (1.97)	－0.062 *** (－3.37)	－0.069 *** (－3.15)	－0.034 ** (－2.17)	－0.122 *** (－4.25)
Lev＊spd	0.007 ** (2.03)	0.007 * (1.90)	0.006 * (1.78)	0.009 ** (2.10)	0.024 *** (2.97)	0.010 *** (2.76)	0.016 ** (2.02)	0.031 * (1.83)	0.016 * (1.73)

解释变量	区域内溢出			区域间溢出			总溢出		
	邻接距离	地理距离	经济距离	邻接距离	地理距离	经济距离	邻接距离	地理距离	经济距离
	(1)	(2)	(3)	(4)	(5)	(6)	(7)	(8)	(9)
Lev * rGDP	−0.006 ***	−0.009 ***	−0.006 ***	0.002 ***	0.003 ***	−0.006 ***	−0.004 ***	−0.006 ***	−0.012 ***
	(−3.15)	(−4.21)	(−3.41)	(2.85)	(3.78)	(−3.17)	(−2.83)	(−2.87)	(−3.47)
CPI	0.007 ***	0.008 ***	0.008 ***	0.001	0.002	0.008 ***	0.008 ***	0.010 *	0.016 *
	(3.71)	(4.32)	(4.33)	(1.23)	(1.45)	(4.11)	(3.43)	(1.69)	(1.75)
Urb	0.013	0.010 **	0.010 **	0.003	0.009	−0.001	0.016 **	0.019 **	0.009 *
	(0.57)	(2.09)	(2.08)	(0.7)	(0.92)	(−0.86)	(1.99)	(2.01)	(1.96)
Deposit	−0.003 **	−0.004 ***	−0.003 ***	−0.004 *	−0.005 **	−0.003 ***	−0.007 **	−0.009 ***	−0.006 ***
	(−2.17)	(−3.23)	(−2.61)	(−1.94)	(−2.11)	(−2.61)	(−2.45)	(−3.07)	(−2.94)
Sch	−0.006 ***	−0.007 ***	−0.006 ***	−0.013 ***	−0.011 **	−0.019 ***	−0.019 ***	−0.018 **	−0.025 ***
	(−3.24)	(−3.56)	(−3.34)	(−2.63)	(−2.45)	(−3.69)	(−3.06)	(−2.08)	(−2.91)
EPU	0.003 **	0.003 **	−0.001	0.001	−0.001	−0.002	0.004 **	0.002 ***	−0.003
	(2.40)	(2.18)	(−1.11)	(1.33)	(−1.08)	(−0.59)	(2.37)	(3.27)	(−0.12)

注：* 表示在 10% 水平下显著，** 表示在 5% 水平下显著，*** 表示在 1% 水平下显著。

在区域间溢出的结果中，在地理距离权重矩阵下和经济距离权重矩阵下，金融杠杆对系统性金融风险均存在显著的区域间溢出。三种渠道变量与金融杠杆交乘项对系统性金融风险的区域间溢出显著，且区域间溢出的方向均与在区域内溢出的实证结果相似。东部地区核心变量的总体溢出效应也和全国层面的相似。

从区域内溢出、区域间溢出和总体溢出的作用效果来看，东部地区均较全国层面的低。这可能由于东部地区的各省份经济发达，金融深化程度较高，风险容忍度较高，因此无论是金融杠杆的高低、资金配置效率的高低、金融与实体经济配置效率的高低，还是经济周期的波动，都对系统性金融风险的冲击相对较小一些。从其余控制变量来看，相比于全国层面，东部地区呈现出与之不同的特征。东部地区的城镇化率

（Urb）对系统性金融风险的空间溢出在地理距离权重矩阵和经济距离权重矩阵下均为正，且均通过了 5% 的显著性检验，这可能是由于伴随东部地区各省份城镇化的持续推进，大量人口涌进城市，由此带来房地产贷款的激增加剧了系统性金融风险的累积和扩散。东部地区投资的市场化程度（Urb）对系统性金融风险的空间溢出在三种空间权重矩阵下显著为负，且均通过了 5% 的显著性检验，这表明投资的市场程度越高，对系统性金融风险的空间溢出越小。这可能由于东部地区的金融市场较发达，企业融资渠道的多元化弱化了以银行为主的间接融资体系，从而减少了对系统性金融风险的冲击。剩余的控制变量对系统性金融风险的空间溢出均表现出与全国层面相似的特征。

3. 中部地区的实证结果分析

表 5 - 13 汇报了中部地区金融杠杆对系统性金融风险空间溢出作用机制的检验结果。

表 5 - 13　　　　　　中部地区金融杠杆对系统性金融风险
空间溢出的作用机制检验结果

解释变量	区域内溢出			区域间溢出			总溢出		
	邻接距离	地理距离	经济距离	邻接距离	地理距离	经济距离	邻接距离	地理距离	经济距离
	(1)	(2)	(3)	(4)	(5)	(6)	(7)	(8)	(9)
Lev	0.502 ** (2.41)	- 0.125 (- 1.04)	0.396 (1.33)	- 0.391 *** (- 3.04)	- 0.904 (- 1.04)	- 0.867 * (- 1.92)	0.111 ** (2.31)	- 1.029 (- 1.34)	- 0.471 (- 0.13)
Lev * ef	- 1.107 *** (- 3.61)	- 0.195 (- 0.96)	- 0.469 ** (- 2.18)	- 0.893 ** (- 2.55)	- 1.410 ** (- 2.53)	- 0.728 * (- 1.82)	- 2.000 ** (- 2.48)	- 1.605 * (- 1.66)	- 1.197 *** (- 2.46)
Lev * spd	0.241 *** (3.19)	0.071 (0.82)	0.201 * (1.78)	- 0.165 (- 1.09)	- 0.055 * (- 1.93)	- 0.076 * (- 1.90)	0.076 ** (2.10)	0.016 * (1.73)	0.125 ** (2.33)
Lev * rGDP	- 0.014 * (- 1.97)	- 0.018 (- 0.28)	- 0.011 * (- 1.87)	0.005 (0.30)	- 0.038 *** (- 2.93)	- 0.040 * (- 1.78)	- 0.009 * (- 1.80)	- 0.056 ** (- 2.79)	- 0.051 *** (- 2.57)

解释变量	区域内溢出			区域间溢出			总溢出		
	邻接距离	地理距离	经济距离	邻接距离	地理距离	经济距离	邻接距离	地理距离	经济距离
	(1)	(2)	(3)	(4)	(5)	(6)	(7)	(8)	(9)
CPI	0.027**	0.040**	0.053***	0.005	0.014	0.015**	0.032**	0.054***	0.068**
	(2.01)	(2.29)	(2.78)	(0.65)	(0.56)	(2.42)	(2.16)	(3.01)	(2.45)
Urb	0.562**	0.496***	0.699**	-0.212**	-0.161***	-0.490	0.350***	0.335***	0.209*
	(2.31)	(3.84)	(2.54)	(-2.22)	(-3.15)	(-1.29)	(2.75)	(3.73)	(1.76)
Deposit	-0.015	-0.023***	-0.021*	-0.022**	-0.061***	-0.033**	-0.037***	-0.084***	-0.054**
	(-1.49)	(-2.77)	(-1.75)	(-2.12)	(-2.75)	(-2.28)	(-2.31)	(-2.70)	(-2.59)
Sch	-0.066**	-0.05	-0.067**	-0.063*	-0.096*	0.056	-0.129**	-0.146*	-0.011**
	(-2.40)	(-1.44)	(-2.19)	(-1.82)	(-1.76)	(1.22)	(-2.29)	(-1.78)	(-2.49)
EPU	0.008*	-0.004	0.001	-0.003	-0.002	0.009**	0.005**	-0.006	0.010**
	(1.89)	(-1.01)	(0.84)	(-0.12)	(-0.67)	(2.21)	(2.32)	(-0.72)	(2.30)

注：*表示在10%水平下显著，**表示在5%水平下显著，***表示在1%水平下显著。

从表5-13中可以看出：

首先，在区域内溢出的实证结果中，金融杠杆（Lev）对系统性金融风险的影响在邻接距离权重矩阵以及经济距离权重矩阵下均显著为正，表明金融杠杆对系统性金融风险正向的区域内溢出依然成立。地区投资弹性系数（ef）对金融杠杆对系统性金融风险的区域内溢出的调节作用为负，且在邻接距离权重矩阵和经济距离权重矩阵下显著，表明在金融杠杆一定的情形下，资金配置效率越高，系统性金融风险越小。金融与实体经济适配度（Spd）对金融杠杆对系统性金融风险的调节作用为正，且在邻接距离权重矩阵和经济距离权重矩阵下显著，表明在金融杠杆水平一定的情形下，金融与实体经济的适配度越高，系统性金融风险越小。金融杠杆与经济周期（rGDP）的交乘项对系统性金融风险的区域内溢出为负。其余控制变量的区域内溢出和全国地区相似，表现为：通货膨胀率（CPI）对金融系统性金融风险的区域内溢出在三种空间权重距离矩阵下均显著为正，且均通过了1%的显著性水平，表明物价上涨越快，系统性金融风险累积越快。城镇化率（Urb）对系统性金融风险的区域内溢出在三种空间权重矩阵距离下显著为正，且分别通过了5%、1%和5%的显著性检验。银行业的存款增长率（Deposit）对系统性金融风险的区域内溢出在地理距离权重矩阵和经济距离权重矩阵下显著为负，且通过了5%和10%的显著性检验，这表明银行存款规模的增长对系统性金融风险的抑制效应明显。投资的市场化程度（Sch）对系统性金融风险的影响在地理距离权重矩阵和经济距离空间权重矩阵下为负，且通过了5%的显著性检验，这表明投资的市场化程度越高，系统性金融风险越小。经济政策不确定性（EPU）对系统性金融风险的影响在邻接距离权重矩阵下显著为正，表明政策的不确定性会加大系统性金融风险。

其次，在区域间溢出的实证结果中，大部分变量对系统性金融风险空间溢出在三种空间权重矩阵距离下显著，表明在区域间经济的相互影响与相互作用、银行等金融机构的密切关联以及投资者行为关联下，中部地区的系统性金融风险的区域间溢出显著。中部地区的区域间溢出要高于东部地区以及全国地区，这可能由于中部六省份地理位置、经济发展、区位优势极为相似，资金及业务往来密切，导致中部六省份联系更加频繁，进而中部六省份的系统性金融风险的区域间溢出效应更为显著。

4. 西部地区的实证结果分析

表5-14汇报了西部地区金融杠杆对系统性金融风险空间溢出的作用机制的实证检验结果。从表5-14中可以看出：大部分变量对系统性金融风险的空间溢出和全国地区类似，出现不一样情况的是：在核心变量中，金融与实体经济适配度（Spd）与金融杠杆的交乘项对系统性金融风险的空间溢出不显著。在其余控制变量中，城镇化率（Urb）对系统性金融风险显著的空间溢出为负，且分别通过了5%、5%和10%的显著性检验，这表明西部地区城镇化的持续推进显著降低了系统性金融风险的空间传染和扩散，这可能由于西部地区经济和金融的发展水平较

低，伴随着西部地区城市化进程的不断推进，企业的营商环境以及人民的生活水平都得到较大程度的提升，从而增强西部地区抵御风险的能力。投资的市场化程度（Sch）对系统性金融风险的空间溢出在邻接距离权重矩阵和经济距离权重矩阵下显著为正，表明投资的市场化程度会加重系统性金融风险的空间传染，这可能由于在现有的西部地区的营商环境之下，私营企业或者个体投资者把从非银行等渠道获得资金进行投资的风险较大。

表 5－14　　　　　西部地区金融杠杆对系统性金融风险

空间溢出的作用机制检验结果

解释变量	区域内溢出			区域间溢出			总溢出		
	邻接距离	地理距离	经济距离	邻接距离	地理距离	经济距离	邻接距离	地理距离	经济距离
	(1)	(2)	(3)	(4)	(5)	(6)	(7)	(8)	(9)
Lev	0.049 (1.12)	0.031 * (1.83)	0.052 * (1.72)	－0.156 (－1.03)	0.180 * (1.95)	0.044 (1.08)	－0.107 (－1.19)	0.211 ** (2.04)	0.096 * (1.75)
Lev * ef	－0.043 (－0.56)	－0.019 * (－1.78)	－0.034 ** (－2.32)	0.151 * (1.80)	－0.126 ** (－2.12)	－0.154 * (－1.74)	0.108 (1.33)	－0.145 * (－1.84)	－0.188 * (－1.77)
Lev * spd	0.012 (0.67)	0.023 (0.76)	0.036 (0.68)	－0.075 (－1.10)	0.083 (0.96)	0.124 * (1.75)	－0.063 (－1.36)	0.106 (1.55)	0.160 (1.33)
Lev * rGDP	－0.009 * (－1.88)	－0.004 * (－1.68)	－0.007 * (－1.79)	－0.010 ** (－1.66)	－0.011 * (－1.70)	－0.015 * (－2.19)	－0.019 *** (－3.66)	－0.015 *** (－3.91)	－0.022 *** (－2.97)
CPI	0.020 *** (5.66)	0.016 *** (3.79)	0.031 *** (3.49)	－0.005 * (－1.91)	0.017 * (1.77)	－0.015 * (－2.42)	0.015 *** (4.05)	0.033 *** (3.40)	0.016 *** (3.00)
Urb	－0.110 ** (－2.03)	－0.075 ** (－2.50)	－0.072 * (－1.66)	0.174 ** (2.22)	－0.017 (－0.65)	－0.163 *** (－4.35)	0.064 (1.27)	－0.092 * (－1.67)	－0.235 ** (－2.17)
Deposit	－0.015 *** (－4.03)	－0.008 ** (－2.11)	－0.016 *** (－3.03)	－0.011 *** (－2.77)	－0.005 (－0.91)	－0.014 ** (－2.71)	－0.026 (－0.46)	－0.013 * (－1.81)	－0.030 *** (－3.56)
Sch	0.021 *** (3.76)	0.015 (0.47)	0.033 ** (2.48)	0.004 * (1.84)	0.005 (0.94)	0.010 (1.15)	0.025 *** (3.37)	0.020 (1.39)	0.043 *** (2.61)

续表

解释变量	区域内溢出			区域间溢出			总溢出		
	邻接距离	地理距离	经济距离	邻接距离	地理距离	经济距离	邻接距离	地理距离	经济距离
	(1)	(2)	(3)	(4)	(5)	(6)	(7)	(8)	(9)
EPU	0.007***	0.006*	0.006***	−0.001*	0.001	0.002*	0.006***	0.007**	0.008***
	(3.01)	(1.88)	(2.98)	(−1.65)	(0.58)	(1.70)	(3.90)	(2.32)	(2.67)

注: * 表示在10%水平下显著, ** 表示在5%水平下显著, *** 表示在1%水平下显著。

5. 东北地区的实证结果分析

表5-15汇报了东北地区金融杠杆对系统性金融风险空间溢出的作用机制的实证检验结果。从表5-15中可以看出：大部分变量对系统性金融风险的空间溢出与全国地区类似，仅投资的市场化程度（Sch）出现不一样情形。投资的市场化程度（Sch）对系统性金融风险的空间溢出在三种空间权重矩阵下显著为正，表明投资的市场化程度上升会加重对系统性金融风险的空间溢出，这可能由于在东北地区现有的营商环境之下，经营主体或个人投资者把从非银行等渠道获得的资金进行投资的风险较大。

表5-15　　　　东北地区金融杠杆对系统性金融风险
空间溢出的作用机制检验结果

解释变量	区域内溢出			区域间溢出			总溢出		
	邻接距离	地理距离	经济距离	邻接距离	地理距离	经济距离	邻接距离	地理距离	经济距离
	(1)	(2)	(3)	(4)	(5)	(6)	(7)	(8)	(9)
Lev	0.569**	0.678***	0716***	0.638	0.229*	0.472*	1.207*	0.907*	1.188**
	(2.23)	(3.51)	(4.54)	(1.19)	(1.76)	(1.82)	(1.92)	(1.69)	(2.08)
Lev * ef	−0.956	−0.808**	−1.344***	0.850*	0.335*	0.782*	−0.106*	−0.473*	−0.562**
	(−1.45)	(−2.50)	(−3.16)	(1.94)	(2.39)	(1.93)	(−1.81)	(−1.67)	(−2.63)

解释变量	区域内溢出			区域间溢出			总溢出		
	邻接距离	地理距离	经济距离	邻接距离	地理距离	经济距离	邻接距离	地理距离	经济距离
	(1)	(2)	(3)	(4)	(5)	(6)	(7)	(8)	(9)
Lev * spd	-0.013 (-0.14)	0.162* (1.77)	-0.163 (-1.14)	-0.009 (-0.48)	0.514 (0.86)	-0.063* (-1.68)	-0.022 (-1.03)	0.676* (1.79)	-0.226 (-1.42)
Lev * rGDP	-0.030*** (-4.36)	-0.042*** (-3.02)	0.044 (0.89)	-0.067** (-2.45)	-0.055*** (-5.86)	-0.068*** (-4.44)	-0.097* (-1.83)	-0.097** (-2.45)	-0.024*** (-2.08)
CPI	0.089* (1.90)	0.033** (2.51)	0.055** (2.14)	0.008 (0.58)	0.011** (2.16)	0.045* (1.77)	0.097* (1.82)	0.044*** (3.66)	0.100** (2.33)
Urb	-0.017 (-0.54)	0.161*** (4.02)	-0.059 (-0.68)	0.290*** (3.07)	0.066* (1.88)	0.210*** (3.46)	0.273** (2.22)	0.227*** (3.70)	0.151*** (2.53)
Deposit	-0.002 (-0.57)	-0.019*** (-3.16)	-0.014*** (-3.68)	-0.006 (-1.11)	-0.005** (-2.20)	-0.004* (-1.92)	-0.008 (-1.03)	-0.024*** (-2.69)	-0.018*** (-3.93)
Sch	0.119** (2.43)	0.110*** (3.73)	0.144*** (3.22)	0.111* (1.91)	0.052** (2.31)	0.054* (1.88)	0.230* (1.73)	0.162* (1.69)	0.198* (1.84)
EPU	-0.010 (-1.45)	0.008* (1.76)	0.008* (1.81)	0.024 (1.35)	0.004 (1.62)	-0.005 (-1.44)	0.014* (1.67)	0.012 (1.58)	0.003 (1.49)

注：*表示在10%水平下显著，**表示在5%水平下显著，***表示在1%水平下显著。

5.5 本章小结

本章主要基于空间杜宾模型实证检验了金融杠杆对系统性金融风险空间溢出的作用机制，主要做出的工作如下：首先，在对所选指标和构建模型进行阐释的基础上，从全局自相关和局部自相关两个方面检验了系统性金融风险的空间相关性；其次，从全国及四大区域层面验证了金融杠杆对系统性金融风险空间溢出的作用机制。所得出的结论如下：系统性金融风险存在显著的空间相关性；金融杠杆对系统性金融风险的空间溢出存在非线性关系，且资金配置效率、金融和实体经济的适配度以及宏观经济周期都对金融杠杆对系统性金融风险的空间溢出具有调节作用，此外，由于区域间异质性的存在，金融杠杆对系统性金融风险的空间溢出会存在差异。本章的研究为下一步实证检验结构性金融杠杆对系统性金融风险空间溢出的异质性做了铺垫。

结构性金融杠杆对系统性金融
风险空间溢出的异质性检验

在实证检验金融杠杆对系统性金融风险空间溢出的作用机制的基础上，本章利用空间计量模型进一步实证检验结构性金融杠杆对系统性金融风险空间溢出的异质性。本章主要分两部分展开：一是对不同地区各部门金融杠杆进行描述性统计分析；二是利用空间计量模型实证检验结构性金融杠杆对系统性金融风险空间溢出的异质性。

6.1 指标、数据来源说明与描述性统计分析

6.1.1 指标与数据来源说明

本部分所用到的被解释变量、解释变量以及控制变量如表6-1所示。

表6-1 异质性检验的指标体系构建

	名称	含义
被解释变量	系统性金融风险（Risk）	用金融压力指数评估
解释变量	企业部门金融杠杆（Lev_cor）	企业部门债务/地区 GDP

	名称	含义
解释变量	国有企业金融杠杆（Lev_gycor）	国有企业部门债务/地区 GDP
	私营企业金融杠杆（Lev_sycor）	私营企业部门债务/地区 GDP
	政府部门金融杠杆（Lev_gov）	预估的地方政府债务/地区 GDP
	家户部门金融杠杆（Lev_home）	住户部门贷款/地区 GDP
	金融部门金融杠杆（Lev_fin）	金融部门债务/地区 GDP
控制变量	地区 GDP 增长率（rGDP）	衡量各地区经济繁荣程度
	通货膨胀率（CPI）	衡量物价的变动程度
	经济政策的不确定性（EPU）	衡量经济政策的不确定性
	投资的市场化程度（Sch）	反映投资的制度化环境
	存款增长率（Deposit）	衡量银行运行的稳健程度
	城镇化率（Ubrn）	用城镇人口占总人口比重衡量

其中，被解释变量是系统性金融风险（Risk），用前文估计出的金融压力指数来衡量；解释变量则选取各省份企业部门、政府部门、金融部门和家户部门金融杠杆作为核心解释变量。而从不同部门金融杠杆的计算来看，根据学者们的研究，自 2008 年起从宏观角度测算的金融杠杆被广泛使用，而鉴于现实中数据的可获得性问题，学者们普遍采用"债务总额/GDP"来估算部门的金融杠杆。因此本书借鉴上述方法估算金融杠杆，具体计算公式如（6-1）所示：

$$金融杠杆 = \frac{部门贷款余额}{地区生产总值} \times 100\% \tag{6-1}$$

在这里，部门包含企业部门、政府部门、金融部门和家户部门，其中企业部门又根据所有权性质进一步细分为国有企业部门和私营企业部门。其中，企业部门债务包含企业部门贷款及发行证券，国有企业部门和私营企业部门债务包含各自部门的贷款和发行债券，家户部门债务主要包含住户部门贷款。较为复杂的是政府部门债务和金融部门债务的计算。在政府部门债务的测算中，本书参照洪源和胡争荣的研究，结合相关数据、2011 年和 2013 年审计署公开的全国地方政府债务审计结果、2014 年各省级审计局公布的地方政府债务审计结果及地方政府债券评级报告，计算出样本考察期内我国各省份地方政府当年债务还本付息额[233]。在金融部门债务的测算中，为避免数据重复，本部分金融部门债务不包含通货或存款。由于缺乏省份金融部门债务的数据，本部分先根据对其他存款性公司负债、对其他金融性公司负债和金融部门发行债券相加计算而得全国金融部门债务，然后以贷款规模为权重，再计算出各省份金融部门债务，以此求得金融部门金融杠杆。之所以以贷款规模为权重，是出于金融机构贷款越多，其发行债券或进行同业拆借的动机越大的考虑。控制变量的选择、来源及释义和第 5 章的控制变量相同。

上述数据均来自 Wind 数据库、CASAM 数据库、国家统计局官网、《中国财政年鉴》、《中国统计年鉴》、《中国金融年鉴》、各省份统计年鉴以及政府网站公布数据。数据时间跨度为 2010～2017 年。鉴于数据可得性，样本范围包含除西藏自治区之外的我国 30 个省份。

6.1.2 全国及四大区域不同部门金融杠杆的描述性统计分析

在对指标选择的基础上，为更加清晰地了解变量的分布特征，本部分主要对全国层面及四大区域层面的各部门金融杠杆进行描述性统计分析。

1. 全国层面不同部门金融杠杆的描述性统计分析

表 6-2 汇报了全国层面的企业部门、国有企业部门、私营企业部门、政府部门、金融部门和家户部门金融杠杆的数据分布情况。从表 6-2 中可以看出，全国层面的企业部门金融杠杆均值为 0.830，最大值为 1.960，最小值为 0.351，标准差为 0.310，这表明全国层面的企业部门金融杠杆水平较高，且波动幅度较大。国有企业部门金融杠杆的均值为 0.436，最大值为 1.132，最小值为 0.092，标准差为 0.254，而私营企业部门金融杠杆的均值为 0.143，最大值为 0.708，最小值为

0.012，标准差为 0.101，这表明国有企业部门金融杠杆在企业部门金融杠杆中处于高位，而私营企业部门金融杠杆则处于较低水平，且从金融杠杆的变动幅度来看，国有企业部门金融杠杆的变动幅度要高于私营企业部门金融杠杆。全国层面的政府部门金融杠杆的均值为 0.121，最大值为 0.277，最小值为 0.014，标准差为 0.046，这表明政府部门金融杠杆低于私营企业部门金融杠杆，且政府部门金融杠杆的波动幅度也较小。全国层面的金融部门金融杠杆的均值为 0.397，最大值为 1.403，最小值为 0.045，标准差为 0.299，表明金融部门金融杠杆较高，与我国国有企业部门金融杠杆的水平相当，但波动幅度却大于国有企业部门金融杠杆。全国层面的家户部门金融杠杆的均值为 0.302，最大值为 0.654，最小值为 0.082，标准差为 0.121，表明我国家户部门金融杠杆略高于我国私营企业部门金融杠杆，波动幅度却低于私营企业部门金融杠杆。

表 6－2　　全国层面各部门金融杠杆的描述性统计分析

变量	个数	均值	标准差	最小值	最大值
企业部门金融杠杆（Lev_cor）	240	0.830	0.310	0.351	1.960
国有企业金融杠杆（Lev_gycor）	240	0.436	0.254	0.092	1.312
私营企业金融杠杆（Lev_sycor）	240	0.143	0.101	0.012	0.708
政府部门金融杠杆（Lev_gov）	240	0.121	0.046	0.014	0.277
金融部门金融杠杆（Lev_fin）	240	0.397	0.299	0.045	1.403
家户部门金融杠杆（Lev_home）	240	0.302	0.121	0.082	0.654

综上所述，从全国层面的金融杠杆大小来看，各部门金融杠杆从大到小依次排序为企业部门金融杠杆、国有企业部门金融杠杆、金融部门金融杠杆、家户部门金融杠杆、私营企业部门金融杠杆和政府部门金融杠杆；从各部门金融杠杆的波动幅度来看，各部门金融杠杆从大到小依次排序为企业部门金融杠杆、金融部门金融杠杆、国有企业金融杠

杆、家户部门金融杠杆、私营企业部门金融杠杆和政府部门金融杠杆。由此，仅仅从数据的统计特征角度看，对系统性金融风险的空间溢出较强的是企业部门金融杠杆、国有企业金融杠杆金融部门金融杠杆，虽然家户部门金融杠杆整体水平不高，但波动幅度较大，因此其对系统性金融风险的空间溢出也较强，而与此同时，政府部门金融杠杆和私营企业部门金融杠杆无论是大小还是波动幅度均较低，对系统性金融风险的空间溢出较弱。

2. 四大地区层面不同部门金融杠杆的描述性统计分析

在对全国层面的不同部门金融杠杆进行描述性统计分析的基础上，鉴于国内四大地区各部门金融杠杆的差异性，为更加清晰地比较不同地区各部门金融杠杆，本部分进一步对四大地区不同部门金融杠杆进行描述性统计分析，其结果如表6－3至表6－8所示。表6－3至表6－8分别绘制了企业部门金融杠杆、国有企业部门金融杠杆、私营企业部门金融杠杆、政府部门金融杠杆、金融部门金融杠杆和家户部门金融杠杆的描述性统计分析结果。具体来看：

第一，表6－3汇报了四大地区企业部门金融杠杆的描述性统计分析结果。从表6－3中可以看出，东部地区企业部门金融杠杆的均值为0.752，最大值为1.035，最小值为0.351，标准差为0.162，表明东部地区企业部门金融杠杆较高，且波动幅度较大。中部地区企业部门金融杠杆的均值为0.784，最大值为1.960，最小值为0.405，标准差为0.411，表明中部地区企业部门金融杠杆要高于东部地区，且波动幅度也高于东部地区。西部地区企业部门金融杠杆的均值为0.961，最大值为1.897，最小值为0.536，标准差为0.336，表明西部地区企业部门金融杠杆高于中部地区，但波动幅度小于中部地区。东北地区企业部门金融杠杆的均值为0.698，最大值为1.406，最小值为0.533，标准差为0.150，表明东北地区企业部门金融杠杆低于东部地区，且金融杠杆的波动幅度也较小。

表6-3　　　　　　四大地区企业部门金融杠杆的描述性统计分析

地区	东部地区	中部地区	西部地区	东北地区
均值	0.752	0.784	0.961	0.698
标准差	0.162	0.411	0.336	0.150
最大值	1.035	1.960	1.897	1.046
最小值	0.351	0.405	0.536	0.533
个数	80	48	88	24

综上可知，从四大地区企业部门金融杠杆的大小来看，企业部门金融杠杆从高到低依次排序的地区为西部地区、中部地区、东部地区和东北地区；从四大地区企业部门金融杠杆的波动幅度来看，从高到低依次排序的地区为中部地区、西部地区、东部地区和东北地区。由此可见，中部地区和西部地区的企业部门金融杠杆大小及波动幅度均高于东部地区和东北地区。

第二，表6-4汇报了四大地区国有企业部门金融杠杆的描述性统计分析。从表6-4中可以看出，东部地区国有企业部门金融杠杆的均值为0.276，最大值为0.619，最小值为0.092，标准差为0.147，这表明东部地区国有企业部门金融杠杆较高且波动幅度较大。中部地区国有企业部门金融杠杆的均值为0.418，最大值为1.312，最小值为0.189，标准差为0.302，这表明中部地区国有企业部门金融杠杆高于东部地区且波动幅度也高于东部地区。西部地区国有企业部门金融杠杆的均值为0.6，最大值为1.219，最小值为0.248，标准差为0.235，这表明西部地区国有企业部门金融杠杆高于中部地区，但波动幅度小于中部地区。东北地区国有企业部门金融杠杆的均值为0.407，最大值为0.582，最小值为0.317，标准差为0.066，这表明东北地区国有企业部门金融杠杆高于东部地区，但低于中部地区，且波动幅度是四大地区中最小的。

表6-4　　　　四大地区国有企业部门金融杠杆的描述性统计分析

地区	东部地区	中部地区	西部地区	东北地区
均值	0.276	0.418	0.600	0.407
标准差	0.147	0.302	0.235	0.066
最大值	0.619	1.312	1.219	0.582
最小值	0.092	0.189	0.248	0.317
个数	80	48	88	24

综上所述，从四大地区国有企业部门金融杠杆的大小来看，国有企业部门金融杠杆从高到低依次排序的地区为西部地区、中部地区、东北地区和东部地区；从四大地区国有企业部门金融杠杆的波动幅度来看，从高到低依次排序为中部地区、西部地区、东部地区和东北地区。由此可见，和企业部门金融杠杆类似，中部地区和西部地区国有企业部门金融杠杆的水平和波动幅度都比东部地区和东北地区要高。

第三，表6-5汇报了四大地区私营企业部门金融杠杆的描述性统计分析结果。从表6-5中可以看出，东部地区私营企业部门金融杠杆的均值为0.146，最大值为0.460，最小值为0.012，标准差为0.104，这表明东部地区私营企业部门金融杠杆较高且波动幅度较大。中部地区私营企业部门金融杠杆的均值为0.146，最大值为0.364，最小值为0.070，标准差为0.078，这表明中部地区私营企业部门金融杠杆和东部地区相当，但波动幅度低于东部地区。西部地区私营企业部门金融杠杆的均值为0.150，最大值为0.708，最小值为0.040，标准差为0.118，这表明西部地区私营企业部门金融杠杆略高于东部地区和中部地区，但波动幅度高于东部地区和中部地区。东北地区私营企业部门金融杠杆的均值为0.098，最大值为0.162，最小值为0.048，标准差为0.043，这表明东北地区私营企业部门金融杠杆在四个地区中最小，波动幅度也最小。

表 6 − 5　　　　　四大地区私营企业部门金融杠杆的描述性统计分析

地区	东部地区	中部地区	西部地区	东北地区
均值	0.146	0.146	0.15	0.098
标准差	0.104	0.078	0.118	0.043
最大值	0.460	0.364	0.708	0.162
最小值	0.012	0.070	0.040	0.048
个数	80	48	88	24

综上所述，从四大地区私营企业部门金融杠杆的大小来看，私营企业部门金融杠杆从大到小依次排序的地区是西部地区、中部地区、东部地区和东北地区；从私营企业部门金融杠杆的波动幅度来看，从高到低依次排序的地区是西部地区、东部地区、中部地区和东北地区。由此可见，西部地区、东部地区和中部地区的私营企业部门金融杠杆较高且波动幅度较大，东北地区则较小。

第四，表 6 − 6 汇报了四大地区政府部门金融杠杆的描述性统计分析结果。从表 6 − 6 中可以看出，东部地区政府部门金融杠杆的均值为 0.096，最大值为 0.171，最小值为 0.014，标准差为 0.035，这表明东部地区政府部门金融杠杆较高，而波动幅度较小。中部地区政府部门金融杠杆的均值为 0.102，最大值为 0.150，最小值为 0.061，标准差为 0.023，这表明中部地区政府部门金融杠杆高于东部地区，且波动幅度也高于东部地区。西部地区政府部门金融杠杆的均值为 0.158，最大值为 0.277，最小值为 0.080，标准差为 0.048，这表明西部地区政府部门金融杠杆高于东部地区和中部地区，且波动幅度也高于东部地区和中部地区。东北地区政府部门金融杠杆的均值为 0.112，最大值为 0.148，最小值为 0.058，标准差为 0.022，这表明东北地区政府部门金融杠杆高于东部地区和中部地区，但波动幅度低于东部地区、中部地区和西部地区。

表6-6　　　　　　　四大地区政府部门金融杠杆的描述性统计分析

地区	东部地区	中部地区	西部地区	东北地区
均值	0.096	0.102	0.158	0.112
标准差	0.035	0.023	0.048	0.022
最大值	0.171	0.150	0.277	0.148
最小值	0.014	0.061	0.080	0.058
个数	80	48	88	24

综上所述，从四大地区政府部门金融杠杆的大小来看，政府部门金融杠杆从大到小依次排序的地区是西部地区、东北地区、中部地区和东部地区；从波动幅度来看，从高到低依次排序的地区是西部地区、东部地区、中部地区和东北地区。由此可见，西部地区、东部地区和中部地区的政府部门金融杠杆较高且波动幅度较大，东北地区则较小。

第五，表6-7汇报了四大地区金融部门金融杠杆的描述性统计分析结果。从表6-7中可以看出，东部地区金融部门金融杠杆的均值为0.442，最大值为1.228，最小值为0.051，标准差为0.317，这表明东部地区金融部门金融杠杆较高且波动幅度较大。中部地区金融部门金融杠杆的均值为0.308，最大值为0.766，最小值为0.044，标准差为0.221，这表明中部地区金融部门金融杠杆低于东部地区，且波动幅度也低于东部地区。西部地区金融部门金融杠杆的均值为0.418，最大值为1.402，最小值为0.046，标准差为0.320，这表明西部地区金融部门金融杠杆高于中部地区而低于东部地区，但波动幅度却高于东部地区和中部地区。东北地区金融部门金融杠杆的均值为0.338，最大值为0.877，最小值为0.049，标准差为0.257，这表明东北地区金融部门金融杠杆的水平略高于中部地区，低于东部地区和西部地区，同时波动幅度也低于东部地区和西部地区。

表 6 - 7　　　　　　　四大地区金融部门金融杠杆的描述性统计分析

地区	东部地区	中部地区	西部地区	东北地区
均值	0.442	0.308	0.418	0.338
标准差	0.317	0.221	0.320	0.257
最大值	1.228	0.766	1.402	0.877
最小值	0.051	0.044	0.046	0.049
个数	80	48	88	24

综上所述，从四大地区金融部门金融杠杆的水平来看，从大到小依次排序的地区是东部地区、西部地区、东北地区和中部地区；从金融部门金融杠杆的波动幅度来看，从高到低依次排序的地区是西部地区、东部地区、东北地区和中部地区。由此可见，西部地区、东部地区和东北地区金融部门金融杠杆水平较高且波动幅度较大，中部地区则较小。

第六，表 6 - 8 汇报了四大地区家户部门金融杠杆的描述性统计分析结果。从表 6 - 8 中可以看出，东部地区家户部门金融杠杆的均值为 0.338，最大值为 0.654，最小值为 0.145，标准差为 0.136，这表明东部地区家户部门金融杠杆较高且波动幅度较大。中部地区家户部门金融杠杆的均值为 0.251，最大值为 0.512，最小值为 0.082，标准差为 0.100，这表明中部地区家户部门金融杠杆低于东部地区，且波动幅度也低于东部地区。西部地区家户部门金融杠杆的均值为 0.306，最大值为 0.616，最小值为 0.084，标准差为 0.117，这表明西部地区家户部门金融杠杆高于中部地区，低于东部地区，且波动幅度也是高于中部地区，低于东部地区。东北地区家户部门金融杠杆的均值为 0.270，最大值为 0.421，最小值为 0.187，标准差为 0.071，这表明东北地区家户部门金融杠杆略高于中部地区，低于东部地区和西部地区，波动幅度却低于东部地区、中部地区和西部地区。

表 6 – 8 四大地区家户部门金融杠杆的描述性统计分析

地区	东部地区	中部地区	西部地区	东北地区
均值	0.338	0.251	0.306	0.270
标准差	0.136	0.100	0.117	0.071
最大值	0.654	0.512	0.616	0.421
最小值	0.145	0.082	0.084	0.187
个数	80	48	88	24

综上所述，从四大地区家户部门金融杠杆的大小来看，从大到小依次排序是东部地区、西部地区、东北地区和中部地区；从家户部门金融杠杆的波动幅度来看，从高到低依次排序的地区是东部地区、西部地区、中部地区和东北地区。由此可见，西部地区、东部地区的家户部门金融杠杆水平较高且波动幅度较大，中部地区和东北地区则较小。

6.2 结构性金融杠杆对系统性金融风险 空间溢出的异质性实证分析

在对指标进行了描述性统计分析的基础上，考虑到金融杠杆内部结构的异质性，本部分借鉴第 5 章构建的空间计量模型，进一步对全国及四大区域结构性金融杠杆对系统性金融风险空间溢出的异质性进行检验，其检验结果分别如表 6 – 9 至表 6 – 13 所示。

1. 基于全国层面的实证考察

表 6 – 9 汇总了全国层面结构性金融杠杆对系统性金融风险空间溢出的实证检验结果。

表6-9　　　　　　全国层面结构性金融杠杆对系统性
金融风险空间溢出的检验结果

解释变量	区域内溢出			区域间溢出			总溢出		
	邻接距离	地理距离	经济距离	邻接距离	地理距离	经济距离	邻接距离	地理距离	经济距离
	(1)	(2)	(3)	(4)	(5)	(6)	(7)	(8)	(9)
Lev_cor	0.019**	0.017*	0.015*	0.012	0.040	0.023*	0.031**	0.057*	0.038*
	(2.10)	(1.66)	(1.82)	(1.55)	(0.12)	(1.89)	(2.07)	(1.77)	(1.67)
Lev_gycor	0.027***	0.030***	0.044***	0.062***	0.053*	0.031*	0.089***	0.083*	0.075***
	(3.05)	(3.51)	(3.44)	(2.63)	(1.82)	(1.76)	(3.31)	(1.75)	(3.73)
Lev_sycor	-0.006**	-0.011*	-0.017*	-0.008**	-0.007**	-0.010*	-0.014**	-0.018*	-0.027*
	(-2.03)	(-1.69)	(-1.88)	(-2.13)	(-2.24)	(-1.71)	(-2.45)	(-1.73)	(-1.79)
Lev_gov	0.030**	0.018**	0.013**	0.021	0.025*	0.034*	0.051*	0.043	0.047**
	(2.04)	(2.55)	(2.19)	(1.00)	(1.81)	(1.90)	(1.67)	(0.09)	(2.01)
Lev_fin	0.029	0.031**	0.055**	0.062***	0.094*	0.097*	0.091**	0.125*	0.152**
	(1.07)	(2.23)	(2.40)	(3.82)	(1.85)	(1.83)	(2.53)	(1.86)	(2.05)
Lev_home	0.018***	0.020***	0.022***	0.001*	0.009**	0.010*	0.019***	0.029***	0.032***
	(3.08)	(3.13)	(3.67)	(1.68)	(2.07)	(1.92)	(3.26)	(4.89)	(3.56)
rGDP	-0.012***	-0.014***	-0.018***	0.010***	0.009***	0.017***	-0.002*	-0.005*	-0.001**
	(-4.09)	(-4.38)	(-5.11)	(3.06)	(3.22)	(4.66)	(-1.70)	(-1.75)	(-2.08)
CPI	0.017***	0.016***	0.018***	0.011	0.013	-0.005	0.028***	0.029***	0.013***
	(6.53)	(5.65)	(5.36)	(1.55)	(1.07)	(-0.40)	(5.71)	(3.83)	(5.80)
Urb	-0.003	-0.010	-0.029	0.007	-0.015	0.004	0.010	-0.025	-0.025
	(-0.29)	(-0.63)	(-1.15)	(0.34)	(-0.27)	(0.41)	(0.37)	(-0.52)	(-1.29)
Deposit	-0.003*	-0.005**	-0.005**	0.004	0.003	-0.003	-0.001*	-0.002**	-0.008**
	(-1.79)	(-2.19)	(-2.45)	(0.76)	(1.43)	(-0.60)	(-1.65)	(-2.06)	(-2.25)
Sch	0.009*	0.007	0.005	0.013**	-0.006	-0.003	0.022**	-0.001	0.002
	(1.66)	(1.13)	(1.22)	(2.15)	(-0.97)	(-0.49)	(1.99)	(-1.44)	(1.56)
EPU	0.005***	0.003*	0.004**	0.003	0.005***	0.002	0.008***	0.008**	0.006**
	(3.45)	(1.84)	(2.37)	(1.21)	(8.05)	(0.11)	(2.99)	(2.00)	(2.31)

注：*表示在10%水平下显著，**表示在5%水平下显著，***表示在1%水平下显著。

从表6-9可以看出：

在区域内溢出的实证结果中，企业部门金融杠杆（Lev_cor）对系统性金融风险的空间溢出在三种空间权重距离矩阵下为正，且分别通过了5%、10%和10%的显著性检验，这表明企业部门金融杠杆对系统性金融风险具有正向的空间溢出，即企业部门金融杠杆越高，系统性金融风险越高。这可能是由于现阶段伴随我国非金融企业部门金融杠杆的持续攀升，非金融企业部门金融杠杆的消极效果逐渐显现，主要体现为以下几方面：一是非金融企业杠杆增加导致企业陷入财务困境的可能性增大，企业因为负债的累积而产生的到期还本付息的压力增加。二是非金融企业部门金融杠杆的增加会使得企业财务风险和经营风险增加，一方面银行在向金融杠杆过高的企业贷款时可能会缩减信贷规模，银行的"抽贷"和"惜贷"行为容易使企业陷入资不抵债的窘境；另一方面银行还会提高对该类企业继续放贷的贷款利率，提高了非金融企业的融资成本，如此一来，企业的经营风险容忍度降低。三是企业金融杠杆升高加剧了上市公司间高管的委托代理冲突。当企业的金融杠杆水平较高时，公司的所有者往往会采取以下三种利己策略：冒高风险的动机，为了使公司存活下来，投资高风险项目；投资不足动机，如果不能阻止公司破产，即使有能盈利的项目也不会进行投资；进行额外股利或其他项目分配，加速破产。上述三种策略在某种程度上既升级了委托代理冲突，又加重了企业的风险。由此可见，较高水平的非金融企业部门金融杠杆对系统性金融风险的负向影响显而易见。

不难发现，企业部门金融杠杆内部也存在较大的异质性，鉴于数据可得性的问题，本书只对国有企业部门和私营企业部门金融杠杆对系统性金融风险的空间溢出进行了检验。从检验结果可以看出，国有企业部门金融杠杆（Lev_gycor）对系统性金融风险的区域内溢出显著为正，且均通过了1%的显著性水平，而私营企业部门金融杠杆（Lev_sycor）对系统性金融风险的区域内溢出显著为负，且分别通过了5%、10%和10%的显著性检验，这表明国有企业部门金融杠杆越高，系统性金融风险越大，私营企业部门金融杠杆越高，系统性金融风险越小，且国有企业的作用效果更大。这可能是由于相比于私营企业，国有企业的规模普遍要比民营企业大，且国有企业享有政府隐性担保，具有融资优势。在目前我国经济进入调结构、转方式以及经济增速放缓的阶段，国有企业的上述优势更加突出，加之改革过程中的经济政策的不确定性上升及我国各地区金融抑制程度不同，金融资源更青睐于向国企分配。由此，国有企业比较容易获得融资，债务规模比较大。但我国国有企业普遍创新能力不足，运营效率低下，在目前我国经济增速放缓的情形下普遍面临亏损，若要维持资金的正常运转，国有企业只能借新债还旧债，这就导致国有企业债务规模持续增大，金融资源将进一步流入效率比较低的部门，加重资源错配程度，加剧我国经济及金融领域面临的风险。此外，国有企业将凭借自身优势从银行获得的多余金融资源，再高息贷放给中小微等私营企业，进一步加长了资金链条，加深了资金的脱实向虚，累积了系统性金融风险。反观私营企业，由于自身规模等的劣势，很难从银行等正规渠道获得资金，可以获得资金的渠道通常为民间借贷或向国有企业借贷等非正规金融渠道①。无论上述哪一种形式，都面临着高昂的融资成本，而持续的高杠杆普遍使私营企业面临着"资产负债表衰退"恶性循环风险。上述情形的存在，催生了我国"好杠杆减少、坏杠杆增加"的不良局面，导致私营企业难以获得足够的资金发展，加剧风险，触发金融危机甚至经济危机。

政府部门金融杠杆对系统性金融风险的区域内溢出效应在三种空间权重矩阵距离下均显著为正，且均通过了 1% 的显著性水平，这表明政府部门金融杠杆对系统性金融风险具有正向冲击，即政府部门金融杠杆越大，系统性金融风险越高。可能的原因主要有以下几方面：一是和我国特有的体制机制有关。我国目前存在的中央政府和地方政府之间财权事权的极度不匹配、地方官员政绩考核指标还不够科学、合理以及政府

---

① 所谓非正规金融渠道通常是指无法从银行等正规渠道获得资金，可以借助民间借贷或国有企业凭借自身优势在银行体系获得贷款，直接贷放给难以从银行体系获得资金的中小微企业等融资方式。

在资源配置中发挥的重要作用等体制机制的原因，导致地方政府具有较高主动负债或者被动负债的冲动。加之我国特殊的城市土地和矿产资源产权制度的背景，一方面，地方政府具有较大的资源支配权和隐性担保权，银行对地方政府存在过度信任的问题，即使银行等金融机构和地方政府融资平台之间存在严重的信息不对称，银行等金融机构也愿意给地方政府放贷，最终的结果是银行在对地方政府发放贷款的过程中可能会出现重复抵押或者虚假抵押的情况，造成资金使用的各个环节面临较大的金融风险，另一方面地方政府依靠卖地或抵押土地收入偿还贷款或获得银行信贷，一旦土地价格下降，将直接影响地方政府信贷规模和债务风险。二是与政府错配金融资源有关系。地方政府通过地方融资平台从影子银行等银行体系之外多渠道获得的资金，大部分用来投资中长期基建项目，但是这些项目一般投资周期较长，收回投资收益较慢，且其中一些投资项目在今后较长一段时间内收益都难以保证，一旦资金链断裂，将会导致巨大的流动性风险。此外，部分涉政项目通过平台公司间相互担保，以获得更多信用，形成了规模较大的担保圈，单一公司流动性风险沿着担保链传递很可能造成大范围的债务违约。三是金融监管配套措施的滞后。地方政府对财政资金的来源以及财政资金的运用，并没有形成完备的监管配套方案，导致银行理财产品、基金和信托等的影子银行体系的大量资金涌入地方政府的投融资平台，为地方政府借短用长提供了诸多便利，累积了系统性金融风险。

金融部门金融杠杆对系统性金融风险的区域内溢出在地理距离权重下和经济距离空间权重矩阵下显著为正，且均通过了 5% 的显著性水平，这表明金融部门金融杠杆对系统性金融风险具有正向冲击，即金融部门金融杠杆越高，系统性金融风险越大。这可能由于近几年我国实体经济部门的资本报酬率较低，虚拟经济对实体经济发生了资金的虹吸效应，使得大部分资金并未进入实体领域，而是在金融领域空转，致使金融部门金融杠杆增加，对金融系统稳定性造成影响。而导致资金空转的主要推手是影子银行体系的迅速膨胀。2008 年以来，影子银行体系规模快速扩张，我国影子银行金融杠杆开始快速上升，影子银行规模的迅速膨胀使得影子银行通过资金套利和监管套利获得丰厚收益，而上述套利不仅提高资金成本，增大资产风险，也由于资金链条环环相扣，极易发生多米诺骨牌效应，增加了金融系统的内在脆弱性。

家户部门金融杠杆对系统性金融风险的影响在三种空间权重矩阵距离下均显著为正，且均通过了 1% 的显著性水平，这表明家户部门金融杠杆对系统性金融风险具有正向的影响，即家户部门金融杠杆越大，系统性金融风险越大。这可能是由于伴随金融市场的不断完善和发展，家庭部门参与炒股、炒房、信用卡和大额消费贷等配置家庭资产的方式日渐丰富，这一方面使得家庭部门可配置的资产逐渐增多，另一方面也增加了家户部门资产的风险暴露。此外，虽然资产配置方式多种多样，但房地产依然是家庭部门投资大额固定资产的唯一选择，因此家户部门金融杠杆随着房地产价格的上涨而不断上涨。在资产价格不断上升的阶段，高金融杠杆和高企债务会因为资产价格上涨的财富效应所淹没，期望价格和实际价格协调发展，资产价格增加和经济基本面的优化相一致。伴随房地产市场泡沫的不断累积，资产价格极易遭受冲击，泡沫也会随之破灭，泡沫所蕴含的风险也将被释放，对实体经济和金融领域都将产生严重影响。

从核心解释变量对系统性金融风险的区域间溢出来看，我们发现，企业部门、国有企业部门、私营企业部门、政府部门、金融部门以及家户部门金融杠杆对系统性金融风险的区域间溢出在两种或三种空间权重矩阵距离下均显著，这表明上述各部门金融杠杆对系统性金融风险不仅具有区域内溢出，也存在区域间溢出。这警示决策层在进行决策时不能忽视区域之间的相互影响，避免决策失误。

从其余解释变量对系统性金融风险的空间溢出来看，经济增长率（rGDP）对系统性金融风险的空间溢出显著为负，表明经济增长对抵御系统性金融风险具有积极意义。通货膨胀率（CPI）对系统性金融风险的空间溢出显著为正，表明我国通货膨胀率应该维持在一定范围内，否则通货膨胀率的快速上升将进一步加剧系统性金融风险的传染。银行业存款增长率（Deposit）对系统性金融风险的空间溢出显著为负，表明银行业存款的增多将增加银行等金融机构运行的稳健性，加强其对金融风险的抵御能力。投资的市场化程度（Sch）对系统性金融风险的空间溢出显著为正，表明投资的市场化程度越高，系统性金融风险越大。经济政策不确定性（EPU）增加将加剧系统性金融风险的累积。

2. 基于区域层面的考察

首先，表6-10汇报了东部地区各部门金融杠杆对系统性金融风险空间溢出的检验结果。从表6-10中可以看出，东部地区各部门金融杠杆对系统性金融风险的空间溢出与全国层面相似，即对系统性金融风险具有正向空间溢出的是企业部门金融杠杆、国有企业部门金融杠杆、政府部门金融杠杆、金融部门金融杠杆和家户部门金融杠杆，而私营企业部门金融杠杆对系统性金融风险的空间溢出作用为负。

表6-10　　　　　　　东部地区结构性金融杠杆对系统性

金融风险空间溢出的检验结果

解释变量	区域内溢出			区域间溢出			总溢出		
	邻接距离	地理距离	经济距离	邻接距离	地理距离	经济距离	邻接距离	地理距离	经济距离
	（1）	（2）	（3）	（4）	（5）	（6）	（7）	（8）	（9）
Lev_cor	0.006 (0.7)	0.017** (1.99)	0.005 (0.32)	0.025** (2.17)	0.031*** (3.16)	0.035*** (2.83)	0.031* (1.87)	0.048*** (4.44)	0.040*** (3.01)
Lev_gycor	0.023** (2.06)	0.015 (1.61)	0.011 (1.37)	0.035** (2.18)	0.033** (2.36)	0.040** (2.40)	0.058** (2.47)	0.048* (1.67)	0.051** (2.46)
Lev_sycor	-0.008* (-1.67)	-0.005*** (-2.81)	-0.010* (-1.90)	-0.003 (-1.46)	-0.004 (-0.58)	-0.024** (-2.12)	-0.011* (-1.76)	-0.009* (-1.84)	-0.034*** (-3.11)
Lev_gov	0.021** (2.52)	0.011 (0.74)	0.008 (1.01)	0.034** (2.09)	0.016 (1.22)	0.026* (1.67)	0.055* (1.45)	0.027 (0.90)	0.034 (0.34)
Lev_fin	0.175*** (3.51)	0.150*** (4.11)	0.072* (1.83)	0.105** (2.13)	0.137** (2.22)	0.024** (2.36)	0.280*** (4.15)	0.287*** (3.41)	0.096** (2.19)
Lev_home	0.005** (2.09)	0.001** (2.27)	0.003** (2.26)	0.006 (0.14)	0.011 (0.64)	0.003 (1.27)	0.011* (1.79)	0.012 (1.08)	0.006** (2.49)

续表

解释变量	区域内溢出			区域间溢出			总溢出		
	邻接距离	地理距离	经济距离	邻接距离	地理距离	经济距离	邻接距离	地理距离	经济距离
	(1)	(2)	(3)	(4)	(5)	(6)	(7)	(8)	(9)
rGDP	-0.007*** (-3.14)	-0.007*** (-3.01)	-0.009*** (-3.19)	0.003* (1.83)	0.008*** (3.05)	0.011*** (3.24)	-0.004* (-1.83)	-0.001* (-2.25)	-0.002*** (-4.07)
CPI	0.006*** (3.72)	0.004*** (2.58)	0.007*** (3.96)	0.005** (2.47)	-0.002 (-0.54)	-0.001 (-0.95)	0.011** (2.43)	0.002 (1.50)	0.006*** (3.99)
Urb	0.025 (0.79)	0.013* (1.78)	0.011* (1.66)	0.113* (1.80)	0.157*** (3.23)	0.025 (0.46)	0.138** (2.19)	0.170*** (3.31)	0.036 (0.07)
Deposit	-0.003*** (-2.48)	-0.003** (-2.44)	-0.004*** (-2.88)	-0.008*** (-2.62)	-0.004* (-1.68)	-0.011 (-0.55)	-0.007** (-2.41)	-0.007** (-2.13)	-0.015** (-2.50)
Sch	-0.009** (-2.56)	-0.007* (-1.93)	-0.003 (-1.27)	-0.011** (-2.05)	-0.006* (-1.70)	-0.012*** (-3.17)	-0.020*** (-3.03)	-0.013** (-2.16)	-0.015*** (-3.11)
EPU	-0.001 (-1.34)	0.002 (0.75)	0.003** (2.18)	0.003 (1.05)	0.001 (0.16)	0.001 (0.55)	0.002 (0.03)	0.003 (0.64)	0.004* (1.53)

注：* 表示在10%水平下显著，** 表示在5%水平下显著，*** 表示在1%水平下显著。

其次，表 6 - 11 显示其余控制变量对系统性金融风险的空间溢出也和全国类似，即经济增长率、银行业存款规模增长率对系统性金融风险的空间溢出作用为负，通货膨胀率、城镇化率以及经济政策的不确定性对系统性金融风险的空间溢出作用为正。但从区域内溢出和区域间溢出的作用效果来看，东部地区的金融部门金融杠杆对系统性金融风险的空间溢出作用比全国层面大，除此之外的其余各部门金融杠杆均比全国层面的小，这可能是由于全国的金融资源大部分都聚集在东部地区，且东部地区的金融创新与金融发展水平显然高于全国的其他地区，这使得东部地区企业融资成本较低，从另一方面来看，东部地区也支持了该地区企业高负债经营行为，因此东部地区的金融部门金融杠杆对系统性金融风险的冲击较大也符合我国的实际情况。此外，与全国层面实证结果不一致的是投资的市场化程度，东部地区投资的市场化程度对系统性金融风险的空间溢出显著为负，这可能是由于东部地区的营商环境和金融环境有利于经营主体投资，增强经营主体的抗风险能力。

表6-11汇报了中部地区结构性金融杠杆对系统性金融风险空间溢出的检验结果。从表6-11中可以看出，中部地区企业部门金融杠杆、国有企业金融杠杆、政府部门金融杠杆、金融部门金融杠杆和家户部门金融杠杆对系统性金融风险的空间溢出与全国层面的实证结果类似，即对系统性金融风险的空间溢出为正。中部地区私营企业部门对系统性金融风险的空间溢出为负，但并不显著。这可能是由于相较于东部地区，中部地区的经济金融环境对中小微企业支持作用并未充分显现。但从区域内溢出和区域间溢出的作用效果来看，中部地区各部门金融杠杆对系统性金融风险的空间溢出作用比全国层面要大，这可能是由于中部地区各省份在地理位置、自然禀赋以及区位优势上较为相似，中部六省份的业务及债务往来更为密切，因此彼此间的债权债务关联对系统性金融风险的空间溢出更为明显。

表6-11　　　　　　中部地区结构性金融杠杆对系统性
金融风险空间溢出的检验结果

解释变量	区域内溢出			区域间溢出			总溢出		
	邻接距离	地理距离	经济距离	邻接距离	地理距离	经济距离	邻接距离	地理距离	经济距离
	(1)	(2)	(3)	(4)	(5)	(6)	(7)	(8)	(9)
Lev_cor	0.134 *** (3.51)	0.122 * (1.81)	0.029 (0.37)	0.069 (0.99)	0.201 *** (2.77)	0.081 ** (2.11)	0.203 *** (3.07)	0.323 (0.64)	0.110 *** (2.80)
Lev_gycor	0.324 *** (6.02)	0.183 *** (3.45)	-0.087 (-1.33)	-0.235 *** (-3.55)	-0.302 *** (-3.87)	0.006 (0.54)	0.089 * (1.68)	-0.119 (-0.45)	-0.081 (-1.28)
Lev_sycor	-0.142 (-0.37)	-0.175 (-0.44)	-0.103 (-0.53)	0.189 (0.86)	-0.161 (-0.68)	-0.026 (-0.71)	0.047 (0.39)	-0.336 (-1.03)	-0.129 (-0.60)
Lev_gov	0.178 ** (2.31)	0.124 (0.47)	0.350 * (1.73)	-0.062 (-1.11)	0.501 *** (2.86)	0.374 * (1.75)	0.116 * (1.68)	0.625 (0.46)	0.724 ** (2.21)

续表

解释变量	区域内溢出			区域间溢出			总溢出		
	邻接距离	地理距离	经济距离	邻接距离	地理距离	经济距离	邻接距离	地理距离	经济距离
	（1）	（2）	（3）	（4）	（5）	（6）	（7）	（8）	（9）
Lev_fin	0.084* (1.74)	0.120 (0.92)	0.079*** (3.18)	0.033* (1.86)	0.042 (0.17)	0.025 (0.30)	0.117* (1.80)	0.162 (0.53)	0.104** (23.19)
Lev_home	0.167*** (5.60)	−0.041 (−1.19)	0.033 (1.24)	0.388*** (6.20)	0.159** (2.25)	−0.007 (−0.47)	0.555*** (4.91)	0.118* (1.90)	0.026 (1.01)
rGDP	−0.067*** (−5.08)	−0.051** (−2.08)	0.012 (1.41)	−0.134*** (−6.61)	−0.082*** (−2.98)	−0.003 (−0.14)	−0.201*** (−5.11)	−0.133** (−2.44)	0.009 (0.36)
CPI	0.033*** (4.99)	0.021** (2.51)	0.037*** (3.03)	0.062*** (5.08)	−0.008 (−1.53)	−0.025 (−1.05)	0.095*** (6.94)	0.013** (2.21)	0.012 (0.60)
Urb	1.289*** (6.20)	1.155*** (3.13)	0.730*** (3.02)	−0.362** (−2.01)	−0.052 (−0.12)	−0.103 (−1.16)	0.927*** (9.29)	1.103*** (3.56)	0.627*** (2.98)
Deposit	−0.007 (−1.55)	0.021** (2.08)	0.001 (0.14)	−0.075*** (−9.27)	−0.006 (−1.35)	0.001 (0.42)	−0.082*** (−8.65)	0.015* (1.85)	0.002 (0.14)
Sch	−0.043*** (−3.56)	−0.081*** (−3.13)	−0.062* (−1.92)	−0.165*** (−8.09)	−0.059 (−1.07)	0.010 (1.11)	−0.208*** (−8.06)	−0.140*** (−2.60)	−0.052* (−1.86)
EPU	0.009*** (2.78)	−0.008 (−1.13)	−0.005 (−1.01)	−0.003* (−1.78)	0.001 (0.72)	0.002 (0.88)	0.006*** (2.96)	−0.007 (−1.20)	−0.003 (−1.44)

注：＊表示在10%水平下显著，＊＊表示在5%水平下显著，＊＊＊表示在1%水平下显著。

再次，表6－12汇报了西部地区结构性金融杠杆对系统性金融风险空间溢出的检验结果。从表6－12中可以看出，西部地区企业部门金融杠杆、国有企业部门金融杠杆、政府部门金融杠杆、金融部门金融杠杆、家户部门金融杠杆对系统性金融风险的空间溢出从方向上与全国层面的实证结果类似，即对系统性金融风险的空间溢出为正，但与其他地区不同的是，私营企业部门金融杠杆对系统性金融风险的空间溢出为正，这可能由于西部地区金融和经济发展滞后，金融发展不足，金融市场不成熟，银行等金融机构大部分处于东部地区金融机构总部的指挥和控制之下，因此该地区私营企业获得资金的成本较高，资金来源渠道较为复杂，伴随私营企业部门金融杠杆的上升对系统性金融风险的负面冲击显著。但从区域内溢出和区域间溢出的作用效果来看，西部地区各部门金融杠杆对系统性金融风险的空间溢出高于全国地区。

表6-12 西部地区结构性金融杠杆对系统性
金融风险空间溢出的检验结果

解释变量	区域内溢出			区域间溢出			总溢出		
	邻接距离	地理距离	经济距离	邻接距离	地理距离	经济距离	邻接距离	地理距离	经济距离
	(1)	(2)	(3)	(4)	(5)	(6)	(7)	(8)	(9)
Lev_cor	0.052*	0.061***	0.049***	-0.013**	0.022	-0.017*	0.039*	0.083	0.032*
	(1.77)	(3.01)	(2.74)	(-2.34)	(0.42)	(-1.89)	(1.90)	(0.53)	(1.66)
Lev_gycor	-0.007	0.023	0.009	0.004	0.012*	0.023	-0.003	0.035*	0.032
	(-0.61)	(0.89)	(0.47)	(0.55)	(1.87)	(0.56)	(-0.47)	(1.81)	(0.57)
Lev_sycor	0.016*	0.005	0.011	0.004	0.017	0.038**	0.020*	0.022	0.049**
	(1.76)	(0.71)	(0.80)	(0.73)	(0.47)	(2.16)	(1.73)	(1.56)	(2.42)
Lev_gov	0.357***	0.298***	0.427***	-0.056**	0.140	-0.073*	0.301***	0.438**	0.354***
	(5.04)	(3.73)	(4.26)	(-2.49)	(0.74)	(-1.67)	(4.97)	(2.46)	(3.38)
Lev_fin	0.423***	0.248**	0.315**	0.014	0.007	0.024**	0.437**	0.255*	0.339**
	(2.84)	(2.57)	(2.36)	(0.59)	(0.31)	(2.54)	(2.44)	(1.71)	(2.58)
Lev_home	0.027***	0.023**	0.021**	0.015**	0.051**	0.011	0.042***	0.074***	0.032**
	(3.68)	(2.15)	(2.42)	(1.97)	(2.12)	(1.19)	(3.22)	(2.76)	(2.03)
rGDP	-0.008**	-0.009*	-0.006	-0.002	-0.006	-0.003	-0.010***	-0.015**	-0.009**
	(-2.02)	(-1.63)	(-1.25)	(-0.29)	(-1.43)	(-0.54)	(-3.29)	(-2.08)	(-1.97)
CPI	0.017***	0.015***	0.019***	-0.005**	0.001	-0.014*	0.012***	0.016*	0.005***
	(4.44)	(3.07)	(6.11)	(-2.20)	(0.17)	(-1.78)	(4.66)	(1.97)	(4.53)
Urb	-0.069**	-0.056	-0.058	0.016	0.015	0.014	-0.053**	-0.041**	-0.044
	(-2.10)	(-1.45)	(-1.64)	(1.29)	(0.56)	(1.13)	(-2.17)	(-2.33)	(-1.58)

续表

解释变量	区域内溢出			区域间溢出			总溢出		
	邻接距离	地理距离	经济距离	邻接距离	地理距离	经济距离	邻接距离	地理距离	经济距离
	(1)	(2)	(3)	(4)	(5)	(6)	(7)	(8)	(9)
Deposit	−0.008 **	−0.006 *	−0.010 ***	−0.004	−0.005	−0.003	−0.012 **	−0.011 *	−0.013 **
	(−2.36)	(−1.88)	(−2.75)	(−1.55)	(−0.11)	(−1.14)	(−2.01)	(−1.69)	(−2.54)
Sch	−0.002	−0.004	0.010 **	0.001	−0.005	−0.003	−0.001	−0.009	−0.007
	(−0.58)	(−0.91)	(2.02)	(0.38)	(−0.40)	(−0.34)	(−0.36)	(−0.48)	(−0.55)
EPU	0.005 ***	0.006 **	0.007 ***	−0.003 **	−0.002	−0.001	0.002 ***	0.004 **	0.006 ***
	(3.18)	(2.43)	(3.66)	(−1.97)	(−0.67)	(−0.83)	(3.57)	(2.04)	(3.07)

注: * 表示在 10% 水平下显著, **表示在 5% 水平下显著, ***表示在 1% 水平下显著。

最后, 表 6 - 13 汇报了东北地区结构性金融杠杆对系统性金融风险空间溢出的检验结果。从表 6 - 13 中可以看出, 东北地区仅政府部门金融杠杆、金融部门金融杠杆和家户部门金融杠杆对系统性金融风险的空间溢出显著为正, 其余部门金融杠杆对系统性金融风险的空间溢出并不显著, 这表明东北地区作为传统的老工业基地, 伴随经济结构的转型升级, 传统的国有企业发生变革, 呈现出一定的抵御金融风险的能力, 而私营企业由于东北地区的营商环境的限制, 加上本身的资金流动性、盈利能力等较弱, 对金融风险的抵御能力较弱。但从区域内溢出和区域间溢出的作用效果来看, 东北地区各部门金融杠杆对系统性金融风险的空间溢出高于全国地区。

表 6 - 13 东北地区结构性金融杠杆对系统性金融风险空间溢出的检验结果

解释变量	区域内溢出			区域间溢出			总溢出		
	邻接距离	地理距离	经济距离	邻接距离	地理距离	经济距离	邻接距离	地理距离	经济距离
	(1)	(2)	(3)	(4)	(5)	(6)	(7)	(8)	(9)
Lev_cor	0.271	0.219	0.202	0.004	0.083	0.220	0.275	0.302	0.422
	(1.01)	(1.44)	(1.27)	(0.03)	(1.32)	(0.15)	(1.17)	(1.60)	(1.29)

续表

解释变量	区域内溢出			区域间溢出			总溢出		
	邻接距离	地理距离	经济距离	邻接距离	地理距离	经济距离	邻接距离	地理距离	经济距离
	(1)	(2)	(3)	(4)	(5)	(6)	(7)	(8)	(9)
Lev_gycor	1.598 (0.82)	0.233 (1.16)	2.312 (1.22)	0.094 (0.19)	0.063 (0.95)	2.044 (1.54)	1.692 (1.34)	0.296 (1.05)	4.356 (1.39)
Lev_sycor	1.230 (1.05)	0.245 (0.90)	1.163 (1.32)	0.025 (0.46)	0.064 (1.33)	0.873 (0.75)	1.255 (1.21)	0.309 (0.76)	2.036 (1.37)
Lev_gov	0.509** (2.03)	0.217*** (5.42)	0.223** (2.31)	−0.421 (−1.17)	0.356* (1.87)	−0.013* (−1.93)	0.088*** (4.95)	0.573*** (5.88)	0.210** (2.35)
Lev_fin	0.147** (1.66)	0.675* (1.83)	0.276 (1.05)	0.356* (1.77)	0.345* (1.90)	0.184* (1.93)	0.503** (2.04)	1.020** (1.75)	0.460* (1.81)
Lev_home	0.211 (1.01)	0.175** (2.52)	0.136** (2.04)	0.003 (0.03)	−0.051 (−1.16)	−0.100 (−0.87)	0.214 (0.94)	0.124*** (2.99)	0.036** (1.87)
rGDP	−0.173* (−1.75)	−0.014*** (−2.76)	−0.157*** (−3.60)	−0.031*** (−2.61)	−0.040*** (−5.44)	−0.042* (−1.91)	−0.204 (−1.27)	−0.054*** (−3.73)	−0.199*** (−4.15)
CPI	0.037** (2.41)	0.032*** (2.76)	0.041** (1.99)	0.445 (1.45)	0.027 (−1.02)	0.066 (1.62)	0.482 (1.55)	0.059** (2.11)	0.107*** (3.56)
Urb	1.219** (2.11)	0.424*** (3.64)	1.617** (2.15)	0.045 (0.38)	0.127 (1.56)	0.188 (0.75)	1.264* (1.87)	0.551** (2.65)	1.805*** (6.41)
Deposit	0.123 (1.57)	−0.014*** (−3.29)	−0.056* (−1.85)	0.004 (0.32)	0.016 (0.69)	0.05 (0.74)	0.127 (1.55)	−0.002*** (−3.09)	−0.006*** (−3.45)
Sch	0.408* (1.71)	0.031 (0.90)	0.508* (1.71)	0.023 (0.42)	0.291 (0.87)	−0.445 (−0.13)	0.431* (1.87)	0.322 (0.99)	0.063** (2.13)
EPU	0.056* (1.83)	0.005 (0.63)	0.068* (1.94)	0.003 (0.07)	0.044 (0.82)	−0.047 (−0.15)	0.059 (1.61)	0.049 (0.25)	0.021*** (6.17)

注：* 表示在10%水平下显著，** 表示在5%水平下显著，*** 表示在1%水平下显著。

6.3　本章小结

本章在第 5 章的基础上，首先，对本部分所需的指标进行阐释，并对这些指标进行了描述性统计分析；其次，从全国及四大地区层面对结构性金融杠杆对系统性金融风险空间溢出的异质性展开实证检验。所得出的实证结论为：从全国层面来看，企业部门、国有企业部门、私营企业部门、政府部门、金融部门以及家户部门金融杠杆对系统性金融风险的空间溢出均显著。其中，私有部门金融杠杆对系统性金融风险的空间溢出显著为负，其余部门金融杠杆对系统性金融风险的空间溢出显著为正；从四大区域层面来看，不同部门金融杠杆对系统性金融风险的空间溢出确实存在异质性。

第 7 章

相关政策建议

本书基于测度出的系统性金融风险及金融杠杆，实证检验了金融杠杆对系统性金融风险空间溢出的作用关系、作用机理，并进一步对不同部门金融杠杆对系统性金融风险空间溢出的异质性展开实证检验。当前我国各省份的金融风险和金融杠杆在样本考察期内处于可控范围内，但两者的增长速度均较快。金融杠杆对系统性金融风险不仅存在显著的区域内溢出，也存在明显的区域间溢出，且不同部门金融杠杆对系统性金融风险的空间溢出存在异质性。结合实证研究结论，本部分从进一步优化金融发展环境、加强实体部门金融风险的防范治理与因地制宜实施差异化的金融风险防控政策方面给出以下"去杠杆、防风险"的相关政策建议。

7.1 进一步优化金融发展环境

本书的研究表明，资金配置效率和金融与实体经济的适配度均是金融杠杆对系统性金融风险的空间溢出的作用渠道。因此合理引导金融回归本质、健全多层次资本市场建设以及加强对影子银行监管来进一步优化金融发展环境，可以更进一步提高资金配置效率，缓解金融与实体经济发生脱节的矛盾。

7.1.1 合理引导金融回归本源

根据本书的研究，金融杠杆导致系统性金融风险攀升的一条很重要的渠道是由于大量的信贷资金流入虚拟经济领域，导致实体企业融资成本上升，实体投资萎靡，从而加剧系统性金融风险。此外，大量资金流入虚拟经济领域，导致资金链条被延长，同样也加重了经济主体的偿债性风险和流动性风险。由此可见，金融的本质是服务实体经济。金融一旦脱离这种功能定位，便会产生严重的资金"脱实向虚"现象，加重资金空转和虚拟经济的自我膨胀，爆发系统性金融风险。因此，需加强实体经济和虚拟经济协调发展的顶层设计，合理监管，引导资金进入实体经济领域，避免"脱实向虚"风险。可借鉴的监管方式如下：

其一，积极借鉴国外监管金融衍生品的经验，及时搭建金融衍生工具的监管体系，以充分调动金融衍生工具的积极作用。其二，应完善多维度和全方位的金融混业监管制度，避免监管空白与漏洞，防止影子银行业务的快速扩张所带来的潜在风险。其三，合理规范金融交易行为，打破金融系统内部各种套利局面，优化金融环境。其四，强化银行等金融机构的信贷监管。一是可通过构建大数据平台完善对中小企业资质与信誉的评价，积极引导资金流入中小企业，加大对其资金支持；二是加强贷款事前、事中和事后的审批工作，其中包含加强事前对企业财务数据"包装"的侦查，加强事中对借贷人情况的真实审核，加强事后对款项使用的追踪反映；三是积极推动构建银行服务实体经济成效的评价体系，加大处罚、问责力度，切实提升银行服务实体经济的力度与效果。

7.1.2 深入推进多层次资本市场建设

本书的研究表明，我国非金融企业部门金融杠杆高企与我国以银行为主的间接融资体系有密切关系。目前我国存在的这种融资结构，极易导致资金配置扭曲和效率低下。要想从根源上改变原有单一的融资体系、丰富和完善融资结构和提高资金配置效率，就要求我国在未来的发展进程中，进一步深化金融体制改革，提高直接融资在总融资中的比重，尤其是股权融资的占比，强化金融部门的监管与治理，健全多层次资本市场融资体系。

第一，丰富直接融资形式，提高直接融资比重。充分引导直接融资市场在金融市场中发挥"激励"和"分流"功能。具体可采取的措施如下：提高非金融企业进行直接融资的意识，树立企业多渠道融资的观念；积极推进企业市场化与法制化债转股，盘活企业现存资产；通过股票发行注册制常态化、降低债券首发门槛、健全票据市场、丰富债券种类等方式提高直接融资比重；重力发展风险投资市场，尤其支持、完善创业投资和风险投资发展，重点关注股票主板、二板、新三板、创业板、区域股权交易中心等的板块衔接和转换机制，做好风投、创业和众筹等资金的退出事宜；积极推进场外市场发展，尤其是区域金融市场的发展，为企业经营提供良好的金融生态环境，优化企业融资结构。

第二，进一步丰富完善间接融资市场，推动间接融资市场的市场化发展。根据本书的研究，大型的金融机构和资金需求量大的项目和企业存有相互依存、相互需要的关系。大型商业银行基于政府信用、融资成本、偿还风险等因素的诸多考量，倾向于放贷给有政府担保或背书的项目或企业，而地方政府的基础设施建设项目和拥有地方担保背景的企业，由于资金需求量大，也愿意寻求大的商业银行机构贷取资金。这样导致的后果往往是与政府相关的项目、平台债务规模迅速膨胀，金融机构信贷集中风险也因此急剧攀升。在当前我国经济增速放缓的前提下，要想防止此种形式的债务风险愈演愈烈之势，建议商业银行等金融机构在进行贷款审核时，全面综合客观地考察贷款企业的发展前景、财务状况、经营状况，健全完善自身的审核办法和激励机制，形成市场化的操作方式，减少对政府的依赖性。

第三，充分挖掘并发挥中小银行的比较优势。鼓励中小银行深入实际，摸清隶属地经济发展现状和小微企业的发展模式，为有发展潜质的中小型企业持续进行资金助力；积极放低民营银行的准入门槛，逐步打造中小银行服务队伍，对接服务中小微企业；加大产品创新、完善公司治理、优化服务流程、创新服务模式，提升中小城镇银行的资金配置效率和周转频率；通过制度设计、政策扶持等方式加快形成普惠金融等多业态的中小微金融组织，打造特色经营的商业银行系统；完善金融治理与监管，遏制资金在系统内部的空转现象，强化市场监管，有效防控金融风险。

7.1.3　强化影子银行的监管与治理

根据本书的研究，我国金融部门金融杠杆的快速上升和目前阶段影子银行规模的不断壮大、影子银行的监管套利和资金套利密切相关。要想防止金融部门金融风险的快速上升，需进一步强化对影子银行的监管。

金融部门影子银行规模的快速扩张是我国金融部门金融杠杆风险集聚的主要驱动因素之一。影子银行的高金融杠杆会加重系统性金融风险的传播。因此，金融部门金融杠杆的风险弱化其核心在于加强对影子银行的监管，减少其因为资金套利或是监管套利拉长资金链条，加剧各环节面临的风险。这就要求：一是在金融监管上，监管部门需创新转变监管模式，积极推进分业监管模式转为针对经营业务的功能监管模式；二是监管部门应要求影子银行对其理财产品净值定期进行公开披露，加快推进影子银行净值监管进程；三是需注意对于不同风险等级的项目，需划分不同的投资准入门槛，并提高投资者的风险意识。

7.2　加强实体经济部门金融风险的防范治理

根据本书的研究，我国不同实体经济部门金融杠杆大小及波动幅度存在差异性，且不同实体经济部门金融杠杆对系统性金融风险的空间溢出不同。因此，要想加强不同实体经济部门金融风险的防范治理，就需明确不同实体经济部门金融杠杆的"重灾区"，找准不同实体经济部门去杠杆的工作重点，积极推进结构性去杠杆，化解不同实体部门金融风险。

7.2.1 精准推进非金融企业部门去杠杆

根据本书的研究，我国非金融企业部门金融杠杆在大小和波动幅度上均高于西方发达经济体，尤其是国有企业金融杠杆，该部门去杠杆已成为去杠杆任务的关键领域和重要环节。目前企业部门金融杠杆大幅度飙升的主要原因在于国有企业金融杠杆上升过快，掩盖了私营企业金融杠杆下降的事实，因此我国非金融企业的高杠杆是结构性的。对于我国非金融企业部门结构性高杠杆现象，如若只一味地按照"总量"原则去杠杆，难免造成"好杠杆去除，坏杠杆增加"的不良局面。由此，国有企业和私营企业分类施策去杠杆，是当前完成非金融企业部门去杠杆的重要选择。

所谓非金融企业部门"分类施策"去杠杆主要是指，在我国特殊的企业所有权制度下，需要对国有企业和私营企业分类治理去杠杆，不断优化公司治理能力，提高资金使用效率，降低风险积累。

对于国有企业去杠杆可采取的举措如下：需积极淘汰、化解和出清落后产能，可通过财政政策和货币政策对落后产能企业的职工进行补偿和安置，完善落后产能企业破产申请程序，提高低效能僵尸企业的监管，结合"一带一路"倡议加强国际合作，引入高新技术等加快过剩产能企业转型升级；进一步深化国有企业混合所有制改革，积极吸纳社会资金、批准设立改革发展股权基金以促进国有企业改革重组；强化国有企业市场纪律，硬化预算约束，消除产权歧视，减少政府隐性担保、刚性兑付以及在国企运营中的干预，巩固资源的市场化配置机制，优化金融资源配置；支持低金融杠杆的新兴企业发展，完善其风险防控制及投资制度；因材施教地激励国有企业发展，有针对性地制定其长远发展规划，积极调整国企的治理结构和规章制度；鼓励国有企业进行多元化市场融资，调整股权结构，规范与监督股东行为。

对待民营企业，鼓励民营企业积极创新发展。本书的研究结果表明，样本考察期内，民营企业金融杠杆的提升对系统性风险的空间溢出为负，即民营企业的发展有利于降低系统性金融风险。因此鼓励民营企业积极创新发展是防御系统性金融风险的重点任务之一。针对有发展前景、未来收益高的中小微企业推出切实可行的政策措施来缓解其融资难、融资贵的难题是目前促进中小微企业发展的关键步骤之一。可通过以下方式实现：积极引导银行等金融机构下沉服务对象，创新服务模式和产品类型，优化贷款程度和信用评估体系，加大信贷覆盖范围，关注资质优厚的民营企业发展；积极引导鼓励优质民营企业通过风投资金、应收账款融资等多渠道筹措资金；加强法律约束与保障，推进垄断行业的民营化。众多民营企业凭借支持民营企业发展政策东风，健全公司治理架构，完善财务会计制度，增强自身信誉和实力，努力打造和培育一批具有中国特色和产业优势的新型企业。

7.2.2　综合施策化解地方政府债务风险

根据本书的研究，政府部门金融杠杆对系统性金融风险也具有较强冲击，这可能是目前我国政府部门金融杠杆上涨速度增加且波动较大所致。尤其近年来，伴随愈加严格的地方融资监管，为躲避监管，一些新型的融资手段如专项建设基金、政府和社会资本合作项目等浮出水面，更加剧了地方政府债务的隐蔽性和传染性，成为地方政府新的风险点，需引起高度警惕。由此，要想防控地方政府债务风险，可考虑借鉴的方式如下：

一是硬化对地方政府的负债约束。对地方政府承担的债务进行全口径预算处理，加强度量地方政府举债规模尤其是地方政府融资平台的实际债务规模的准确性，持续加强对地方政府债务增量的控制和检测。改变政府原来单一的考核模式，完善政府的考核模式，完善官员升任制度，可尝试将政府债务作为一个硬核指标纳入政绩考核中，防止地方政府之间的恶性竞争导致的非理性行为，造成不必要的竞争和内耗。同时，建立责任追究机制，制定出切实可行的偿还制度，积极推行举债权力和偿债责任的统一，实现债务责任终身制，责任不随岗位的更换而消失。

二是构建并完善地方政府举债的信用评价体系。积极实施地方政府的透明融资制度，提高地方政府融资平台准入门槛，建立规范化的政府举债制度，通过国家法律确立地方政府的举债机制和偿还机制。建立稳定的城市基础设施投融资机制，逐步提高政府债务风险的透明度，尤其是提高政府融资平台的透明度，可定期以债务公开的方式进行披露，规范债务的使用。

三是进一步厘清中央政府和地方政府的债务偿还责任。逐步消除地方政府对中央政府的依赖，从而防止财政机会主义的投机行为，抑制冲动借贷，从而降低地方政府举债的负外部性。此外，要进一步推进财政分权改革的进程，积极根据收入和支出责任匹配原则合理确定中央和地方的事权和财权，考虑地方差异，完善分税制财政管理体系。秉着收益、行动和技术原则，遵循事权和财权的匹配对财权进行合理划分，缓解地方政府在财政收支上存在的困难与矛盾，调整中央与地方间的财政关系。还需进一步完善政府转移支付制度，增加转移支付，并透明化和规范化资金转移，从而防止地方政府间的财政失衡和腐败现象。

四是打破地方政府预算软约束机制，进一步提高地方政府举债的市场化程度。我国政府的预算软约束行为严重损害了市场秩序，加大了金融风险。因此，需健全财政会计法律，并综合全面分析决策环节面临的各项风险，对预算严格进行控制，对财政收支界限明确规定，对资金运用、信息披露等进行详细规定，对不守相关法律法规的相关部门进行相应惩处，对严格约束自身行为的政府给予奖励，规避地方政府对资源的不合理运用加剧风险的产生。

7.2.3 严防家户部门债务风险攀升

根据本书的研究，家户部门目前对系统性金融风险的空间溢出为正，说明近年来家户部门的快速增长需引起高度警惕，否则过高的家户部门金融杠杆也会引发大范围的金融风险和一系列的社会问题。可借鉴以下方式对家户部门债务加以合理治理：加强房地产行业的监管和引导，使房价回归理性，坚持"房住不炒"的调控房地产的定位，减少家户部门进行房地产投资带来的潜在风险；在目前我国以银行为主的间接融资为主的体系下，合理调控家户部门借贷数量的增长速度和结构分布，严格借贷审批程序，确保家户部门获得的贷款与家庭自身的收入水平和还款能力相匹配，进而控制家户部门借贷的潜在风险；加强对家庭理财技能的培训，提高个人投资者对市场信息甄别判断的能力；加强提高金融市场的信息充分性，防止因市场失灵导致的家庭财富的损失；完善就业培训体系，提高家庭获得稳定的收入来源的就业技能，防止因收入来源切断加剧家户部门风险爆发。

7.3 因地制宜实施差异化的金融风险防控政策

根据本书的研究，我国系统性金融风险的区域之间存在显著差异，不同区域的金融杠杆对系统性金融风险的空间溢出也存在显著差异。在当前经济下行的过程中，全国区域"一刀切"的系统性金融风险防控政策容易忽视区域之间的差异性，从而加剧经济和金融的风险。因此政策实施部门制定防风险政策应结合本地区实际，不仅要有针对性地整治重点区域、重点省份，因地制宜制定金融风险的区域防控政策，也要加强区域之间的协作，及时建立区域间、部门间的风险传染"防火墙"，隔离和防范系统性金融风险的交叉传染。

7.3.1 明确各大区域金融风险防控的"着陆点"

对于东部地区来讲，其金融业相较于其他三大地区较为发达，对其他三大地区资金的虹吸作用较强，应防止因金融机构同业拆借、金融债券等金融负债规模较大导致银行资产负债管理难度加大；东部地区可以凭借自身的优势条件，花大力气鼓励股权融资、金融租赁、资产证券化等业务的发展，全面多元化融资渠道，完善发展间接和直接投融资模式；进一步加强对地方政府债务的监测，尤其是县域政府的债务数量，通过统筹协调地方政府债券的发行，多方面获取低成本资金，减少债务资金成本。

对于中部、西部和东北地区来讲，一方面，西部地区、东北地区和中部地区部分省份正处于利用金融杠杆发展经济的时期，此时应在国家大力推动区域协调发展战略的基础上，积极促进经济平稳健康发展，同时要更加关注经济结构的合理性，做好风险防控工作。要做好"稳增长"和"防风险"的同步推进，可借助于以下方式：一是加强对高效能与低污染的高科技绿色产业和低效能、高污染的过剩产能企业的甄别工作，加大对符合国家发展战略企业的资金支持力度；二是积极推进高资本密集型和高资源型企业向以创新科技驱动的新兴企业转化，防止高风险企业的财务风险集聚传染爆发系统性金融风险；三是借助国家"一带一路"发展倡议，推进构建中部地区和西部地区的特色化产业和多元化融资体系，加快偏重型产业结构转型为多元化产业结构，同时创新发展"投贷结合"等间接融资业务模式。另一方面，对于这些地区的地方政府债务可采取以下方式化解：一是建立地方政府债务风险的通报机制，完善地方债违约追责制度，优化完善地方债的危机应急预案；二是严格把控新增地方债规模，鼓励存量债置换为政府债券以及证券化地方政府项目来降低地方债规模，消减财政压力；三是加强金融机构和地方政府的协作配合，可通过产业投资基金的创建，进一步用好用实财政资金。

7.3.2 发挥区域比较优势协作化解金融风险

各个区域应继续深入推进实施区域协调发展战略，为防风险打好坚实基础。第一，继续发挥东部地区的先天优势和区位优势，打造培育高新技术产业，全方位构建技术引进平台，使东部地区成为创新知识的发源地。第二，充分发挥东部地区知识的溢出作用。通过研发人员派遣和培训等方式，建立有效人才流动机制，加强对中西部地区的人才与技术支持。第三，构建协调有序的金融资源配置体系，积极引导金融资源由经济发达省份流入经济落后省份，增强对落后地区的资金支持。第四，各地区需加强对金融体系的监管，可通过加强监管创新协调监管方式，强化监管部门的配合协调，通过指导高度负债的金融机构以降低持有风险资产、提升权益资本数额、吸引战略投资者等方式去高金融杠杆。此外，需进一步完善丰富对交叉金融业务管理，推动执行统筹全局的渗透式监管和完善风险预警机制，严防金融风险。

7.3.3 立足区域实际实现金融风险的监测预警

由本书对我国各省份系统性金融风险的测度可知，近年来我国衡量系统性金融风险的金融压力指数不断上升。加上我国正处于经济结构转型期，系统性金融风险的集聚和扩散可能无法及时察觉，系统性金融风险突发的概率将进一步增加。因此监管层要避免风险事件的"积重难返"，需多角度、全方位地对系统性金融风险的累积扩散进行监管与化解。这就要求我国各区域、各省份要结合本地区金融与经济发展实际，选择适合本地区的风险指标，构建合理有效的系统性金融风险的衡量指数，对金融风险的动态变化进行合理的测度与监管。一旦金融风险过大，要及时发出预警，以便各政府部门积极采取措施防范化解系统性金融风险。

第 8 章

结论与展望

　　本书基于空间溢出视角研究了金融杠杆对系统性金融风险的影响。首先，基于熵权法测度了我国各省份的系统性金融风险，基于 SMR 模型、Dugum 基尼系数法和核密度估计法刻画了其时空演化趋势，基于引力模型和社会网络分析法阐释了系统性金融风险的空间关联结构；其次，在测度出分部门与分地区的金融杠杆后，描述了金融杠杆的时间变化趋势、地区特征以及空间关联特征，并基于 QAP 模型实证检验了金融杠杆对系统性金融风险空间溢出的作用关系；最后，采用空间杜宾模型实证检验了金融杠杆对系统性金融风险空间溢出的作用机制以及结构性金融杠杆对系统性金融风险空间溢出的异质性。所得主要研究结论包括以下几方面：

　　第一，我国大部分省份系统性金融风险较高，其中西部地区系统性金融风险最高，东北地区和中部地区系统性金融风险位居第二位和第三位，东部地区系统性金融风险最低；我国系统性金融风险的区域差异呈现扩大态势，系统性金融风险的区域间差异成为系统性金融风险区域差异的主要来源，此外东部、中部和西部地区系统性金融风险呈现微弱的多级分化态势，东北地区则表现为严重的两极分化；我国系统性金融风险的空间关联结构是典型的"无标度网络"，同时还具有"小世界现象"，各省份系统性金融风险空间关联的逐渐增强，加剧了系统性金融风险的交叉传染。

第二，样本考察期内，政府部门、企业部门、家户部门和金融部门金融杠杆总体上呈波动性上升趋势，其中企业部门和金融部门金融杠杆的上升速度最快，其次是政府部门和家户部门；我国各省份金融杠杆大小差异明显，2008年之后，各省份金融杠杆均有不同程度的增加，2017年以来我国各省份金融杠杆的快速上涨态势得到遏制；从金融杠杆的空间关联特征来看，金融杠杆的整体网结构特征显示我国金融杠杆的空间关联明显，空间关联关系存在"小世界现象"和"无标度特征"，并且整体来看金融杠杆的空间关联关系在逐渐增强；从QAP的回归结果得知，2013年之后，金融杠杆对系统性金融风险负向的空间溢出效果逐渐显露，表明了金融杠杆对系统性金融风险空间溢出的非线性关系存在。

第三，我国系统性金融风险的空间依赖及外溢效应较强，且我国系统性金融风险在各省份之间的分布格局表现为"高—高"和"低—低"模式；金融杠杆对系统性金融风险空间溢出的作用关系具体呈现为"U"型，且不同的经济发展阶段、资金配置效率以及金融体系规模的扩张程度都会影响金融杠杆对系统性金融风险的空间溢出。而根据空间杜宾模型的实证结果，由于不同的经济发展阶段，实体部门的外部融资需求不同，进而导致债务风险不同，因此经济周期对金融杠杆对系统性金融风险空间溢出的调节为负；由于资金配置效率高低直接影响企业的投资意愿，进而影响企业的革新和落后产能的出清，因此地区投资系数对金融杠杆对系统性金融风险空间溢出的调节也为负；当金融规模迅速膨胀，会导致大量资金从实体经济抽离到虚拟经济内部，从而导致虚拟经济的自我循环和膨胀，拖累实体经济，加剧系统性金融风险的累积传染，因此金融规模与实体经济适配度的调节为正。上述调节作用在充分考虑了区域间的空间关联因素之后被显著放大。从四大区域层面来看，由于区域差异性的存在，东部、中部地区与东北地区金融与实体经济适配度对金融杠杆对系统性金融风险空间溢出的正向冲击较显著，而东部地区和东北地区的资本配置效率的负向调节更显著。

第四，由于部门金融杠杆内部结构的差异，不同部门金融杠杆对系统性金融风险的空间溢出会存在差异，其中私有部门金融杠杆对系统性金融风险的空间溢出显著为负，其余部门金融杠杆对系统性金融风险的空间溢出显著为正，且国有企业部门和政府部门金融杠杆对系统性金融风险的冲击更大；从四大区域层面来看，东部、中部和西部地区企业部门和国有企业金融杠杆对系统性金融风险的空间溢出为正，东北地区无明显作用；私营企业部门金融杠杆在东部地区的空间溢出为负，在西部地区为正，在中部地区和东北地区作用不显著；政府部门金融杠杆对系统性金融风险的空间溢出为正，冲击作用从大到小依次排序为西部地区、东北地区、中部地区和东部地区；金融部门金融杠杆对系统性金融风险的空间溢出均为正，且相比于其余地区，中部地区的空间溢出最小；家户部门金融杠杆对系统性金融风险的空间溢出为正，作用效果由东至西逐渐减弱。

未来展望：一是需进一步精准测算金融杠杆数据。在分部门金融杠杆的测算中，由于缺乏地方政府债务的数据，本书政府部门金融杠杆数据采用的是中央政府的债务与 GDP 的比值；在分地区金融杠杆的测算中，由于缺乏各省份政府部门债务以及金融部门债务，本书借鉴前人研究，对地方政府的还本付息额进行了估算，采用地方政府还本付息额与地区 GDP 的比值作为地方政府部门金融杠杆，而金融部门金融杠杆则是先求得全国金融部门债务，进而以各省份贷款作为权重计算出各省份金融部门债务，进而用各省份金融部门债务比 GDP 求得。随着研究数据的进一步披露，需进一步跟进研究，更加精准金融杠杆数据。二是如何准确预估出金融杠杆对系统性金融风险由正向冲击变为负向冲击的拐点是本书下一步的研究方向。本书的研究只是推断出并验证了金融杠杆对系统性风险空间溢出的作用关系为"U"型，但由于技术手段的限制，并没有预估出最佳的金融杠杆水平，下一步将继续跟进研究。三是随着研究的深入，需进一步挖掘完善金融杠杆对系统性金融风险空间溢出的作用渠道。结合目前学者们的研究，本书构建了金融杠杆对系统性金融风险空间溢出的三条作用渠道，随着研究的不断深入以及经济形势的不断变化，需进一步挖掘金融杠杆对系统性金融风险空间溢出的作用渠道，丰富完善作用机制，以便为更好地为"去杠杆，防风险"提供理论支撑。四是鉴于目前我们国家某些地区确实爆发了金融风险，下一步将基于金融风险爆发区域进一步度量与解释这些区域的金融杠杆对系统性金融风险的空间溢出。

参 考 文 献

［1］De Bandt O. , and Hartmann P. Systemic Risk: A Survey ［J］. EBC Working Paper, No. 35, 2001.

［2］IMF. Vulnerabilities, Legacies, and Policy Challenges Risks Rotating to Emerging Markets ［R］. IMF Global Financial Stability Report, 2015.

［3］Hart O. , and Zingales L. A New Capital Regulation For Large Financial Institutions ［J］. CEPR Discussion Papers, 2009, 13 （2）: págs. 453 – 490.

［4］Billio M. , Getmansky M. , and Lo A. W. , et al. Econometric Measures of Connectedness and Systemic Risk in the Finance and Insurance Sectors ［J］. Social Science Electronic Publishing, 2012, 104 （3）: 535 – 559.

［5］Benoit S. , Colliard J. E. , and Hurlin C. , et al. Where the Risks Lie: A Survey on Systemic Risk ［J］. Social Science Electronic Publishing, 2017, 21 （1）: 109 – 152.

［6］Prasanna G. , Andrew H. , and Sujit K. Complexity, Concentration and Contagion ［J］. Journal of Monetary Economics, 2011, 58 （5）: 453 – 470.

［7］Elyas E. , Elena K. , and Sotiris K. S. Return and Volatility Spillover among Banks and Insurers: Evidence from Pre-Crisis and Crisis Periods ［J］. Journal of Financial Services Research, 2015, 48 （1）: 21 – 52.

［8］杨子晖, 陈雨恬, 谢锐楷. 我国金融机构系统性金融风险度量与跨部门风险溢出效应研究 ［J］. 金融研究, 2018 （10）: 19 – 37.

［9］李政，梁琪，方意．中国金融部门间系统性风险溢出的监测预警研究——基于下行和上行 ΔCoES 指标的实现与优化［J］．金融研究，2019（2）：40–58.

［10］刘向丽，成思危，汪寿阳．参数法、半参数法和非参数法计算我国铜期货市场 VaR 之比较［J］．管理评论，2008（6）：3–8.

［11］江涛．基于 GARCH 与半参数法 VaR 模型的证券市场风险的度量和分析：来自中国上海股票市场的经验证据［J］．金融研究，2010（6）：103–111.

［12］钱无蒙．VaR 模型在我国股票市场中的实证研究［D］．上海：复旦大学，2013.

［13］庄新田，李岩，郭丽花．基于 VaR 的钢材期货市场基差风险研究［J］．系统管理学报，2016（4）：669–676.

［14］佘笑荷．多资产投资组合在险价值预测的实证分析［J］．统计与决策，2017（3）：17–175.

［15］Adams Z.，Fuss R.，and Gropp R. Spillover Effects among Financial Institutions：A State-Dependent Sensiticity Value-at-Risk Approach［J］. Journal of Financial and Quantitative Analysis，2014（3）：575–598.

［16］Adrian T.，Brunnermeier M.，and Nguyen H. L. Quantifying Systemic Risk：Hedge Fund Tail Risk［M］. Social Science Electronic Publishing，2011.

［17］沈悦，戴士伟，罗希．中国金融业系统性风险溢出效应测度——基于 GARCH-Copula-CoVaR 模型的研究［J］．当代经济科学，2014（6）：30–38，123.

［18］郭晔，赵静．存款竞争、影子银行与银行系统风险——基于中国上市银行微观数据的实证研究［J］．金融研究，2017（6）：81–94.

［19］Adrian T.，and Brunnermeier M. K.，CoVaR［J］. American Economic Review，2016（7）：1705–1741.

［20］Karimalisa E. N.，and Nomikosa N. K. Measuring Systemic Risk in the European Banking Sector: A Copula CoVaR Approach [J]. European Journal of Finance, 2018 (11): 944 – 975.

[21] 范小云, 王道平, 方意. 我国金融机构的系统性风险贡献测度与监管——基于边际风险贡献与杠杆率的研究 [J]. 南开经济研究, 2011 (4): 3 – 20.

[22] 苏明政, 张庆君, 赵进文. 我国上市商业银行系统重要性评估与影响因素研究——基于预期损失分解视角 [J]. 南开经济研究, 2013 (3): 110 – 122.

[23] 宋清华, 姜玉东. 中国上市银行系统性风险度量——基于MES 方法的分析 [J]. 财经理论与实践, 2014 (6): 2 – 7.

[24] Acharya V. V. , Pedersen L. H. , and Philippon T. , etc. Measurning Systemic Risk [J]. Review of Financial Studies, 2017 (1): 2 – 47.

[25] Acharya V. V. , Engle R. , and Richardson M. Capital Shortfall: A New Approach to Ranking and Kegulating Systemic Risk [J]. American Economic Review, 2012 (3): 59 – 64.

[26] Banulescu G. D. , and Dumitrescu E. I. , Which are the SIFIs? A Component Expected Shortfall Approach to Systemic Risk [J]. Jounral of Barakirag & Finance, 2015: 575 – 588.

[27] Karimalisa E. N. , and Nomikosa N. K. Measuring Systemic Risk in the European Banking Sector: A Copula CoVaR Approach [J]. European Journal of Finance, 2017, 24 (1): 1 – 38.

[28] Varotto S. , and Zhao L. Systemic Risk and Bank Size [J]. Journal of International Money and Finance, 2018 (82): 45 – 70.

[29] Black F. , and Scholes M. The Pricing of Options and Corporate Liabilities [J]. Journal of Political Economy, 1973 (3): 637 – 654.

[30] Merton R. C. On the Pricing Of Corporate Debt: The Risk Structure of lnterest Rates [J]. Journal of Finance, 1974 (2): 449 – 470.

[31] Black F. , and Scholes M. The Pricing of Options and Corporate

Liabilities [J]. Journal of Political Economy, 1973 (3): 637 - 654.

[32] Merton R. C. On the Pricing Of Corporate Debt: The Risk Structure of Interest Rates [J]. Journal of Finance, 1974 (2): 449 - 470.

[33] Vasicek O. A. EDF Credit Measure and Corporate Bond Pricing [J]. Moody's KMV, 2001 (5).

[34] Kurbat M. I., and Korablev I. Methodology for Testing the Level of EDF Credit Measure [J]. Moody's KMV, 2002 (8).

[35] Crosbie P., and Bohn J. Modeling Default Risk [J]. Moody's KMV, 2003 (3).

[36] 陈晓红, 张泽京, 王傅强. 基于 KMV 模型的我国中小上市公司信用风险研究 [J]. 数理统计与管理, 2008 (1): 164 - 175.

[37] 李雪梅. 论公司被 ST 化的信息效用——基于风险模型的实证研究 [J]. 经济问题, 2013 (3): 85 - 88.

[38] Huang F., and Sheng Y., etc. Evaluation of Default Risk Based on KMV Model for ICBC, CCB and BOC [J]. International Journal of Economics and Finance, 2010 (1): 72 - 80.

[39] 李晟, 张宇航. 中国上市商业银行信用风险分析及比较——基于 KMV 模型及面板数据 [J]. 中央财经大学学报, 2016 (10): 31 - 38.

[40] Gray D., Merton R., and Bodie Z. Contingent Claims Approach to Measuring and Managing Sovereign Credit Risk [J]. Journal of Investment Management, 2007 (4): 5 - 35.

[41] Gray D., Merton R., and Bodie Z. New Framework for Measuring and Managing Macrofinancial Risk and Financial Stability [J]. Central Bank of Chile Working Papers, No. 541, 2009.

[42] Gray D., and Jobst A. New Directions in Financial Sector and Sovereign Risk Management [J]. Journal of Investment Management, 2010 (1): 23 - 38.

[43] Castren O., and Kavonius L. M. Balance Sheet Interlinkages and

Macro – Financial Risk Analysis in the Euro Area ［J］. European Central Bank Working Papers, No 1124, 2009.

［44］ Silva N., Ribeiro N., and Antunes A. Towards a CCA-based Systemic Risk Indicator. Banco De ［R］. Portugal Financial Stability Report, 2011.

［45］官晓琳. 未定权益分析方法与中国宏观金融风险的测度分析 ［J］. 经济研究, 2012 (3): 76 – 87.

［46］方意. 系统性风险的传染渠道与度量研究——兼论宏观审慎政策实施 ［J］. 管理世界, 2016 (8): 32 – 57, 187.

［47］唐文进, 苏帆. 极端金融事件对系统性风险的影响分析——以中国银行部门为例 ［J］. 经济研究, 2017 (4): 17 – 33.

［48］ Illing M., and Liu Y. Measuring Financial Stress in a Developed Country: An Application to Canada ［J］. Journal Financial Stability, 2003 (3): 243 – 265.

［49］ Hakkio S., and Keeton R. Finance stress: What Is It, How Can It Be Measured, and Why does It Matter? ［EB/OL］. http://www. Kansas City Fed. Org, 2009.

［50］ Balakrishnan R., Danninger S., and Elekdag S., etc. The Transmission of Financial Stress from Advanced to Emerging Economies ［J］. Emerging Markets Finance and Trade, 2011 (2): 40 – 68.

［51］ Blix-Grimaldi M. Detecting and Interpreting Financial Stress in the Euro area ［J］. ECB Working Paper, No. 1214, 2010.

［52］ Cardarelli R., Elekdag S., and Lall, S. Financial Stress and Economic Contractions ［J］. Journal of Finance Stability, 2011 (2): 78 – 97.

［53］ Louzis D. P., and Vouldis A. T. A financial systemic stress index for Greece ［J］. Bank of Greece Working Paper, 2013, ISSN 1109 – 6691.

［54］毛瑞丰. 区域性金融风险早期预警体系研究——以安徽省为例 ［J］. 金融经济, 2014 (20): 123 – 125.

［55］许涤龙，陈双莲. 基于金融压力指数的系统性金融风险测度研究［J］. 经济学动态，2015（4）：69－78.

［56］陶玲，朱迎. 系统性金融风险的监测和度量——基于中国金融体系的研究［J］. 金融研究，2016（6）：18－36.

［57］陈忠阳，许悦. 我国金融压力指数的构建与应用研究［J］. 当代经济科学，2016（1）：27－35，125.

［58］周桦，庞家任，王子悦. 基于主成分分析方法的我国金融系统性风险度量研究［J］. 保险研究，2018（4）：3－17.

［59］刘晓光，张杰平. 中国杠杆率悖论——兼论货币政策"稳增长"和"降杠杆"真的两难吗［J］. 财贸经济，2016（8）：5－19.

［60］纪敏，严宝玉，李宏瑾. 杠杆率结构、水平和金融稳定——理论分析框架和中国经验［J］. 金融研究，2017（2）：11－25.

［61］Dalio R. Economic Principles［M］. Bridgewater Associates, 2013.

［62］李扬. 中国国家资产负债表 2015：杠杆调整与风险管理［N］. 中国社会科学报，2015－08－20（008）.

［63］吴卫星，邵旭方，陶利斌. 家庭财富不平等会自我放大吗？——基于家庭财务杠杆的分析［J］. 管理世界，2016（9）：44－54.

［64］潘敏，刘知琪. 居民家庭"加杠杆"能促进消费吗？——来自中国家庭微观调查的经验证据［J］. 金融研究，2018（4）：71－87.

［65］Cardaci A. Inequality, Household Debt and Financial Instability：AnAgent-Based Perspective［J］. Journal of Economic Behavior & Organization, 2018, 149.

［66］王毅，郑桂环，宋光磊. 中国政府资产负债核算的理论与实践问题［J］. 财贸经济，2019，40（1）：5－19.

［67］宋良荣，侯世英. 我国地方政府性债务风险评价研究——基于资产负债视角［J］. 经济体制改革，2018（3）：146－152.

［68］Rioja F, Neven Valev. Finance and the Sources of Growth at Various Stages of Economic Development [J]. Economic Inquiry, 2004 (1): 127 – 140.

[69] Shen C. H., and Lee C. C. Same Financial Development Yet Different Economic Growth: Why? [J]. Journal of Money Credit and Banking, 2006 (7): 1907 – 1944.

[70] Cecchetti S. G, and Kharroubi E. Reassessing the Impact of Finance on Growth [J]. Bis Working Papers, 2012.

[71] Manganelli S., and Popov A. Financial Dependence, Global Growth Opportunities, and Growth Revisited [J]. Economics Letters, 2013 (1): 123 – 125.

[72] 陈雨露, 马勇, 徐律. 老龄化、金融杠杆与系统性风险 [J]. 国际金融研究, 2014 (9): 3 – 14.

[73] Korinek A., and Simsek A. Liquidity Trap and Excessive Leverage [J]. Social Science Electronic Publishing, 2014 (129): 815 – 860.

[74] 马勇, 冯心悦, 田拓. 金融周期与经济周期——基于中国的实证研究 [J]. 国际金融研究, 2016 (10): 3 – 14.

[75] 马勇, 陈雨露. 金融杠杆、杠杆波动与经济增长 [J]. 经济研究, 2017 (6): 31 – 45.

[76] 盛明业. 经济增长下的金融杠杆与杠杆波动关系研究 [J]. 当代经济, 2018 (16): 32 – 33.

[77] 刘晓光, 刘元春. 杠杆率重估与债务风险再探讨 [J]. 金融研究, 2018 (8): 33 – 50.

[78] 中国人民银行杠杆率研究课题组. 中国经济杠杆率水平评估及潜在风险研究 [J]. 金融监管研究, 2014 (5): 23 – 38.

[79] Barajas A., and Dell'Ariccia G. Levchenko A. Credit Booms: The Good, the Bad, and the Ugly [M]. Thailand: Selected Issues, 2006.

[80] 马骏, 张晓蓉, 李治国, 等. 中国国家资产负债表研究 [M]. 北京: 社会科学文献出版社, 2012.

[81] IMF. Vulnerabilities, Legacies, and Policy Challenges Risks Ro-

tating to Emerging Markets ［R］. IMF Global Financial Stability Report, 2015.

［82］宋国青. 越少越多的货币 ［M］. 北京：北京大学出版社, 2014.

［83］陈雨露，马勇，徐律. 老龄化、金融杠杆与系统性风险 ［J］. 国际金融研究, 2014 (9): 3 - 14.

［84］李佩珈，梁婧. 杠杆率、债务风险与金融稳定——基于理论和中国经济杠杆率的实证分析 ［J］. 新金融, 2015 (4): 18 - 21.

［85］苟文均，袁鹰，漆鑫. 债务杠杆与系统性风险传染机制——基于 CCA 模型的分析 ［J］. 金融研究, 2016 (3): 74 - 91.

［86］马建堂，董小君，时红秀，等. 中国的杠杆率与系统性金融风险防范 ［J］. 财贸经济, 2016 (1): 5 - 21.

［87］刘一楠. 企业杠杆、企业投资与供给侧改革——基于面板双门限回归模型的微观证据 ［J］. 上海经济研究, 2016 (12): 120 - 128.

［88］钟宁桦，刘志阔，何嘉鑫，等. 我国企业债务的结构性问题 ［J］. 经济研究, 2016 (7): 102 - 117.

［89］张婧屹，李建强. 房地产调控、金融杠杆与社会福利 ［J］. 经济评论, 2018 (3): 13 - 30.

［90］王宇伟，盛天翔，周耿. 宏观政策、金融资源配置与企业部门高杠杆率 ［J］. 金融研究, 2018 (1): 36 - 52.

［91］Adrian T. , and Shin H. Liquidity and Financial Cycles ［J］. BIS Working Paper, No. 256, 2009.

［92］Adrian T. , and Shin H. Liquidity and Leverage ［J］. Journal Financial Intermediation, 2010 (3): 418 - 437.

［93］毛菁. 从积极的资产负债表管理机制看次贷危机的去杠杆化 ［J］. 世界经济研究, 2009 (3): 38 - 42.

［94］张晓朴. 系统性金融风险研究：演进、成因与监管 ［J］. 国际金融研究, 2010 (7): 58 - 67.

［95］Reinhart C. M. , and Rogoff K. S. From Financial Crash to Debt

Crisis [J]. American Economic Review, 2011 (5): 1676 – 1706.

[96] Cecchetti S., Mohanty M., and Zampolli F. The Real Effects of Debt [J]. BIS Working Papers, No. 352, 2011.

[97] Elekdag S., and Wu Y. Rapid Credit Growth: Boon or Boom-Bust? [J]. IMF Working Paper, No. 11/241, 2011.

[98] Schularick M., and Taylor A. M. Credit Booms Uone Bust: Monetary Policy, Leverage Cycles and Financial Crises, 1870 – 2008 [J]. Ameriran Economic Review, 2012 (2): 1029 – 1061.

[99] Bouis R., Christensen A., and Cournede B. Deleveraging: Challenges, Progress and Policies [J]. Economics Department Working Papers, No. 1077, 2013.

[100] Valencia F. Monetary Policy, Bank Leverage, and Financial Stability [J]. Journal of Economic Dynamics and Control, 2014 (244): 20 – 38.

[101] Adrian T., and Boyarchenko N. Intermediary Leverage Cycles and Financial Stability [R]. Federal Reserve Bank of New York Stafff Report, No. 567, 2015.

[102] Avgouleas E. Bank Leverage Ratios and Financial Stability: A Micro and Macroprudential Perspective [J]. Levy Economics Institute Working Paper, No. 849, 2015.

[103] Borio C., and Drehmann M. Assessing the Risk of Banking Crises: Revisited [J]. BIS Quarterly Review, 2009.

[104] Borio C. The Financial Cycle and Macroeconomics: What Have We Learnt? [J]. Journal of Banking and Finance, 2014 (8): 182 – 198.

[105] Gertler P., and Hofmann B. Monetary Facts Revisited [J]. BIS Working Paper, No. 566, 2016.

[106] 于博, 吴菡虹. 银行业竞争、同业杠杆率攀升与商业银行信用风险 [J]. 财经研究, 2020, 46 (2): 36 – 51.

[107] 伏润民, 缪小林, 高跃光. 地方政府债务风险对金融系统的

空间外溢效应 [J]. 财贸经济, 2017, 38 (9): 31 – 47.

[108] 沈丽, 刘媛, 李文君. 中国地方金融风险空间关联网络及区域传染效应: 2009 – 2016 [J]. 管理评论, 2019a, 31 (8): 35 – 48.

[109] 夏越. 金融杠杆如何影响系统性金融风险——U 型关系与空间溢出 [J]. 财经科学, 2019 (1): 1 – 15.

[110] Fisher I. The Debt-Deflation Theory of Great Depressions [J]. Econometrica, 1933 (4): 337 – 357.

[111] Minsky H. The Financial Instability Hypothe: A Restatement [D]. Thames Papers on Political Economy, 1978.

[112] Diamond D. , and Dybrig P. Bank Runs, Deposit Insurance, and Liquidity [J]. Journal of Political Economy, 1983 (3): 401 – 419.

[113] Minsky H. P. Stabilizing an Unstable Economy [M]. Yale University press, 1986.

[114] Tobin J. Keynesian Models of Recession and Depression [J]. American Economic Review, 1975 (2): 195 – 202.

[115] Tobin J. Price Flexibility and Output Stability: An Old Keynesian View [J]. The Journal of Economic Perspectives, 1993 (1): 45 – 65.

[116] Bernanke B. S. , Gertler M. , and S. Gilchrist. The Financial Accelerator in a Quantitative Business Cycle Framework [J]. Handbook of Macroeconomics, 1991 (1): 1341 – 1393.

[117] Kashyap A. , Stein J. , and Wilcox D. Monetary Policy and Credit Conditions Evidence from the Composition of External Finance [J]. American Economic Review of Financial Studies, 1993 (1): 1 – 37.

[118] Minsky H. P. The Debt DeflationTheory of Ureat Depressions [M]. Encyclopedia of Business Cycles, 1994.

[119] Kiyotaki N. , and Moore J. Credit Cycles [J]. Journal of Political Economy, 1997 (2): 211 – 248.

[120] Allen F. , and D. Gale. Financial Contagion [J]. Journal of Political Economy, 2000 (1): 1 – 33.

［121］Eisenberg L. , and Noe T. Systemic Risk in Financial Systems ［J］. Management Science, 2000（2）: 236 – 249.

［122］Cummins J. D. , Doherty N. , and Lo A. Can Insurance Pay for the "Big One"? Measuring the Capacity of the Insurance Market to Catastrophic Losses ［J］. Journal of Banking and Finance, 2002（2）: 557 – 583.

［123］Afonso G. , and Shin H. Systemic Risk and Liquidity in Payment Systems ［M］. Social Science Electronic Publishing, 2008.

［124］包全永. 银行系统性风险的传染模型研究 ［J］. 金融研究, 2005（8）: 72 – 84.

［125］马君潞, 范小云, 曹元涛. 中国银行间市场双边传染的风险估测及其系统性特征分析 ［J］. 经济研究, 2007（1）: 68 – 78, 142.

［126］Philippon T. Has the US Finance Industry Become Less Efficient? On the Theory and Measurement of Finance Intermediation ［J］. American Economic Review, 2015, 105（4）: 1408 – 1438.

［127］沈丽, 张影, 李文君. 我国区域金融风险的空间传染路径研究 ［J］. 当代经济科学, 2019b, 41（5）: 62 – 73.

［128］Acharya V. V. A theory of systemic risk and design of prudential bank regulation ［J］. Journal of Financial Stability, 2009, 5（3）: 0 – 255.

［129］Wagner W. Systemic Liquidation Risk and the Diversity-Diversification Trade-Off ［J］. The Journal of Finance, 2011, 66（4）: 1141 – 1175.

［130］Battiston S. , Puliga M. , and Kaushik R. , etc. DebtRank: Too Central to Fail? Financial Networks, the FED and Systemic Risk ［J］. Scientific Reports, 2012, 2, 541.

［131］Cabrales A. , Gottardi P. , and Vega-Redondo F. Risk-sharing and contagion in networks ［J］. the Review of Financial Studies, 2017（30）: 3086 – 3127.

［132］Acharya V. , Mehran H. , and Rangarajan K. , etc. Cash holdings and bank compensation ［J］. Federal Reserve Bank of New York Economic Policy Review，2016（22）：77 – 83.

［133］ Jeffers E. ，and Baicu C. The Interconnections between the Shadow Banking System and the Regular Banking System：Evidence from the Euro Area ［J］. 2013，Social Science Electronic Publishing.

［134］ Moreira A. ，and Savov A. The Macroeconomics of Shadow Banking ［J］. The Journal of Finance，2017，72（6）：2381 – 2432.

［135］马亚明，王虹珊. 影子银行、房地产市场与宏观经济波动 ［J］. 当代财经，2018（1）：12 – 23.

［136］张平. 我国影子银行风险助推了地方政府债务风险吗？——风险的传导机制及溢出效应 ［J］. 中央财经大学学报，2017（4）：3 – 13.

［137］张子荣. 地方政府债务规模与影子银行实证研究 ［J］. 财经理论与实践，2018，39（3）：38 – 42.

［138］马建堂，董小君，时红秀，等. 中国的杠杆率与系统性金融风险防范 ［J］. 财贸经济，2016（1）：5 – 21.

［139］项后军，巫姣，谢杰. 地方债务影响经济波动吗 ［J］. 中国工业经济，2017（1）：43 – 61.

［140］毛锐，刘楠楠，刘蓉. 地方政府债务扩张与系统性金融风险的触发机制 ［J］. 中国工业经济，2018（4）：19 – 38.

［141］王周伟，赵启程，李方方. 地方政府债务风险价值估算及其空间效应分解应用 ［J］. 中国软科学，2019（12）：81 – 95.

［142］吴健梅，王涛，王英家. 经济新常态下我国地方政府债务风险特征及空间溢出效应研究 ［J］. 东岳论丛，2018，39（4）：37 – 49.

［143］王辉，李硕. 基于内部视角的中国房地产业与银行业系统性风险传染测度研究 ［J］. 国际金融研究，2015（9）：76 – 85.

［144］杨子晖，李东承. 我国银行系统性金融风险研究——基于“去一法”的应用分析 ［J］. 经济研究，2018（8）：36 – 51.

［145］朱波，马永谈，陈德然. 债务融资方式对行业金融风险溢出

效应的作用机制 [J]. 财经科学, 2018 (1): 15 – 27.

[146] 陈雨露, 马勇, 徐律. 老龄化、金融杠杆与系统性风险 [J]. 国际金融研究, 2014 (9): 3 – 14.

[147] 潘敏, 袁歌骋. 金融去杠杆对经济增长和经济波动的影响 [J]. 财贸经济, 2018 (6): 58 – 72, 87.

[148] 吴建銮, 赵春艳, 南士敬. 金融杠杆波动与中国经济波动——来自我国省级面板数据的实证研究 [J]. 当代经济科学, 2018 (5): 12 – 20, 124.

[149] 马勇, 杨栋, 陈雨露. 信贷扩张、监管错配与金融危机: 跨国实证 [J]. 经济研究, 2009 (12): 93 – 105.

[150] 刘刚, 何永. 资本账户开放、金融杠杆率与系统性金融危机 [J]. 上海金融, 2015 (7): 12 – 19.

[151] 马勇, 冯心悦, 田拓. 金融周期与经济周期——基于中国的实证研究 [J]. 国际金融研究, 2016 (10): 3 – 14.

[152] 游家兴. 经济一体化进程会放大金融危机传染效应吗——以中国为样本 [J]. 国际金融研究, 2010 (1): 89 – 96.

[153] 曹源芳, 蔡则祥. 基于 VAR 模型的区域金融风险传染效应与实证分析——以金融危机前后数据为例 [J]. 经济问题, 2013 (10): 59 – 64.

[154] 何德旭, 苗文龙. 国际金融市场波动溢出效应与动态相关性 [J]. 数量经济技术经济研究, 2015 (11): 23 – 40.

[155] 方芳, 黄汝南. 宏观杠杆率冲击下的中国系统性金融风险的演化 [J]. 安徽大学学报 (哲学社会科学版), 2017 (5): 141 – 148.

[156] 刘晓欣, 雷霖. 金融杠杆、房地产价格与金融稳定性——基于 SVAR 模型的实证研究 [J]. 经济学家, 2017 (8): 63 – 72.

[157] Gray D., Merton R., and Bodie Z. Contingent Claims Approach to Measuring and Managing Sovereign Credit Risk [J]. Journal of Investment Management, 2007 (4): 5 – 35.

[158] Gray D., Merton R., and Bodie Z. New Framework for Measur-

ing and Managing Macrofinancial Risk and Financial Stability [J]. Central Bank of Chile Working Papers, No. 541, 2009.

[159] Gray D., and Jobst A. New Directions in Financial Sector and Sovereign Risk Management [J]. Journal of Investment Management, 2010 (1): 23 – 38.

[160] Castren O., and Kavonius L. M. Balance Sheet Interlinkages and Macro – Financial Risk Analysis in the Euro Area [J]. European Central Bank Working Papers, No. 1124, 2009.

[161] Silva N., Ribeiro N., and Antunes A. Towards a CCA-based Systemic Risk Indicator. Banco De [R]. Portugal Financial Stability Report, 2011.

[162] 宫晓琳. 未定权益分析方法与中国宏观金融风险的测度分析 [J]. 经济研究, 2012 (3): 76 – 87.

[163] 宫晓琳. 宏观金融风险联动综合传染机制 [J]. 金融研究, 2012 (5): 56 – 69.

[164] Goodhart C. A Framework for Assessing Financial Stability [J]. Journal of Banking and Finance, 2006 (12): 3415 – 3422.

[165] Castren O., Kavonius I. K. Balance Sheet Interlinkages and Macro-Financial Risk Analysis in the Euro Area [M]. Social Science Electronic Publishing, 2009.

[166] 宫晓琳, 卞江. 中国宏观金融中的国民经济部门间传染机制 [J]. 经济研究, 2010 (7): 79 – 90.

[167] 王晓枫, 廖凯亮, 徐金池. 复杂网络视角下银行同业间市场风险传染效应研究 [J]. 经济学动态, 2015 (3): 71 – 81.

[168] 胡志浩, 李晓花. 复杂金融网络中的风险传染与救助策略——基于中国金融无标度网络上的 SIRS 模型 [J]. 财贸经济, 2017 (4): 101 – 114.

[169] Kelejian H. H., Tavals G. S., and Hondroyiannis G. A Spatial Modelling Approach to Contagion Among Emerging Economics [J]. Open

Economies Review, 2006 (4 – 5)：423 – 441.

[170] Tjahjawandita A. , Pradono T. D. , and Rinaldi R. Spatial Contagion of Global Financial Crisis [J]. Working Papers in Economics and Development Studies, 2009.

[171] 李刚, 潘浩敏, 贾威. 金融危机传染路径的空间统计分析 [J]. 统计研究, 2009 (12)：81 – 87.

[172] 崔百胜, 姜逸菲. 欧洲主权债务危机的传染效应及空间传染渠道分析 [J]. 国际贸易问题, 2015 (9)：133 – 144.

[173] 贾庆英, 孔艳芳. 资产价格、经济杠杆与价格传递——基于国际 PVAR 模型的实证研究 [J]. 国际金融研究, 2016 (1)：28 – 37.

[174] 陈德凯. 我国杠杆率的基本特征、影响因素与调控对策研究 [D]. 吉林：吉林大学, 2019.

[175] 吴永钢, 杜强. 中国债务杠杆形成机制的理论与实证研究 [J]. 南开学报 (哲学社会科学版), 2018 (5)：152 – 160.

[176] 宋亚, 成学真, 赵先立. 我国省域杠杆率及其对经济增长的影响——基于省级面板数据门槛模型 [J]. 华东经济管理, 2017, 31 (2)：100 – 106.

[177] 周爱民, 葛琛, 遥远. 惊弓之鸟：流动性恐慌与股票价格 [J]. 南开经济研究, 2019 (4)：105 – 122.

[178] Morris S. , and Shin L. Liquidity black holes [J]. Review of Finance, 2004, 8 (1)：1 – 8.

[179] Brunnermeier M. , and Pedersen L. Market Liquidity and Funding Liquidity [J]. The Review of Financial Studies, 2008, 22 (6)：2201 – 38.

[180] 潘晶. 我国非金融企业杠杆率高企原因及去杠杆路径 [J]. 武汉金融, 2016 (12)：58 – 60.

[181] Shin H. , and Zhao L. Firms as surrogate intermediaries：evidence from emerging economies [J]. princeton working paper, 2013.

[182] Du J. , Li C. , and Wang Y. A comparative Study of Shadow Banking Activities of Non-Financial Firms in Transition Economies [J]. Chi-

na Economic Review, 2017, (46): 35 - 49.

[183] Cecchetti S. and Kharroubi E. why does financial sector growth crowd out real economic growth? [R]. BIS Working paper No. 490, 2015.

[184] Guillaumont J. S. , Hua P. , and Liang Z. C. financial development, economic efficiency, and productivity growth: evidence from China [J]. Developing Economies, 2006, 44 (1): 27 - 52.

[185] 谭语嫣, 谭之博, 黄益平, 胡永泰. 僵尸企业的投资挤出效应: 基于中国工业企业的证据 [J]. 经济研究, 2017, 52 (5): 175 - 188.

[186] Caballero R. J. , Hoshi T. , and Kashyap A. K. Zombie lending and depressed restructuring in Japan [J]. American Economic Review, 2008, 98 (5): 1943 - 1977.

[187] 彭俞超, 黄志刚. 经济 "脱实向虚" 的成因与治理: 理解十九大金融体制改革 [J]. 世界经济, 2018, 41 (9): 3 - 25.

[188] Epstein G. A. Finalization and the World Economy. Northampton, MA: Edward Elgar, 2005.

[189] Wicksell K. Interest and Prices. London: MacMillan, 1936.

[190] Kanbur R. , and Xiaobo Z. Which Regional Inequality? The Evolution of Rural-Urban and Inland-Coastal Inequality in China from 1983 to 1985 [J]. Working Papers, 2012, 92 (1): 120 - 142.

[191] Eichengreen B. , and Rose A. Contagious Currency Crises: Channels of Conveyance. Takatoshi Ito and Anne Krueger (eds.) Changes in Exchange Rates in Rapidly Developing Countres: Theory Practice and Policy Issues [M]. Chicago: University of Chicago Press, 1999: 29 - 50.

[192] Forbes K. J. The Asian Flu and Russian Virus: the International Transmission of Crises in Firm-Level Data [J]. Journal if International Economics, 2004 (1): 59 - 92.

[193] Caramazza F. , Ricci L. , and Salgado R. International Financial Contagion in Currency Crises [J]. Journal of International Money and Fi-

nance, 2004 (1): 51 – 70.

[194] Goldstein M. the Asian Financial Crisis: Cause, Cures and Systemic Implications [J]. Peterson Institute Press Policy Analyses in International Economics, 1998 (4): 121 – 138.

[195] Eisenbeis R. A. Bank Deposits and Credit as Sources of Systemic Risk [J]. Economic Review, 1997 (3): 4 – 19.

[196] Boschi M. , and Goenka A. Relative Risk Aversion Ans the Transmission of Financial Crises [J]. Journal of Economic Dynamics and Control, 2007 (1): 85 – 99.

[197] Allen F. , and Gale D. Financial Contagion [J]. Journal of Political Economy, 2000 (8): 1 – 33.

[198] Leitner Y. Financial Networks: Contagion, Commitment and Private Sector Bailouts [J]. The Journal of Finance, 2005 (6): 2925 – 2953.

[199] Allen F. , Babus A. , and Garletti E. Financial Crises: Theory and Evidence [J]. Annual Review of Financial Economics, 2009 (1): 97 – 116.

[200] Arrow and Kenneth J. The Economic Implications of Learning by Doing [J]. Review of Economic Studies, 1962, 29 (6), pp. 155 – 173.

[201] Grossman G. M. , and Helpman E. Innovation and Growth in the Global Economy. MTP Press, 1991.

[202] Keller W. Geographic Localization of International Technology Diffusion [J]. American Economic Review, 2002, 92 (1): 120 – 142.

[203] North D. C. Location Theory and Regional Economic Growth [J]. Journal of Political Economy, 1955, 63 (3): 243 – 258.

[204] Bernanke B. , Gertler M. , and Gilchrist S. The Financial Accelerate and The Flight to Quality [J]. Review of Economics and Statistics, 1996, 78 (1): 1 – 15.

[205] Jensen M. , and Meckling W. Theory of Firm: Managerial Be-

havior, Agency Costs and Ownership Structure ［J］. Journal of Financial Economics, 1976, 3 (4): 305 – 360.

［206］Justiniano A. , Primiceri G. E. and Tambalotti A. Household Leveraging and Deleveraging ［J］. Review of Economic Dynamics, 2015 (18): 3 – 20.

［207］Kumhof M. , Ranciere R. , and Winant P. Inequality, Leverage, and Crises ［J］. American Economic Review, 2015 (105): 1217 – 1245.

［208］Jorda O. , Schularick M. , and Taylor A. M. The Great Mortgaging: Housing Finance, Crises and Business Cycles ［J］. Economic Policy, 2016 (31): 107 – 152.

［209］Borio C. , Kharroubi E. , and Upper C. etc. Labour Reallocation and Productivity Dynamics: Financial Causes, Real Consequence ［J］. Bis Working Paper, 2016 (19): 1 – 15.

［210］Charles K. K. , Hurst E. , and Notowidigdo M. J. Housing Booms and Busts, Labor Market Opportunities, and College Attendance ［J］. American Economic Review, 2018 (108): 2947 – 2994.

［211］Hakkio S. , and Keeton R. Finance stress: What Is It, How Can It Be Measured, and Why does It Matter? ［EB/OL］. http: //www. Kansas City Fed. Org, 2009.

［212］Cardarelli R. , Elekdag S. , and Lall S. Financial Stress and Economic Contractions ［J］. Journal of Finance Stability, 2011 (2): 78 – 97.

［213］Balakrishnan R. , Danninger S. , and Elekdag S. , etc. The Transmission of Financial Stress from Advanced to Emerging Economies ［J］. Emerging Markets Finance and Trade, 2011 (2): 40 – 68.

［214］Girardi G. and Ergun A. T. Systemic Risk Measurement: Multivariate GARACH Estimation of CoVAR ［J］. Journal of Banking & Finance, 2013, 37 (1): 3169 – 3180.

［215］Rodríguez M. M. , and Peña J. I. Systemic Risk Measures：the Simpler the Better？ ［J］. Journal of Banking & Finance，2013，37（6）：1817 – 1831.

［216］沈悦，张珍. 中国金融安全预警指标体系设置研究 ［J］. 山西财经大学学报，2007（10）：89 – 94.

［217］Dagum，C. A New Approach to the Decomposition of the Gini Income Inequality Ratio ［J］. Empirical Economics，1997，22（4），pp. 515 – 531.

［218］Silverman B. W. Density Estimation for Statistics and Data Analysis ［M］. London：Chapman and Hall，1986.

［219］Freeman L. C. Centrality in Social Networks：Conceptual Clarification ［J］. Social Networks，1979（1）：215 – 239.

［220］Burt R. S. Positions in Networks ［J］. Social Forces，1976（55）：93 – 122.

［221］刘华军，陈明华，刘传明，孙亚男. 中国大宗商品价格溢出网络结构及动态交互影响 ［J］. 数量经济技术经济研究，2017，34（1）：113 – 129.

［222］逯苗苗，宿玉海. 网络嵌入视角下中国制造业企业高质量发展研究 ［M］. 北京：经济科学出版社，2021.

［223］Wurgler J. Financial Markets and the Allocation of Capital ［J］. Journal of Financial Economics，2000：58.

［224］李鹏飞，孙建波. 我国经济"脱实向虚"的影响、成因及对策——基于国际比较的视角 ［J］. 郑州大学学报（哲学社会科学版），2017，50（4）：72 – 76.

［225］杨开忠，欧阳一漪，王宇光. 中国省域经济周期波动与协动性研究 ［J］. 经济纵横，2019（11）：2，42 – 57.

［226］王俏茹，刘金全，刘达禹. 中国省级经济周期的一致波动、区域协同与异质分化 ［J］. 中国工业经济，2019（10）：61 – 79.

［227］Baker S. R. , Bloom N. , and Davis S. J. Measuring Economic

Policy Uncertainty [J]. The Quarterly Journal of Economics, 2016 (133): 1593 – 1636.

[228] 王擎, 刘军, 毛锐. 杠杆率视角下的区域性金融风险防控 [J]. 改革, 2019 (10): 75 – 84.

[229] Moran P. Notes on Continuous Stochastic Phenomena [J]. Biometrika, 1950 (37): 17 – 23.

[230] Anselin L. Spatial Econometrics: Methods and Model [M]. Dordrecht: Kluwer Academic Publishers, 1988.

[231] Anselin L. Thirty years of Spatial Econometrics [J]. Regional Science, 2010 (89): 3 – 25.

[232] LeSage J. P. , and Pace R. K. Introduction to Spatial Econometrics: Boca Raton, CRC Press, London: Taylor Fancis Group, 2009.

[233] 洪源, 胡争荣. 偿债能力与地方政府债务违约风险——基于 KMV 修正模型的实证研究 [J]. 财贸经济, 2018, 39 (5): 21 – 37.

附　录　A

资料来源：Wind 数据库、CSMAR 数据库、EPS 全球统计数据库、国家统计局官网、财政部官网和中国人民银行官网以及《中国区域经济统计年鉴》等网站。

附录 A.1　　　　　我国 31 个省份地区生产总值（万元）

地区	2017 年	2016 年	2015 年	2014 年	2013 年	2012 年	2011 年	2010 年
北京	28015	25669	23015	21331	19801	17879	16252	14114
天津	18549	17885	16538	15727	14442	12894	11307	9224
河北	34016	32070	29806	29421	28443	26575	24516	20394
山西	15528	13050	12766	12761	12665	12113	11238	9201
内蒙古	16096	18128	17832	17770	16917	15881	14360	11672
辽宁	23409	22247	28669	28627	27213	24846	22227	18457
吉林	14945	14777	14063	13803	13046	11939	10569	8668
黑龙江	15903	15386	15084	15039	14455	13692	12582	10369
上海	30633	28179	25123	23568	21818	20182	19196	17166
江苏	85870	77388	70116	65088	59753	54058	49110	41425
浙江	51768	47251	42886	40173	37757	34665	32319	27722
安徽	27018	24408	22006	20849	19229	17212	15301	12359
福建	32182	28811	25980	24056	21868	19702	17560	14737
江西	20006	18499	16724	15715	14410	12949	11703	9451
山东	72634	68024	63002	59427	55230	50013	45362	39170
河南	44553	40472	37002	34938	32191	29599	26931	23092

续表

地区	2017 年	2016 年	2015 年	2014 年	2013 年	2012 年	2011 年	2010 年
湖北	35478	32665	29550	27379	24792	22250	19632	15968
湖南	33903	31551	28902	27037	24622	22154	19670	16038
广东	89705	80855	72813	67810	62475	57068	53210	46013
广西	18523	18318	16803	15673	14450	13035	11721	9570
海南	4463	4053	3703	3501	3178	2856	2523	2065
重庆	19425	17741	15717	14263	12783	11410	10011	7926
四川	36980	32935	30053	28537	26392	23873	21027	17185
贵州	13541	11777	10503	9266	8087	6852	5702	4602
云南	16376	14788	13619	12815	11832	10309	8893	7224
西藏	1311	1151	1026	921	816	701	606	507
陕西	21899	19400	18022	17690	16205	14454	12512	10123
甘肃	7460	7200	6790	6837	6331	5650	5020	4121
青海	2625	2572	2417	2303	2122	1894	1670	1350
宁夏	3444	3169	2912	2752	2578	2341	2102	1690
新疆	10882	9650	9325	9273	8444	7505	6610	5437

附录 A.2　　　　我国 31 个省份地方财政收入（亿元）

地区	2017 年	2016 年	2015 年	2014 年	2013 年	2012 年	2011 年	2010 年
北京	5430.79	5081.26	4723.86	4027.16	3661.11	3314.93	3006.28	2353.93
天津	2310.36	2723.50	2667.11	2390.35	2079.07	1760.02	1455.13	1068.81
河北	3233.83	2849.87	2649.18	2446.62	2295.62	2084.28	1737.77	1331.85
山西	1867.00	1557.00	1642.35	1820.64	1701.62	1516.38	1213.43	969.67
内蒙古	1703.21	2016.43	1964.48	1843.67	1720.98	1552.75	1356.67	1069.98
辽宁	2392.77	2200.49	2127.39	3192.78	3343.81	3105.38	2643.15	2004.84
吉林	1210.91	1263.78	1229.35	1203.38	1156.96	1041.25	850.10	602.41
黑龙江	1243.31	1148.41	1165.88	1301.31	1277.40	1163.17	997.55	755.58
上海	6642.26	6406.13	5519.50	4585.55	4109.51	3743.71	3429.83	2873.58

续表

地区	2017 年	2016 年	2015 年	2014 年	2013 年	2012 年	2011 年	2010 年
江苏	8171.53	8121.23	8028.59	7233.14	6568.46	5860.69	5148.91	4079.86
浙江	5804.38	5301.98	4809.94	4122.02	3796.92	3441.23	3150.80	2608.47
安徽	2812.45	2672.79	2454.30	2218.44	2075.08	1792.72	1463.56	1149.40
福建	2809.03	2654.83	2544.24	2362.21	2119.45	1776.17	1501.51	1151.49
江西	2247.06	2151.47	2165.74	1881.83	1621.24	1371.99	1053.43	778.09
山东	6098.63	5860.18	5529.33	5026.83	4559.95	4059.43	3455.93	2749.38
河南	3407.22	3153.47	3016.05	2739.26	2415.45	2040.33	1721.76	1381.32
湖北	3248.32	3102.06	3005.53	2566.90	2191.22	1823.05	1526.91	1011.23
湖南	2757.82	2697.88	2515.43	2262.79	2030.88	1782.16	1517.07	1081.69
广东	11320.35	10390.35	9366.78	8065.08	7081.47	6229.18	5514.84	4517.04
广西	1615.13	1556.27	1515.16	1422.28	1317.60	1166.06	947.72	771.99
海南	674.11	637.51	627.70	555.31	481.01	409.44	340.12	270.99
重庆	2252.38	2227.91	2154.83	1922.02	1693.24	1703.49	1488.33	952.07
四川	3577.99	3388.85	3355.44	3061.07	2784.10	2421.27	2044.79	1561.67
贵州	1613.84	1561.34	1503.38	1366.67	1206.41	1014.05	773.08	533.73
云南	1886.17	1812.29	1808.10	1698.06	1611.30	1338.15	1111.16	871.19
西藏	185.83	155.99	137.13	124.27	95.02	86.58	54.76	36.65
陕西	2006.69	1833.99	2059.95	1890.40	1748.33	1600.69	1500.18	958.21
甘肃	815.73	786.97	743.86	672.67	607.27	520.40	450.12	353.58
青海	246.20	238.51	267.13	251.68	223.86	186.42	151.81	110.22
宁夏	417.59	387.66	373.40	339.86	308.34	263.96	219.98	153.55
新疆	1466.52	1298.95	1330.90	1282.34	1128.49	908.97	720.43	500.58

附录 A.3　　　　　我国 31 个省份地方财政支出（亿元）

地区	2017 年	2016 年	2015 年	2014 年	2013 年	2012 年	2011 年	2010 年
北京	6824.53	6406.77	5737.7	4524.67	4173.66	3685.31	3245.23	2717.32
天津	3282.54	3699.43	3232.35	2884.7	2549.21	2143.21	1796.33	1376.84

续表

地区	2017 年	2016 年	2015 年	2014 年	2013 年	2012 年	2011 年	2010 年
河北	6639.18	6049.53	5632.19	4677.3	4409.58	4079.44	3537.39	2820.24
山西	3756.42	3428.86	3422.97	3085.28	3030.13	2759.46	2363.85	1931.36
内蒙古	4529.93	4512.71	4252.96	3879.98	3686.52	3425.99	2989.21	2273.5
辽宁	4879.42	4577.47	4481.61	5080.49	5197.42	4558.59	3905.85	3195.82
吉林	3725.72	3586.09	3217.1	2913.25	2744.81	2471.2	2201.74	1787.25
黑龙江	4641.08	4227.34	4020.66	3434.22	3369.18	3171.52	2794.08	2253.27
上海	7547.62	6918.94	6191.56	4923.44	4528.61	4184.02	3914.88	3302.89
江苏	10621.03	9981.96	9687.58	8472.45	7798.47	7027.67	6221.72	4914.06
浙江	7530.32	6974.26	6645.98	5159.57	4730.47	4161.88	3842.59	3207.88
安徽	6203.81	5522.95	5239.01	4664.1	4349.69	3961.01	3302.99	2587.61
福建	4684.15	4275.4	4001.58	3306.7	3068.8	2607.5	2198.18	1695.09
江西	5111.47	4617.4	4412.55	3882.7	3470.3	3019.22	2534.6	1923.26
山东	9258.4	8755.21	8250.01	7177.31	6688.8	5904.52	5002.07	4145.03
河南	8215.52	7453.74	6799.35	6028.69	5582.31	5006.4	4248.82	3416.14
湖北	6801.26	6422.98	6132.84	4934.15	4371.65	3759.79	3214.74	2501.4
湖南	6869.39	6339.16	5728.72	5017.38	4690.89	4119	3520.76	2702.48
广东	15037.48	13446.09	12827.8	9152.64	8411	7387.86	6712.4	5421.54
广西	4908.55	4441.7	4065.51	3479.79	3208.67	2985.23	2545.28	2007.59
海南	1443.97	1376.48	1239.43	1099.74	1011.17	911.67	778.8	581.34
重庆	4336.28	4001.81	3792	3304.39	3062.28	3046.36	2570.24	1709.04
四川	8694.76	8008.89	7497.51	6796.61	6220.91	5450.99	4674.92	4257.98
贵州	4612.52	4262.36	3939.5	3542.8	3082.66	2755.68	2249.4	1631.48
云南	5712.97	5018.86	4712.83	4437.98	4096.51	3572.66	2929.6	2285.72
西藏	1681.94	1587.98	1381.46	1185.51	1014.31	905.34	758.11	551.04
陕西	4833.19	4389.37	4376.06	3962.5	3665.07	3323.8	2930.81	2218.83
甘肃	3304.44	3150.03	2958.31	2541.49	2309.62	2059.56	1791.24	1468.58
青海	1530.44	1524.8	1515.16	1347.43	1228.05	1159.05	967.47	743.4
宁夏	1372.78	1254.54	1138.49	1000.45	922.48	864.36	705.91	557.53
新疆	4637.24	4138.25	3804.87	3317.79	3067.12	2720.07	2284.49	1698.91

附录 A.4

我国 31 个省份股票市值比 GDP

地区	2017 年	2016 年	2015 年	2014 年	2013 年	2012 年	2011 年	2010 年
北京	511007879.10	621323780.63	731639682.20	742759891.00	492902558.10	610171610.10	648636616.48	824133981.10
天津	25843918.67	33575016.01	41306113.35	38028852.10	28106342.18	24665291.44	26003264.45	49900660.67
河北	25547968.24	26800018.99	28052069.73	20916060.36	15105213.81	14052942.66	13202181.85	16679730.53
山西	44968938.87	45806382.34	46643825.81	43659887.55	30341103.88	38063880.83	41075922.55	68149202.83
内蒙古	28119973.83	28902497.86	29685021.88	23143829.20	17732562.86	18042091.63	14941590.33	22247070.23
辽宁	53151542.73	43170215.34	33188887.94	20879673.48	12478607.48	12796802.61	14471034.29	24298218.53
吉林	26196467.92	30697072.26	35197676.60	25287894.54	16242618.81	15563303.38	14057311.07	26536400.09
黑龙江	28176358.46	30410579.86	32644801.26	21399705.57	13460530.94	11799103.05	10629985.16	20016022.38
上海	164717258.70	209653897.83	254590537.00	180414010.90	121656458.50	121214873.30	115207264.49	159034780.00
江苏	48828550.77	49995163.88	511161776.99	29873639.47	210086769.62	20538540.60	21807694.40	31550533.82
浙江	80129711.08	88332116.92	96534522.77	53278802.46	39940213.94	32336108.04	32643347.26	47280451.99
安徽	41243919.00	46347627.14	51451335.28	35795491.88	25777650.63	27738619.25	29725327.44	46306473.46
福建	47501539.33	54155287.36	60809035.40	43998274.07	29809338.73	31737196.47	31671146.90	46412458.76
江西	22628209.76	23656734.20	24685258.64	17561256.73	13882423.47	16891718.09	18227507.28	37196248.48
山东	30465821.76	30680732.96	30895644.15	21692798.31	18319774.46	18944562.21	20782072.96	30294018.30
河南	21742652.51	23047835.27	24353018.03	16386419.13	14255638.57	14234767.33	13099742.35	18959819.77
湖北	35264127.59	36153839.92	37043552.25	27186687.56	20197482.93	18062371.18	19253580.08	32048215.34

续表

地区	2017 年	2016 年	2015 年	2014 年	2013 年	2012 年	2011 年	2010 年
湖南	24676943.76	29832434.83	34987925.89	23134735.00	15728299.15	15441500.07	15538640.71	23571027.47
广东	99077916.58	111373823.36	123669730.10	82995024.85	55829376.19	51979688.35	47620370.29	73864482.48
广西	20005235.36	22082208.88	24159182.40	14255134.92	9462009.70	9700554.45	10140038.99	15773810.74
海南	106112537.30	102740386.07	99368234.82	81354750.37	55927869.89	51430595.29	50970068.10	76385042.27
重庆	37618948.95	39592043.96	41565138.98	31523621.90	22003857.36	19565462.95	19622170.46	32611998.85
四川	40514333.93	43123832.42	45733330.91	29662402.92	20257496.49	23816110.86	27185419.46	42775775.84
贵州	62804271.93	56376877.54	49949483.14	42886756.69	29338409.90	46539858.09	50670455.97	66544475.63
云南	27500009.32	28056381.11	28612752.90	24172062.54	17447651.82	19288116.81	20816689.56	38642103.07
西藏	132183641.80	134656980.76	137130319.70	90691207.35	88106491.47	81638321.68	90142872.63	104855983.00
陕西	31061792.48	34802687.18	38543581.88	27393364.50	13619204.08	14595933.60	14750113.63	30206791.32
甘肃	38067506.60	39994618.11	41921729.61	28118085.76	20563804.20	18277368.79	18175489.66	27996805.62
青海	73684460.18	67040923.99	60397387.80	43126314.39	35939520.79	53394248.71	66139239.79	95816029.44
宁夏	37557250.23	32813648.44	28070046.66	17800366.83	13849899.89	16303754.62	18170573.22	31702553.30
新疆	62224930.10	64417203.23	66409476.35	35679267.13	27658000.72	28867383.21	31760512.16	64182845.99

附录 A.5　　　　我国 31 个省市不良贷款率（%）

地区	2017 年	2016 年	2015 年	2014 年	2013 年	2012 年	2011 年	2010 年	2009 年	2008 年	2007 年
北京	0.5	0.55	0.84	0.72	0.54	0.59	0.77	0.85	1.03	1.62	3.04
天津	2.3	1.79	1.60	1.11	0.79	0.70	0.87	1.16	1.43	2.25	5.26
河北	2	1.87	1.18	0.74	0.64	0.66	0.84	1.11	1.85	3.42	11.43
山西	2.4	2.72	2.34	1.70	1.04	1.04	1.45	1.68	2.86	4.57	11.02
内蒙古	3.8	3.57	3.97	2.16	0.88	0.66	0.57	0.82	1.16	2.51	7.94
辽宁	2.9	2.09	1.64	1.46	1.18	1.20	1.31	1.35	2.15	3.64	12.25
吉林	3	2.68	1.47	1.14	0.87	0.80	0.94	1.36	2.75	5.08	18.61
黑龙江	2.4	2.04	1.72	1.55	0.91	0.93	1.17	1.42	2.52	4.90	24.60
上海	0.6	0.68	1.01	1.02	0.91	0.74	0.61	0.79	1.23	1.59	2.68
江苏	1.3	1.42	1.55	1.31	1.23	1.04	0.81	0.86	1.10	1.61	2.82
浙江	1.7	2.26	2.50	2.04	1.98	1.68	0.91	0.86	1.16	1.19	1.07
安徽	1.6	1.60	1.86	1.30	1.03	0.96	0.91	0.88	1.39	2.11	10.20
福建	2.1	2.73	2.77	1.94	1.22	0.76	0.64	0.70	1.06	1.60	2.98
江西	2.3	2.22	2.08	1.44	1.28	1.19	1.03	1.24	1.80	3.13	11.48
山东	3	2.48	2.32	1.72	1.17	1.07	1.01	1.14	1.49	2.20	6.33
河南	1.9	1.84	1.48	0.97	0.82	0.91	1.10	1.27	1.73	2.79	16.80
湖北	1.5	1.68	1.58	1.28	1.02	0.87	1.06	1.12	1.48	1.92	9.15
湖南	1.9	1.75	1.67	1.16	0.99	0.91	1.12	1.47	1.86	2.85	12.05
广东	1.3	1.38	1.43	1.15	0.86	0.93	1.16	1.36	1.68	2.42	6.38
广西	1.6	1.91	2.18	1.13	0.69	0.59	0.77	0.91	1.43	2.60	8.75
海南	0.8	0.73	0.69	0.55	0.49	0.55	0.78	0.90	1.58	2.56	19.32
重庆	1.2	1.28	0.99	0.46	0.35	0.46	0.63	0.91	0.90	1.57	4.65
四川	2.5	2.33	2.00	1.26	0.79	1.02	1.30	1.82	3.13	7.27	9.52
贵州	3	2.02	1.60	0.97	0.69	0.78	0.95	1.25	1.93	2.92	7.51
云南	3	3.07	2.18	0.94	0.56	0.69	1.14	1.26	1.50	2.15	6.66
西藏	0.3	0.27	0.23	0.23	0.45	0.70	1.95	4.03	3.07	3.96	16.60
陕西	2	2.23	1.99	1.08	0.68	0.77	1.10	1.35	2.23	3.18	10.91

地区	2017 年	2016 年	2015 年	2014 年	2013 年	2012 年	2011 年	2010 年	2009 年	2008 年	2007 年
甘肃	3.4	1.77	1.13	0.47	0.55	0.72	1.19	1.57	2.39	3.76	13.43
青海	2.4	2.10	1.90	1.00	1.08	1.32	1.93	2.61	2.76	4.06	15.46
宁夏	2.3	2.05	1.58	1.20	0.84	0.75	1.06	0.66	0.62	1.19	9.96
新疆	1.4	1.40	1.00	0.84	0.80	1.12	1.04	1.37	2.52	3.83	16.47

附录 A.6　　　我国 31 个省份原保费收入（亿元）

地区	2017 年	2016 年	2015 年	2014 年	2013 年	2012 年	2011 年	2010 年
北京	1972.96	1834.25	1403.89	1207.24	994.44	923.09	820.91	966.46
天津	564.96	527.99	398.34	317.75	276.8	238.16	211.74	214.01
河北	1713.89	1491.49	1163.1	931.94	837.59	766.16	732.89	746.4
山西	823.21	698.2	586.73	465.37	412.38	384.65	364.67	365.3
内蒙古	570.06	487.04	395.48	313.97	274.69	247.74	229.78	215.54
辽宁	946.00	837.76	708.01	557.7	622.65	402.42	376.26	453.81
吉林	641.39	557.12	431.32	330	266.44	232.54	223.36	239.25
黑龙江	931.44	685.53	591.77	507.09	384.32	344.15	317.79	343.22
上海	1587.19	1528.79	1125.16	986.75	821.43	820.64	753.11	883.86
江苏	3449.27	2679.68	1989.92	1683.76	1446.08	1301.28	1200.02	1162.67
浙江	1844.41	1527.65	1207.08	1051.08	1109.92	819.88	730.67	690.34
安徽	1107.36	873.7	698.92	572.29	483.01	453.61	432.3	438.25
福建	831.84	754.91	631.22	554.61	574.84	384.78	350.38	346.07
江西	727.29	608.72	508.43	400.37	317.95	271.72	252.23	253.26
山东	2341.09	1963.32	1543.49	1251.79	1280.43	967.75	890.31	876.22
河南	2019.92	1551.82	1248.76	1036.08	916.52	841.13	839.82	793.28
湖北	1347.28	1047.79	843.63	700.23	587.4	533.31	501.82	500.33
湖南	1109.7	884.98	712.18	587.73	508.57	465.11	443.53	438.53
广东	3275.81	2982.11	2166.82	1792.97	1902.91	1290.86	1219.06	1231.76
广西	565.11	469.17	385.75	313.3	275.47	238.26	212.65	190.94

地区	2017 年	2016 年	2015 年	2014 年	2013 年	2012 年	2011 年	2010 年
海南	164.83	133.21	114.25	85.15	72.61	60.27	53.75	47.95
重庆	744	600.33	514.58	407.26	359.23	331.03	311.81	321.08
四川	1937.64	1703.52	1267.3	1060.63	914.68	819.53	778.7	765.77
贵州	389.31	320.69	257.8	213.06	181.62	150.22	131.81	122.63
云南	612.66	529.23	434.6	375.99	320.77	271.3	241.1	235.68
西藏	28.01	22.25	17.36	12.76	11.43	9.54	7.6	5.06
陕西	869.01	713.97	572.45	476.75	417.45	365.33	343.72	333.81
甘肃	366.38	307.66	256.89	208.44	180.15	158.77	140.93	146.34
青海	80.2	68.75	56.3	46.09	39.02	32.4	27.89	25.7
宁夏	165.29	133.89	103.31	83.92	72.7	62.69	55.34	52.75
新疆	523.48	439.29	367.43	317.41	273.49	235.56	203.62	190.92

附录 A.7　　　　　我国 31 个省份贷款余额（亿元）

地区	2017 年	2016 年	2015 年	2014 年	2013 年	2012 年	2011 年	2010 年
北京	63382.50	58559.40	56618.87	53650.56	47880.90	43189.50	39660.50	36479.60
天津	30103.05	25994.68	27367.97	23223.42	20857.80	18396.80	15924.70	13774.10
河北	40010.69	32608.47	32407.88	28052.29	24423.20	21318.00	18460.60	15948.90
山西	22477.18	18574.83	20232.99	16559.41	15025.50	13211.30	11265.60	9728.70
内蒙古	19740.76	17264.33	17719.87	15066.01	13056.70	11392.50	9811.70	7992.60
辽宁	40063.67	36283.00	37314.64	33024.00	29722.00	26306.50	22832.00	19622.00
吉林	17004.06	15308.84	16271.62	12695.30	10805.20	9270.50	8240.90	7279.60
黑龙江	17700.49	16644.90	17692.93	13791.50	11782.50	10259.90	8761.10	7390.60
上海	61188.87	53387.00	53985.10	47915.81	44358.10	40982.50	37196.79	34154.20
江苏	102113.27	81169.72	91107.60	72490.02	64908.20	57652.80	50283.50	44180.20
浙江	88606.47	76466.32	79926.05	71361.00	65338.54	59509.20	53239.30	46938.50
安徽	34335.26	26144.36	29893.08	22754.66	19688.20	16795.20	14146.40	11736.50
福建	38297.35	33694.42	34806.79	30051.27	25963.40	22427.50	18982.80	15920.80

续表

地区	2017 年	2016 年	2015 年	2014 年	2013 年	2012 年	2011 年	2010 年
江西	25520.28	18561.09	21353.01	15696.83	13111.70	11080.10	9301.90	7843.30
山东	67453.17	59063.30	61286.04	53662.20	47952.10	42899.90	37521.90	32536.30
河南	40685.24	31798.60	35599.62	27583.40	23511.40	20301.70	17648.90	16006.50
湖北	36549.15	29514.57	31572.92	25289.82	21902.60	19032.20	16395.40	14648.00
湖南	30771.28	24221.88	26107.32	20783.10	18141.10	15648.60	13462.50	11521.70
广东	119164.60	95661.12	103809.11	84921.79	75664.20	67077.10	58615.30	51799.30
广西	22781.81	18119.30	20175.77	16070.95	14081.00	12355.50	10646.40	8979.90
海南	8810.31	6650.66	5409.05	5391.51	4630.80	3889.60	3194.60	2509.70
重庆	27871.89	22955.21	24785.19	20630.69	18005.70	15594.20	13195.20	10999.90
四川	46229.99	38703.99	40865.63	34750.72	30298.85	26163.30	22514.20	19485.70
贵州	17392.67	15120.99	15007.63	12438.00	10157.00	8350.20	6875.70	5771.70
云南	20211.57	21243.17	18476.98	18368.42	16128.90	14169.00	12348.00	10701.90
西藏	3901.04	2124.49	2146.24	1619.46	1076.96	664.00	409.10	301.80
陕西	25964.15	22096.84	23419.51	19174.05	16537.70	14138.20	12097.30	10222.20
甘肃	16734.86	13728.89	14987.46	11075.78	8822.20	7196.60	5736.20	4576.70
青海	5453.98	5124.10	4923.08	4303.43	3514.68	2868.40	2239.00	1832.80
宁夏	6332.61	5150.32	5667.89	4608.28	3947.29	3372.10	2907.20	2419.90
新疆	7559.80	13650.96	5881.70	12237.63	10377.11	8386.00	6603.40	5211.40

附录 A.8　　　　我国 31 个省份存款余额（亿元）

地区	2017 年	2016 年	2015 年	2014 年	2013 年	2012 年	2011 年	2010 年
北京	137952.10	132791.91	128572.96	100095.54	91660.50	84837.30	75001.90	66584.60
天津	29746.16	29041.36	28149.37	24777.75	23316.60	20293.80	17586.90	16499.30
河北	58826.16	54335.86	48927.59	43764.02	39444.50	34257.20	29749.50	26270.60
山西	32429.98	30364.92	28641.42	26942.93	26269.00	24517.00	21003.20	18639.80
内蒙古	21242.27	19534.95	18172.17	16290.58	15263.80	13673.00	12132.50	10325.30
辽宁	53227.22	50737.92	47758.00	42053.00	39418.00	35303.50	30832.00	28057.00

地区	2017 年	2016 年	2015 年	2014 年	2013 年	2012 年	2011 年	2010 年
吉林	19928.72	19455.36	18683.80	16526.30	14885.90	12812.10	10962.00	9702.50
黑龙江	23318.71	21997.35	21429.80	19423.20	18293.40	16540.70	14416.40	12924.20
上海	105098.80	103163.94	103761.00	73882.45	69256.30	63555.30	58186.48	52190.00
江苏	129942.89	121106.58	111329.86	96939.01	88302.10	78109.00	67638.80	60583.10
浙江	104000.60	96438.16	90301.61	79241.90	73732.36	66679.10	60893.10	54482.30
安徽	44606.04	40426.75	34826.23	30088.80	26938.20	23211.50	19547.30	16477.60
福建	41283.10	38277.34	36845.47	31858.43	28938.80	25057.80	21571.60	18753.20
江西	32289.25	28845.75	25042.97	21754.91	19582.70	16839.00	14322.10	11907.80
山东	88369.20	83247.93	76795.50	69151.90	63357.90	55386.40	46986.50	41653.70
河南	58566.70	53513.95	48282.10	41931.10	37591.10	31970.40	26774.80	23246.70
湖北	48095.81	43410.96	41345.88	36494.82	32902.80	28257.90	24148.30	21769.00
湖南	45365.13	40523.06	36220.61	30255.58	26876.00	23147.20	19444.10	16643.30
广东	185111.06	171455.14	160388.22	127881.47	119685.20	105099.60	91590.20	82019.40
广西	27714.24	25257.56	22793.54	20298.54	18400.50	15966.60	13528.00	11813.90
海南	12017.24	6624.39	7637.27	6427.88	5952.50	5109.70	4504.50	4217.30
重庆	33718.98	31216.45	28778.80	25160.11	22789.20	19423.90	16128.90	13614.00
四川	68367.45	62115.65	60117.72	53935.75	48122.05	41576.80	34971.20	30504.10
贵州	21406.79	19480.18	19537.12	15307.38	13297.60	10567.80	8771.30	7387.80
云南	22126.76	20644.06	25204.56	22528.01	20829.30	18061.50	15429.00	13476.20
西藏	4460.00	3060.62	3671.22	3089.19	2500.94	2054.20	1662.50	1296.70
陕西	37380.91	34759.35	32685.32	28288.72	25736.70	22843.40	19348.70	16590.50
甘肃	16793.05	16611.31	16299.50	13957.98	12070.60	10129.70	8460.90	7146.70
青海	4513.19	4347.51	5227.96	4541.35	4110.74	3538.40	2834.80	2327.00
宁夏	5848.45	5441.54	4822.96	4228.84	3881.40	3507.20	2978.40	2586.70
新疆	10512.11	8486.25	17822.14	15216.98	14247.54	12423.50	10442.80	8898.60

附录A.9　　　　我国31个省份企业资产总额（亿元）

地区	2017年	2016年	2015年	2014年	2013年	2012年	2011年	2010年
北京	45985.76	43093.68	38609.76	33557.05	30800.73	28613.16	25321.75	22750.58
天津	20739.07	25075.09	25242.98	23988.63	22388.19	19986.14	17388.98	14584.31
河北	45213.57	44562.88	42717.82	42555.67	37597.12	33567.18	29687.55	24943.75
山西	35714.23	33621.95	32068.45	30574.37	28339.9	25342.08	22186.5	18505.94
内蒙古	30608.01	30900.83	29458.05	27788.21	24376.4	21754.23	18406.42	14691.38
辽宁	36324.65	36106.92	38573.04	39246.62	38665.07	34779.77	31417.3	29076.78
吉林	19288.77	18969.47	17993.28	16686.6	15677.96	13896.98	11898.88	10196.15
黑龙江	14540.71	14951.92	15407.96	14995.19	14215.77	13223.14	11918.83	10471.17
上海	42355.44	39838.24	37306.95	35512.24	33595.79	31160.89	29454.3	27555.88
江苏	116706.58	114536.32	107061.73	101259.53	94310.9	84550.41	76258.16	66134.06
浙江	71263.09	69468.91	66626.71	64078.22	60436.24	55654.17	50663.58	47282.79
安徽	35039.74	33563.37	31359.95	28831.52	25906.17	22797.65	19148.71	15930.28
福建	34591.63	32081.3	29647.54	27978.35	24978.49	21385.98	18582.15	16058.7
江西	21557.67	21811.92	19217.51	16061.44	14057.87	11967.66	10211.32	8637.45
山东	107932.86	105046.32	101343.5	93330.87	81534.78	71107.66	60818.77	53761.28
河南	60984.13	60454.73	55710.97	50540.15	43431.82	35174.81	29049.22	23467.42
湖北	38585.32	37942.33	35399.12	32940.84	30633.98	26877.66	23145.87	20894.32
湖南	27766.56	25518.07	23575.75	22025.57	20050.53	17784.25	15473.38	13038.95
广东	115201.19	105604.17	95411.22	87590.27	79655.27	71343.84	67371.4	62626.9
广西	17531.99	16023.46	15122.3	14225.92	13349.56	11759.56	10185.46	8667.45
海南	2858.4	2764.18	2788.06	2444.8	2288.03	2023.16	1747.91	1621.38
重庆	19760.5	20214.63	17846.08	15652.47	13462.11	11113.36	9321.1	8099.01
四川	43253.61	41514.58	40401.38	38359.92	36239.56	30362.89	26113.61	22564.76
贵州	15228.11	14319.98	13540.06	11747.39	10339.98	8302.29	6990.58	5960.13
云南	20241.46	19474.18	18180.58	17458.16	15854.9	13076.97	11053.93	9611.09
西藏	1393.75	1110.65	895.00	668.52	554.55	506.86	346.15	315.24
陕西	32602.7	30828.91	28227.39	26169.19	22807.15	20591.16	17234.61	14688.7

续表

地区	2017 年	2016 年	2015 年	2014 年	2013 年	2012 年	2011 年	2010 年
甘肃	12312.42	12263.36	11918.33	11348.25	10422.52	9146.01	7665.01	6487.35
青海	6466.92	6143.77	5781.41	5414.09	4793.88	4041.92	3386.32	3053.61
宁夏	9495.50	8521.18	7801.07	6976.46	5654.6	4860.19	4044.2	3293.16
新疆	20365.22	19538.65	18164.16	16770.69	14331.25	11669.17	9304.95	7911.97

附录 A. 10　　我国 31 个省份企业负债总额（亿元）

地区	2017 年	2016 年	2015 年	2014 年	2013 年	2012 年	2011 年	2010 年
北京	20671.02	19798.13	18102.44	17137.57	16207.96	14837.22	12648.61	11548.07
天津	12363.58	15385.02	15863.30	14804.62	14241.43	12686.19	10864.26	8825.23
河北	26107.85	24449.56	23988.85	24172.8	22005.91	19939.47	17865.03	15136.72
山西	26483.39	25579.36	24358.13	22514.07	20390.05	17639.4	14936.46	12142.27
内蒙古	20000.87	19445.75	18677.23	17698.22	15088.36	13323.58	11188.94	8642.76
辽宁	23574.10	23272.90	23787.06	22769.62	22396.73	20147.42	17980.57	16896.14
吉林	10786.47	9932.67	9862.29	9133.40	8560.22	7499.40	6484.40	5474.03
黑龙江	8541.90	8399.97	8688.38	8540.95	8212.96	7585.08	6703.59	5776.59
上海	20600.05	19588.27	18111.05	17858.30	17087.14	15772.54	15399.53	14500.46
江苏	61086.66	59466.56	56888.77	55612.13	53475.49	48417.22	44372.68	37878.51
浙江	39123.28	38304.18	38086.78	37663.38	36232.63	33516.05	30943.43	28681.36
安徽	19732.32	19039.87	18028.15	16718.69	15367.17	13612.01	11398.66	9565.86
福建	17972.05	16779.94	15879.22	15213.14	13591.05	11417.84	9699.95	8469.33
江西	10997.98	10549.25	9599.03	8403.60	7662.16	6653.96	5721.42	4840.00
山东	59890.8	56837.87	54979.47	50842.84	46142.11	39241.58	33847.62	28969.89
河南	29397.46	28805.88	26189.58	23717.27	21050.58	18087.58	15651.99	12960.96
湖北	20707.95	20355.90	19459.99	18193.00	17570.58	15759.18	13675.79	12259.18
湖南	13730.04	13343.81	12240.94	11688.15	11082.18	9821.07	8766.13	7504.26
广东	64660.73	59318.72	54747.9	51173.28	46283.08	41508.5	39757.31	35073.74
广西	10818.68	9825.40	9402.81	8871.08	8399.72	7345.60	6315.95	5413.29

地区	2017 年	2016 年	2015 年	2014 年	2013 年	2012 年	2011 年	2010 年
海南	1567.59	1538.21	1544.97	1318.16	1218.72	1042.32	920.77	861.92
重庆	11622.75	12374.58	11053.75	9761.43	8586.42	7003.22	5659.74	4879.66
四川	25120.16	24234.79	24238.9	23413.64	22204.87	18721.46	15991.15	13889.83
贵州	9502.08	9074.84	8600.79	7480.21	6742.06	5388.12	4520.64	3865.34
云南	12555.54	12431.16	11782.3	10991.96	10223	8255.51	6763.81	5735.24
西藏	777.54	550.52	447.88	267.16	198.51	163.38	99.73	91.89
陕西	17745.74	17380.7	15940.52	14936.32	12996.26	11719.05	9755.86	8348.75
甘肃	8040.06	8076.14	7790.62	7205.54	6686.88	5701.95	4908.30	4060.57
青海	4355.08	4203.12	3999.09	3690.85	3228.41	2656.6	2141.48	1946.26
宁夏	6530.76	5773.39	5325.38	4677.35	3781.91	3236.63	2655.87	2139.47
新疆	12951.84	12525.08	11644.88	10562.69	8779.77	6672.6	5004.99	4018.78

附录 A.11　　我国 31 个省份企业流动资产总额（亿元）

地区	2017 年	2016 年	2015 年	2014 年	2013 年	2012 年	2011 年	2010 年
北京	17596.37	16643.16	15221.43	14042.47	12730.59	11554.77	9820.26	9012.95
天津	10399.15	12253.46	13068.21	12762.46	12067.66	10828.11	9444.93	7471.09
河北	18959.29	17327.05	16589.33	16379.21	15343.67	13723.31	12692.76	10422.94
山西	14359.59	13290.44	12771.27	12097.77	11312.49	10956.40	10027.79	8129.61
内蒙古	10153.69	9876.95	9824.82	9743.63	8500.30	8016.74	6745.83	5078.79
辽宁	18183.34	17310.89	17661.38	17387.88	17432.94	15899.64	14645.77	13283.41
吉林	8903.51	8288.32	7872.21	7286.11	6792.23	5769.85	5045.50	4165.21
黑龙江	6236.28	5968.87	6246.43	6229.46	5916.16	5564.34	5180.86	4441.13
上海	24955.59	23414.82	21374.44	20583.25	19650.61	18144.55	17265.35	15728.25
江苏	62998.00	59354.58	55376.44	53669.50	51202.33	46483.24	42801.75	36028.85
浙江	39320.70	38196.89	36808.14	36136.44	35053.39	32445.21	29879.85	27345.07
安徽	16953.48	15615.35	13988.02	13006.91	11392.83	10025.17	8463.30	6899.10
福建	17494.17	16286.10	14767.63	14189.64	12916.26	11419.24	9797.20	8420.83

续表

地区	2017 年	2016 年	2015 年	2014 年	2013 年	2012 年	2011 年	2010 年
江西	10049.4	9053.18	8047.34	7143.02	6373.81	5500.63	4678.86	3702.81
山东	51485.64	47511.50	45503.77	43063.63	39010.28	33439.83	28600.94	23830.46
河南	27356.54	27043.59	25075.84	22668.15	20131.51	15830.84	12411.51	9798.26
湖北	18260.79	17265.72	15976.10	14798.24	13838.57	12210.67	10225.49	8962.92
湖南	12188.95	11064.34	10247.43	9379.15	8589.68	7374.38	6274.93	5122.91
广东	68749.03	61612.78	54715.38	50805.77	46450.89	40764.19	39286.31	34339.97
广西	8193.99	7449.36	6981.52	6625.88	6183.63	5289.96	4605.69	3700.55
海南	1112.05	999.55	968.46	984.00	922.84	798.53	690.06	622.32
重庆	9288.69	9237.93	8094.98	7174.73	6229.33	5357.28	4508.92	3608.48
四川	18472.38	17075.54	16015.98	15900.10	14841.33	13344.68	11248.78	9321.70
贵州	6541.43	5933.96	5623.13	4721.66	4076.36	3211.46	2654.50	2241.09
云南	7269.47	6700.95	6365.64	5971.49	5786.97	5108.91	4458.32	3818.98
西藏	343.63	239.35	188.51	177.18	141.07	154.95	102.88	90.76
陕西	12378.59	11198.33	10097.67	9533.76	8699.13	8743.33	7587.33	6503.08
甘肃	4366.22	4322.62	4246.87	4239.79	4029.37	3591.27	3072.33	2507.14
青海	1899.86	1644.90	1518.32	1488.57	1422.32	1220.75	1111.03	932.42
宁夏	3122.18	2814.31	2623.56	2624.33	2119.53	1748.33	1434.73	1155.6
新疆	6488.93	5858.03	5347.02	4928.21	4332.85	3680.16	3014.91	2540.64

附录 A. 12　　我国 31 个省份企业流动负债总额（亿元）

地区	2017 年	2016 年	2015 年	2014 年	2013 年	2012 年	2011 年	2010 年
北京	15028.11	14050.59	12228.18	11254.87	10318.63	9209.88	7696.32	7159.39
天津	10171.80	11738.25	13034.02	12229.95	11900.87	10561.89	9166.78	7213.66
河北	19947.77	19199.53	18693.91	18731.89	17235.81	15272.53	13494.48	11190.61
山西	18277.17	17901.16	16309.47	15286.72	13611.04	12511.95	10735.41	8550.71
内蒙古	13004.06	11824.43	11399.13	10833.12	9242.29	8070.70	6721.14	5225.41
辽宁	18266.58	17665.87	17819.97	16935.31	16625.95	14388.74	13164.38	12600.82

续表

地区	2017 年	2016 年	2015 年	2014 年	2013 年	2012 年	2011 年	2010 年
吉林	8183.71	7621.57	6968.30	6725.32	6204.05	5357.09	4668.66	3896.70
黑龙江	6123.71	6153.88	6399.12	6245.96	6053.99	5652.82	5048.86	4383.84
上海	18055.41	17055.98	16057.96	15528.74	14983.79	13670.85	13397.12	12514.50
江苏	52660.34	50761.99	48699.63	47788.73	45942.96	41333.74	37481.87	32067.93
浙江	33707.22	32847.10	32484.81	32182.52	31629.00	29213.03	27182.93	25038.39
安徽	15095.14	14394.37	13295.4	11967.04	11153.29	9700.54	8201.43	6996.40
福建	13334.38	12568.01	11302.15	11386.16	10379.00	9056.00	7745.87	6657.15
江西	8440.17	7810.81	7249.48	6406.55	5907.49	5006.63	4365.99	3839.50
山东	45364.04	41789.30	40400.28	38475.38	33897.35	30268.33	26063.88	22134.71
河南	22606.53	22229.09	19615.51	17778.62	15442.92	13502.97	11067.44	9078.75
湖北	16103.58	15643.54	14914.59	13668.54	13340.58	11802.96	10541.01	9159.72
湖南	9534.75	8991.62	8477.96	7928.99	7595.11	6581.51	5809.50	4804.51
广东	54231.68	48935.74	44295.88	41856.01	38305.07	34220.63	33042.35	29137.08
广西	7811.24	7236.24	6983.02	6620.64	6219.68	5255.25	4459.80	3755.00
海南	1013.17	977.68	976.37	963.27	897.29	780.41	639.06	627.71
重庆	8994.98	9179.80	8244.91	7349.61	6542.33	5278.68	4197.80	3552.39
四川	16893.84	15879.88	15127.72	15559.93	13935.65	12768.70	11119.10	9502.58
贵州	6084.73	5856.70	5410.11	4783.14	4162.44	3337.49	2675.56	2163.87
云南	7567.64	7547.10	7092.18	6508.73	6183.80	5390.35	4383.67	3603.98
西藏	439.35	333.02	274.16	147.92	109.04	115.79	66.57	58.38
陕西	12031.79	11531.85	10275.98	9925.89	8790.15	7934.02	6756.56	5711.2
甘肃	5100.50	4994.55	4894.72	4596.00	4254.84	3612.48	3107.50	2587.64
青海	2549.27	2313.75	2188.74	2098.93	1794.10	1489.96	1163.67	1065.86
宁夏	4176.28	3619.63	3268.85	2930.90	2431.98	1972.69	1552.14	1233.49
新疆	8316.29	7815.82	7502.39	6939.28	5755.40	4207.89	3194.33	2483.68

附录 A. 13　　　我国 31 个省份企业利润总额（亿元）

地区	2017 年	2016 年	2015 年	2014 年	2013 年	2012 年	2011 年	2010 年
北京	2023.67	1608.26	1597.71	1515.75	1282.88	1267.89	1129.5	1028.34
天津	1061.37	2046.69	2221.82	2261.83	2258.93	2100.66	1933.72	1552.05
河北	2712.87	2815.11	2360.99	2610.9	2734.7	2559.47	2639.01	2141.47
山西	1031.59	294.78	−30.69	256.31	614.59	1010.91	1282.96	958.25
内蒙古	1451.74	1344.41	1048.55	1299.32	2014.06	1931.69	2210.94	1688.44
辽宁	1063.25	575.39	1069.66	2107.63	2976.15	2435.69	2511.21	2371.35
吉林	1028.03	1268.49	1208.47	1445.89	1278.39	1215.04	1175.97	843.21
黑龙江	416.7	295.54	465.09	1007.08	1185.49	1338.56	1446.65	1248.82
上海	3243.8	2913.91	2680.53	2650	2392.05	2149.42	2253.82	2299.66
江苏	10052.54	10574.4	9686.84	9057.17	8379.5	7250.2	7074.44	5970.56
浙江	4605.41	4469.42	3839.99	3729.13	3561.26	3112.65	3320.45	3174.75
安徽	2352.44	2242.26	2000.12	1943.62	2108.77	1870.26	1663.16	1445.57
福建	3221.82	2889.26	2359.82	2344.27	2227.45	2023.27	2114.54	1754.18
江西	2355.56	2443.93	2114.65	2130.41	1802.24	1506.51	1215.94	909.77
山东	8128.17	8820.02	8660.48	8843.91	8715.36	8016.35	7097.71	6107.99
河南	5352.43	5240.61	4900.6	4946.19	4543.07	4016.39	4131.59	3302.22
湖北	2608.03	2713.46	2456	2402.63	2475.07	2046.28	1866.26	1668.55
湖南	2093.98	2028.59	1808.7	1688.3	2047.87	1790.96	1832.99	1451.45
广东	8864.36	8383.04	7723.16	7014.99	6496.42	5464.9	5872.23	6239.64
广西	1610.95	1393.35	1279.06	1085.71	1014.24	932.83	894.82	771.59
海南	110.03	101.87	103.61	113.36	123.16	133.35	154.84	140.04
重庆	1501.87	1648.36	1411.86	1229.65	907.6	645.39	660.35	518.59
四川	2824.26	2339.82	2171.26	2237	2328.99	2333.76	2197.84	1661.85
贵州	903.43	847.02	732.76	628.68	636.6	627.02	456.2	317.63
云南	782.65	334.98	465.53	516.08	630.63	586.52	639.7	599.34
西藏	26.6	16.94	6.93	12.56	7.34	12.89	12.83	10.82
陕西	2274.43	1589	1441.3	1877.44	2151.37	2057.22	1976.31	1469.57

地区	2017 年	2016 年	2015 年	2014 年	2013 年	2012 年	2011 年	2010 年
甘肃	244.54	72.68	-91.89	243.17	300.46	285.23	268.1	231.51
青海	101.11	80.02	67.85	106.19	149.07	168.89	222.85	182.02
宁夏	146.04	143.23	85.34	118.06	179.97	131.22	175.68	138
新疆	722.57	386.59	340.97	731.65	855.23	888.64	963.74	852.43

附录 A.14　　我国 31 个省份企业亏损总额（亿元）

地区	2017 年	2016 年	2015 年	2014 年	2013 年	2012 年	2011 年	2010 年
北京	255.17	261.84	214.26	137.49	173.1	121.29	110.05	105.71
天津	214.39	222.28	209.4	191.81	133.1	140.62	111.81	75.3
河北	263.95	265.9	480.84	395.12	260.16	274.91	173.7	128.22
山西	351.2	398.7	619.52	462.17	372.37	298.34	179.32	159.9
内蒙古	327.27	443.52	532.28	420.63	200.75	163.37	66.29	51.23
辽宁	446.34	643.41	608.97	409.56	372.84	526.79	340.07	153.18
吉林	339.67	226.8	274.24	173.83	182.71	160.79	139.68	83.3
黑龙江	127.5	327.68	220.92	235.87	178.1	122.33	73.68	39.33
上海	311.72	297.9	320.6	291.04	279.56	313.01	181.25	143.59
江苏	594.01	621.14	715.73	573.03	501.3	543.97	299.33	195.85
浙江	298.81	284.13	347.72	271.3	234.01	239.15	170.07	113.95
安徽	133.73	98.08	279.73	177.49	108.92	111.36	87.37	42.56
福建	132.45	149.87	259.4	150.01	113.49	111.17	69.79	37.88
江西	63.67	73.45	73.66	46.49	69.92	66.51	79.53	38.66
山东	613.1	579.37	525.14	357.04	279.35	346.18	230.76	120.78
河南	370.89	469.29	444.67	285.45	251.07	280.14	189.79	128.51
湖北	212.63	183.93	310.78	195.53	136.46	148.28	103.59	47.96
湖南	77.35	167.98	185.89	117.55	66.44	125.66	85.56	36.99
广东	505.27	418.14	510.18	452.56	379.15	455.79	353.79	227.26
广西	112.55	108.94	154.97	155.74	120.32	116.36	109.35	41.96

续表

地区	2017 年	2016 年	2015 年	2014 年	2013 年	2012 年	2011 年	2010 年
海南	31.73	25.59	23.45	30.81	13.89	9.63	4.68	3.02
重庆	104.62	166.81	164.58	105.06	119.85	80.65	43.24	34.69
四川	205.3	473.23	387.99	411.64	321.41	229.64	120.75	78.21
贵州	149.66	114.79	152.72	136.32	123.47	71.77	66.95	51.23
云南	185.27	440.42	298.25	228.59	163.97	130.29	57.08	38.14
西藏	18.13	14.5	17.49	12.35	13.41	10.42	4.58	3.13
陕西	189.94	140	181.43	134.85	96.57	151.9	166.71	55.09
甘肃	121.53	193.03	329.94	123.04	86.26	114.95	110.45	35.7
青海	45.17	37.45	76.22	69.9	44.72	39.27	17.22	10.92
宁夏	129.28	60.46	88.83	64.43	40.07	50.4	16.95	16.48
新疆	197.82	380.9	357.04	218.75	134.58	117.7	149.81	60.42

附录 A. 15　　我国 31 个省份居民物价消费指数（％）

地区	2017 年	2016 年	2015 年	2014 年	2013 年	2012 年	2011 年	2010 年
北京	101.9	101.4	101.8	101.6	103.3	103.3	105.6	102.4
天津	102.1	102.1	101.7	101.9	103.1	102.7	104.9	103.5
河北	101.7	101.5	100.9	101.7	103	102.6	105.7	103.1
山西	101.1	101.1	100.6	101.7	103.1	102.5	105.2	103
内蒙古	101.7	101.2	101.1	101.6	103.2	103.1	105.6	103.2
辽宁	101.4	101.6	101.4	101.7	102.4	102.8	105.2	103
吉林	101.6	101.6	101.7	102	102.9	102.5	105.2	103.7
黑龙江	101.3	101.5	101.1	101.5	102.2	103.2	105.8	103.9
上海	101.7	103.2	102.4	102.7	102.3	102.8	105.2	103.1
江苏	101.7	102.3	101.7	102.2	102.3	102.6	105.3	103.8
浙江	102.1	101.9	101.4	102.1	102.3	102.2	105.4	103.8
安徽	101.2	101.8	101.3	101.6	102.4	102.3	105.6	103.1
福建	101.2	101.7	101.7	102	102.5	102.4	105.3	103.2

地区	2017 年	2016 年	2015 年	2014 年	2013 年	2012 年	2011 年	2010 年
江西	102	102	101. 5	102. 3	102. 5	102. 7	105. 2	103
山东	101. 5	102. 1	101. 2	101. 9	102. 2	102. 1	105	102. 9
河南	101. 4	101. 9	101. 3	101. 9	102. 9	102. 5	105. 6	103. 5
湖北	101. 5	102. 2	101. 5	102	102. 8	102. 9	105. 8	102. 9
湖南	101. 4	101. 9	101. 4	101. 9	102. 5	102	105. 5	103. 1
广东	101. 5	102. 3	101. 5	102. 3	102. 5	102. 8	105. 3	103. 1
广西	101. 6	101. 6	101. 5	102. 1	102. 2	103. 2	105. 9	103
海南	102. 8	102. 8	101	102. 4	102. 8	103. 2	106. 1	104. 8
重庆	101	101. 8	101. 3	101. 8	102. 7	102. 6	105. 3	103. 2
四川	101. 4	101. 9	101. 5	101. 6	102. 8	102. 5	105. 3	103. 2
贵州	100. 9	101. 4	101. 8	102. 4	102. 5	102. 7	105. 1	102. 9
云南	100. 9	101. 5	101. 9	102. 4	103. 1	102. 7	104. 9	103. 7
西藏	101. 6	102. 5	102	102. 9	103. 6	103. 5	105	102. 2
陕西	101. 6	101. 3	101	101. 6	103	102. 8	105. 7	104
甘肃	101. 4	101. 3	101. 6	102. 1	103. 2	102. 7	105. 9	104. 1
青海	101. 5	101. 8	102. 6	102. 8	103. 9	103. 1	106. 1	105. 4
宁夏	101. 6	101. 5	101. 1	101. 9	103. 4	102	106. 3	104. 1
新疆	102. 2	101. 4	100. 6	102. 1	103. 9	103. 8	105. 9	104. 3

附录 A. 16   我国 31 个省份进出口投资额（万元）

地区	2017 年	2016 年	2015 年	2014 年	2013 年	2012 年	2011 年	2010 年
北京	324017423	282348960	319440570	415518593	428995812	408107320	389555977	301721548
天津	112919165	102655947	114282803	133886075	128501788	115634270	103376166	82100050
河北	49855543	46675380	51513748	59877359	54911571	50563060	53600835	42060370
山西	17186875	16661411	14681315	16232813	15790979	15043110	14743057	12576225
内蒙古	13873523	11640301	12731151	14556321	11994572	11258980	11930904	8729741
辽宁	99595084	86556895	95947125	113998255	114478189	104090000	96035851	80712148

续表

地区	2017 年	2016 年	2015 年	2014 年	2013 年	2012 年	2011 年	2010 年
吉林	18542971	18452886	18877390	26380786	25831735	24563010	22060930	16845182
黑龙江	18951195	16539178	21012034	38900926	38879095	37590290	38522675	25515415
上海	476196649	433768191	449240723	466399838	441268216	436586950	437548615	368950652
江苏	590778136	509296406	545560447	563553079	550802269	547961490	539580894	465798959
浙江	377907471	336575909	346783826	355039765	335788705	312401360	309377765	253534656
安徽	54021626	44412861	47844532	49177300	45518969	39284540	31309246	24273372
福建	171020040	156826190	168845931	177407841	169320901	155937960	143522428	108783289
江西	44338984	40028407	42399604	42730822	36746634	33413830	31468810	21619177
山东	264550956	234355852	240607798	276929398	266531533	245544320	235886076	189156292
河南	77630090	71213099	73780562	64972209	59956868	51738810	32622578	17831514
湖北	46337190	39388773	45552580	43039619	36380076	31963750	33586935	25932110
湖南	36033297	26243470	29301801	30831603	25175308	21948730	18943763	14656390
广东	1006678374	955298007	1022495683	1076584474	1091581437	984020460	913467331	784896124
广西	57878659	47627431	51090547	40548851	32827499	29484460	23355966	17738906
海南	10374055	11348430	13966965	15862660	14985434	14322100	12756036	8648577
重庆	66601107	62753637	74466845	95431578	68692163	53203580	29207634	12427074
四川	68106058	49306252	51188560	70202970	64574658	59143600	47724169	32693864
贵州	8162313	5699617	12221418	10771326	8290101	6631560	4887579	3146801
云南	23451109	19902360	24491279	29607422	25303558	21013730	16028773	13430120
西藏	863450	781922	913839	2254947	3319409	3424140	1358368	836067
陕西	40202798	29947223	30498504	27364485	20128062	14799030	14647271	12101681
甘肃	4826333	6832980	7952016	8640615	10236106	8900750	8728579	7402953
青海	655751	1529204	1934472	1717888	1402742	1157470	923817	788961
宁夏	5039517	3252489	3739255	5435212	3217686	2216710	2285746	1959989
新疆	20568530	17637744	19669397	27672315	27561391	25170060	22819672	17130110

附录 A. 17　　　　我国 31 个省份固定资产投资额（亿元）

地区	2017 年	2016 年	2015 年	2014 年	2013 年	2012 年	2011 年	2010 年
北京	8370.44	7943.89	7495.99	6924.23	6847.06	6112.40	5578.93	5402.95
天津	11288.92	12779.39	11831.99	10518.19	9130.25	7934.80	7067.67	6278.09
河北	33406.80	31750.02	29448.27	26671.92	23194.23	19661.30	16389.33	15083.35
山西	6040.54	14197.98	14074.15	12354.53	11031.89	8863.30	7073.06	6063.17
内蒙古	14013.16	15080.01	13702.22	17591.83	14217.38	11875.70	10365.17	8926.46
辽宁	6676.74	6692.25	17917.89	24730.80	25107.66	21836.30	17726.29	16043.03
吉林	13283.89	13923.20	12705.29	11339.62	9979.26	9511.50	7441.71	7870.38
黑龙江	11291.98	10648.35	10182.95	9828.99	11453.08	9694.70	7475.38	6812.56
上海	7246.60	6755.88	6352.70	6016.43	5647.79	5117.60	4962.07	5108.90
江苏	53277.03	49663.21	46246.87	41938.62	36373.32	30854.20	26692.62	23184.28
浙江	31696.03	30276.07	27323.32	24262.77	20782.11	17649.40	14185.28	12376.04
安徽	29275.06	27033.38	24385.97	21875.58	18621.90	15425.80	12455.69	11542.94
福建	26416.28	23237.35	21301.38	18177.86	15327.44	12439.90	9910.89	8199.12
江西	22085.34	19694.21	17388.13	15079.26	12850.25	10774.20	9087.60	8772.27
山东	55202.72	53322.94	48312.44	42495.55	36789.07	31256.00	26749.68	23280.52
河南	44496.93	40415.09	35660.35	30782.17	26087.46	21450.00	17768.95	16585.86
湖北	32282.36	30011.65	26563.90	22915.30	19307.33	15578.30	12557.34	10262.70
湖南	31959.23	28353.33	25045.08	21242.92	17841.40	14523.20	11880.92	9663.58
广东	37761.75	33303.64	30343.03	26293.93	22308.39	18751.50	17069.20	15623.70
广西	20499.11	18236.78	16227.78	13843.22	11907.67	9808.60	7990.66	7057.56
海南	4244.40	3890.45	3451.22	3112.23	2697.93	2145.40	1657.23	1317.04
重庆	17537.05	16048.10	14353.24	12285.42	10435.24	8736.20	7473.38	6688.91
四川	31902.09	28811.95	25525.90	23318.57	20326.11	17040.00	14222.22	13116.72
贵州	15503.86	13204.00	10945.54	9025.75	7373.60	5717.80	4235.92	3104.92
云南	18935.99	16119.40	13500.62	11498.53	9968.30	7831.10	6191.00	5528.71
西藏	1975.60	1596.05	1295.68	1069.23	876.00	670.50	516.31	462.67
陕西	23819.38	20825.25	18582.24	17191.92	14884.15	12044.50	9431.08	7963.67

续表

地区	2017 年	2016 年	2015 年	2014 年	2013 年	2012 年	2011 年	2010 年
甘肃	5827.75	9663.99	8754.23	7884.13	6527.94	5145.00	3965.79	3158.34
青海	3883.55	3528.05	3210.63	2861.23	2361.09	1883.40	1435.58	1016.87
宁夏	3728.38	3794.25	3505.45	3173.79	2651.14	2096.90	1644.74	1444.16
新疆	12089.12	10287.53	10813.03	9447.74	7732.30	6158.80	4632.14	3423.24

附录 A.18　　　　我国 31 个省份失业率（%）

地区	2017 年	2016 年	2015 年	2014 年	2013 年	2012 年	2011 年	2010 年
北京	1.4	1.4	1.4	1.3	1.2	1.3	1.4	1.4
天津	3.5	3.5	3.5	3.5	3.6	3.6	3.6	3.6
河北	3.7	3.7	3.6	3.6	3.7	3.7	3.8	3.9
山西	3.4	3.5	3.5	3.4	3.1	3.3	3.5	3.6
内蒙古	3.6	3.7	3.7	3.6	3.7	3.7	3.8	3.9
辽宁	3.8	3.8	3.4	3.4	3.4	3.6	3.7	3.6
吉林	3.5	3.5	3.5	3.4	3.7	3.7	3.7	3.8
黑龙江	4.2	4.2	4.5	4.5	4.4	4.2	4.1	4.3
上海	3.9	4.1	4	4.1	4	3.1	3.5	4.4
江苏	3	3	3	3	3	3.1	3.2	3.2
浙江	2.7	2.9	2.9	3	3	3.1	3.2
安徽	2.9	3.2	3.1	3.2	3.4	3.7	3.7	3.7
福建	3.9	3.9	3.7	3.5	3.6	3.6	3.7	3.8
江西	3.3	3.4	3.4	3.3	3.2	3	3	3.3
山东	3.4	3.5	3.4	3.3	3.2	3.3	3.4	3.4
河南	2.8	3	3	3	3.1	3.1	3.4	3.4
湖北	2.6	2.4	2.6	3.1	3.5	3.8	4.1	4.2
湖南	4	4.2	4.1	4.1	4.2	4.2	4.2	4.2
广东	2.5	2.5	2.5	2.4	2.4	2.5	2.5	2.5
广西	2.2	2.9	2.9	3.2	3.3	3.4	3.5	3.7

地区	2017 年	2016 年	2015 年	2014 年	2013 年	2012 年	2011 年	2010 年
海南	2.3	2.4	2.3	2.3	2.2	2	1.7	3
重庆	3.4	3.7	3.6	3.5	3.4	3.3	3.5	3.9
四川	4	4.2	4.1	4.2	4.1	4	4.2	4.1
贵州	3.2	3.2	3.3	3.3	3.3	3.3	3.6	3.6
云南	3.2	3.6	4	4	4	4	4.1	4.2
西藏	2.7	2.6	2.5	2.5	2.5	2.6	3.2	4
陕西	3.3	3.3	3.4	3.3	3.3	3.2	3.6	3.9
甘肃	2.7	2.2	2.1	2.2	2.3	2.7	3.1	3.2
青海	3.1	3.1	3.2	3.2	3.3	3.4	3.8	3.8
宁夏	3.9	3.9	4	4	4.1	4.2	4.4	4.4
新疆	2.6	2.5	2.9	3.2	3.4	3.4	3.2	3.2

附录 A.19 　　　　我国 31 个省份总人口（万人）

地区	2017 年	2016 年	2015 年	2014 年	2013 年	2012 年	2011 年	2010 年
北京	2171	2173	2171	2152	2115	2069	2019	1962
天津	1557	1562	1547	1517	1472	1413	1355	1299
河北	7520	7470	7425	7384	7333	7288	7241	7194
山西	3702	3682	3664	3648	3630	3611	3593	3574
内蒙古	2529	2520	2511	2505	2498	2490	2482	2472
辽宁	4369	4378	4382	4391	4390	4389	4383	4375
吉林	2717	2733	2753	2752	2751	2750	2749	2747
黑龙江	3789	3799	3812	3833	3835	3834	3834	3833
上海	2418	2420	2415	2426	2415	2380	2347	2303
江苏	8029	7999	7976	7960	7939	7920	7899	7869
浙江	5657	5590	5539	5508	5498	5477	5463	5447
安徽	6255	6196	6144	6083	6030	5988	5968	5957
福建	3911	3874	3839	3806	3774	3748	3720	3693

续表

地区	2017 年	2016 年	2015 年	2014 年	2013 年	2012 年	2011 年	2010 年
江西	4622	4592	4566	4542	4522	4504	4488	4462
山东	10006	9947	9847	9789	9733	9685	9637	9588
河南	9559	9532	9480	9436	9413	9406	9388	9405
湖北	5902	5885	5852	5816	5799	5779	5758	5728
湖南	6860	6822	6783	6737	6691	6639	6596	6570
广东	11169	10999	10849	10724	10644	10594	10505	10441
广西	4885	4838	4796	4754	4719	4682	4645	4610
海南	926	917	911	903	895	887	877	869
重庆	3075	3048	3017	2991	2970	2945	2919	2885
四川	8302	8262	8204	8140	8107	8076	8050	8045
贵州	3580	3555	3530	3508	3502	3484	3469	3479
云南	4801	4771	4742	4714	4687	4659	4631	4602
西藏	337	331	324	318	312	308	303	300
陕西	3835	3813	3793	3775	3764	3753	3743	3735
甘肃	2626	2610	2600	2591	2582	2578	2564	2560
青海	598	593	588	583	578	573	568	563
宁夏	682	675	668	662	654	647	639	633
新疆	2445	2398	2360	2298	2264	2233	2209	2185

附录 A. 20　　　我国 31 个省份人均可支配收入（元）

地区	2017 年	2016 年	2015 年	2014 年	2013 年	2012 年	2011 年	2010 年
北京	57229.83	52530.38	48457.99	44488.57	40830.04	33714.6353	30389.88493	21166.53112
天津	37022.33	34074.46	31291.36	28832.29	26359.2	26750.84675	24074.075	17187.56624
河北	21484.13	19725.42	18118.09	16647.4	15189.64	13912.68593	12214.37139	11110.08722
山西	20420.01	19048.88	17853.67	16538.32	15119.72	13560.61989	11822.55473	10192.26869
内蒙古	26212.23	24126.64	22310.09	20559.34	18692.89	16582.50453	14434.16485	11614.71567
辽宁	27835.44	26039.7	24575.58	22820.15	20817.84	18468.9954	16091.61298	12310.255

续表

地区	2017 年	2016 年	2015 年	2014 年	2013 年	2012 年	2011 年	2010 年
吉林	21368. 32	19966. 99	18683. 7	17520. 39	15998. 12	14834. 8074	13004. 92593	10822. 87881
黑龙江	21205. 79	19838. 5	18592. 65	17404. 39	15903. 45	13813. 56665	12170. 2875	10034. 53119
上海	58987. 96	54305. 35	49867. 17	45965. 83	42173. 64	37799. 97203	34078. 23672	22904. 63801
江苏	35024. 09	32070. 1	29538. 85	27172. 77	24775. 54	23211. 15972	20421. 85228	16031. 94267
浙江	42045. 69	38529	35537. 09	32657. 57	29774. 99	27190. 88155	24222. 38705	19329. 04605
安徽	21863. 3	19998. 1	18362. 57	16795. 52	15154. 31	13607. 10375	11775. 71787	10536. 13936
福建	30047. 75	27607. 93	25404. 36	23330. 85	21217. 95	20747. 66937	18149. 41185	14604. 085
江西	22031. 45	20109. 56	18437. 11	16734. 17	15099. 68	13545. 12196	11738. 4683	10635. 43586
山东	26929. 94	24685. 27	22703. 19	20864. 21	19008. 26	17997. 10983	15704. 255	13467. 87239
河南	20170. 03	18443. 08	17124. 75	15695. 18	14203. 71	13005. 91739	11306. 40341	10727. 53106
湖北	23757. 17	21786. 64	20025. 56	18283. 23	16472. 46	14800. 25062	12845. 51568	10945. 14802
湖南	23102. 71	21114. 79	19317. 49	17621. 74	16004. 9	13914. 38376	12103. 25666	11093. 99886
广东	33003. 29	30295. 8	27858. 86	25684. 96	23420. 75	23809. 77581	21026. 03584	15893. 93366
广西	19904. 76	18305. 08	16873. 42	15557. 08	14082. 3	12639. 43936	10925. 63114	10803. 65
海南	22553. 24	20653. 44	18978. 97	17476. 46	15733. 28	14371. 71853	12471. 97287	10422. 80989
重庆	24152. 99	22034. 14	20110. 11	18351. 9	16568. 67	16263. 52363	14056. 25543	11403. 04284
四川	20579. 82	18808. 26	17220. 96	15749. 01	14230. 99	12793. 65732	11052. 19436	10273. 92283
贵州	16703. 65	15121. 15	13696. 61	12371. 06	11083. 06	9831. 486372	8462. 092	8807. 335
云南	18348. 34	16719. 9	15222. 57	13772. 21	12577. 87	11571. 67433	9819. 688574	10007. 41509
西藏	15457. 3	13639. 24	12254. 3	10730. 22	9740. 43	8509. 010704	7475. 945513	9566. 600366
陕西	20635. 21	18873. 74	17394. 98	15836. 75	14371. 55	13251. 60931	11279. 3497	9900. 095
甘肃	16011	14670. 31	13466. 59	12184. 71	10954. 4	9406. 978746	8025. 043541	8306. 535105
青海	19001. 02	17301. 76	15812. 7	14373. 98	12947. 84	11156. 23091	9688. 671724	8866. 230475
宁夏	20561. 66	18832. 28	17329. 09	15906. 78	14565. 78	13101. 14876	11464. 85339	10009. 05748
新疆	19975. 1	18354. 65	16859. 11	15096. 62	13669. 62	11462. 14254	9825. 967262	9143. 22

附　录　B

资料来源：wind 数据库、CSMAR 数据库、EPS 全球统计数据库、国家统计局官网、财政部官网和中国人民银行官网以及《中国区域经济统计年鉴》等网站。

附录 B.1　　　　我国 31 个省份社会固定投资额（亿元）

地区	2017 年	2016 年	2015 年	2014 年	2013 年	2012 年	2011 年	2010 年
北京	10918.46	11655.95	10417.23	9648.58	10452.51	8870.77	7928.69	8316.95
天津	12826.11	14211.95	13073.71	11633.98	10446.04	8853.55	8102.64	6887.26
河北	31947.23	30938.85	29108.45	26321.48	23431.78	20105.99	18047.05	16549.96
山西	5507.93	11938.50	12154.03	10664.68	9883.23	8311.73	6933.09	6147.78
内蒙古	12887.47	14134.28	13558.76	17269.45	14146.27	12174.57	10885.74	9069.11
辽宁	7154.08	7606.35	18305.22	26449.04	27321.30	24225.63	21125.02	18626.32
吉林	12989.78	13622.85	12911.96	11493.23	10373.99	9696.37	7617.95	7850.76
黑龙江	11399.42	10686.04	10791.41	10366.86	12286.85	10400.51	8173.08	7295.36
上海	8182.34	9198.91	8179.97	7961.62	7828.22	6961.16	6339.36	6383.26
江苏	57282.81	54758.28	50396.56	47097.73	43403.08	36552.88	30753.55	27246.20
浙江	34737.53	32110.24	28684.38	26574.54	23966.83	19243.57	16450.98	14981.65
安徽	28847.13	27107.14	24434.60	23176.50	20466.24	16587.83	13782.90	12266.65
福建	25790.57	22994.88	21756.31	19142.26	17234.59	13850.66	11226.21	8922.21
江西	21510.99	19716.66	18634.91	16790.29	14431.90	12103.06	9801.62	9933.07
山东	54944.77	53920.94	50156.60	44732.40	40328.99	33538.22	28879.42	25399.24
河南	43208.89	39774.36	35560.87	30932.72	26530.58	21710.07	18087.27	16943.24

地区	2017 年	2016 年	2015 年	2014 年	2013 年	2012 年	2011 年	2010 年
湖北	31375.99	29484.84	27010.00	24094.34	20641.62	16884.45	13832.87	11274.76
湖南	31836.70	28991.14	26487.64	22685.39	19582.32	15989.51	13188.14	10289.90
广东	42836.89	39864.83	36584.87	30486.27	26850.82	22005.90	19707.01	18264.55
广西	20315.19	18478.06	17125.00	14936.44	12717.25	10506.83	8233.29	7453.17
海南	4915.11	4354.10	3783.07	3551.08	4743.80	2755.81	2023.98	1747.68
重庆	18326.12	17018.46	16196.26	14561.37	12667.88	10312.01	9079.75	8304.66
四川	32106.81	28770.02	26332.99	25231.55	22188.85	18203.95	15219.86	14941.50
贵州	13455.08	11415.87	10369.09	9665.01	7834.91	5949.11	4609.67	3644.05
云南	13940.38	13074.62	11777.88	10269.20	9499.52	8047.47	6560.53	6375.58
西藏	1599.02	1675.12	1662.29	1248.68	1016.77	696.65	607.75	518.03
陕西	22293.99	19557.02	18194.79	17154.94	15414.20	13222.29	10707.17	9302.43
甘肃	5245.52	9057.40	8597.57	7599.42	7392.99	5365.80	3873.79	3240.56
青海	3410.13	3462.69	3145.06	2781.05	2343.55	1982.65	1488.12	1040.31
宁夏	2914.80	2960.71	3077.88	2961.70	2639.69	1998.28	1655.65	1446.02
新疆	10606.59	9692.56	10734.94	9482.08	8218.88	6572.90	5045.47	3667.44

附录 B.2 我国 31 个省份利用外资总额（亿元）

地区	2017 年	2016 年	2015 年	2014 年	2013 年	2012 年	2011 年	2010 年
北京	21.53	13.01	13.23	28.80	23.49	22.18	29.45	43.79
天津	32.02	122.06	101.35	92.51	84.20	84.18	94.83	124.95
河北	74.71	31.60	42.66	104.86	88.82	98.68	111.58	87.79
山西	9.17	5.58	2.51	43.59	26.42	22.91	19.47	32.72
内蒙古	3.50	1.49	6.86	14.68	8.79	22.22	12.80	7.55
辽宁	191.93	113.78	97.13	180.59	372.94	358.69	380.62	440.81
吉林	21.22	17.87	24.91	11.43	27.90	55.39	66.83	53.91
黑龙江	28.37	4.35	12.57	31.45	10.44	28.54	22.92	35.88
上海	18.76	18.67	130.13	205.05	172.52	164.48	147.67	236.17

地区	2017 年	2016 年	2015 年	2014 年	2013 年	2012 年	2011 年	2010 年
江苏	376.11	599.88	926.17	1152.05	1127.55	1182.36	1241.65	1154.87
浙江	73.81	172.05	160.39	214.53	244.21	211.66	270.81	241.82
安徽	92.77	82.37	62.72	82.82	107.37	111.44	106.28	111.89
福建	71.46	55.54	85.58	187.34	256.08	351.88	387.20	289.15
江西	62.22	42.96	40.28	85.81	85.95	92.38	176.24	191.57
山东	274.33	234.87	274.36	342.87	378.90	405.72	460.24	545.31
河南	83.58	59.31	46.55	94.69	86.88	78.08	100.68	45.98
湖北	63.73	44.12	43.69	77.64	63.34	137.70	201.85	156.18
湖南	118.64	46.99	33.83	55.42	120.07	180.17	179.54	86.35
广东	259.69	263.73	204.11	405.01	655.40	572.17	574.00	623.36
广西	17.54	20.55	36.47	14.03	15.20	35.66	66.98	68.59
海南	3.49	2.19	3.80	15.28	31.46	29.91	34.01	23.17
重庆	68.67	57.81	139.17	282.44	94.10	59.89	108.61	149.05
四川	22.71	23.92	53.31	95.07	96.65	41.32	127.35	99.94
贵州	29.46	43.92	15.71	34.38	4.50	9.58	14.96	11.45
云南	8.67	5.50	20.10	25.93	24.21	17.77	11.79	11.31
西藏	3.46	2.25	1.10	1.40	1.85	6.53	4.78	1.44
陕西	61.85	137.93	224.22	110.26	45.83	34.29	32.66	29.48
甘肃	4.80	7.45	21.39	34.48	30.32	15.59	17.54	18.79
青海	3.96	19.01	2.68	4.22	9.12	2.54	7.61	5.21
宁夏	4.59	4.12	0.29	2.85	2.93	5.06	8.86	4.13
新疆	21.68	4.04	4.14	3.13	3.71	9.07	13.69	12.04

附录 B.3   我国 31 个省份自筹投资额（亿元）

地区	2017 年	2016 年	2015 年	2014 年	2013 年	2012 年	2011 年	2010 年
北京	3600.89	3695.65	3759.31	3212.82	3547.61	3300.54	3433.10	3240.21
天津	7803.18	8701.14	9075.92	7753.56	6642.39	5870.04	5131.93	3998.93

地区	2017 年	2016 年	2015 年	2014 年	2013 年	2012 年	2011 年	2010 年
河北	25815.15	25518.19	24321.70	21687.42	19349.18	16658.12	14131.97	12331.82
山西	3516.06	9506.78	9948.61	8329.83	7590.47	6285.15	4967.61	3974.81
内蒙古	9830.29	10309.78	10453.50	13699.02	11384.93	9647.23	8627.74	7188.54
辽宁	3924.97	4793.33	13517.85	19569.27	19247.81	17080.93	14291.46	12998.84
吉林	11037.87	11602.83	11260.80	9873.77	8677.05	8202.57	6139.62	6501.61
黑龙江	9350.58	9009.80	9333.49	9109.38	10368.87	8509.93	6389.08	5569.55
上海	2834.87	2993.26	3010.99	3243.55	3284.39	3255.94	3357.99	3180.43
江苏	37932.35	36534.49	36633.26	33686.89	29797.69	25033.41	20972.76	17552.92
浙江	19180.40	18965.19	18435.73	16666.44	14290.59	11529.87	9377.80	8299.36
安徽	19693.00	19357.39	18766.99	17167.85	14851.20	11750.90	9790.88	8541.48
福建	17013.74	14831.12	14972.29	12647.45	10374.60	8035.63	6520.81	5039.85
江西	15816.65	14839.41	15152.15	13079.68	11166.99	9255.94	7413.35	7212.43
山东	40696.34	41751.86	41006.88	35414.30	31136.99	25804.60	21552.39	18466.16
河南	34422.48	31513.76	27936.72	23784.40	20361.56	16789.80	13987.22	13247.88
湖北	21198.58	20711.04	20913.66	18222.95	14884.03	12238.95	9627.32	6856.33
湖南	22899.93	21212.62	20570.47	17105.99	14173.57	11200.91	9092.58	6726.83
广东	22038.12	21029.56	21266.72	18054.45	14829.23	12604.60	11725.78	10450.69
广西	12484.20	11967.84	11530.68	10161.03	8716.75	7252.61	5703.84	4783.96
海南	1828.91	2188.42	2045.57	1838.68	2084.36	1353.35	811.08	571.41
重庆	10609.99	10313.91	9492.33	7980.80	6588.45	5608.89	4618.40	3833.10
四川	20550.70	18725.43	17569.00	16848.02	14416.95	11639.25	9490.25	8470.45
贵州	7607.76	6778.31	6263.38	5963.74	4742.85	3394.14	2607.35	1822.58
云南	7025.76	6539.13	7042.35	6538.83	5912.00	4676.12	3876.31	3327.60
西藏	370.97	366.02	458.06	367.63	360.15	199.91	166.12	158.74
陕西	16137.54	14183.93	13601.18	12969.93	11755.24	9830.44	7290.05	6100.67
甘肃	2777.82	5808.41	5606.80	4971.50	4718.49	3412.63	2318.57	1788.05
青海	1597.41	1493.50	1578.12	1353.80	1231.07	972.06	780.85	540.31
宁夏	1514.49	1567.95	1700.74	1608.71	1476.32	1074.39	885.89	701.97
新疆	5455.73	5828.51	6517.23	5819.44	5248.45	3974.48	3021.28	1959.37

附录 B. 4 我国 31 个省份城镇化率（%）

地区	2017 年	2016 年	2015 年	2014 年	2013 年	2012 年	2011 年	2010 年
北京	0.87	0.87	0.86	0.86	0.86	0.86	0.86	0.86
天津	0.83	0.83	0.83	0.82	0.82	0.82	0.80	0.80
河北	0.55	0.53	0.51	0.49	0.48	0.47	0.46	0.44
山西	0.57	0.56	0.55	0.54	0.53	0.51	0.50	0.48
内蒙古	0.62	0.61	0.60	0.60	0.59	0.58	0.57	0.56
辽宁	0.67	0.67	0.67	0.67	0.66	0.66	0.64	0.62
吉林	0.57	0.56	0.55	0.55	0.54	0.54	0.53	0.53
黑龙江	0.59	0.59	0.59	0.58	0.57	0.57	0.56	0.56
上海	0.88	0.88	0.88	0.90	0.90	0.89	0.89	0.89
江苏	0.69	0.68	0.67	0.65	0.64	0.63	0.62	0.61
浙江	0.68	0.67	0.66	0.65	0.64	0.63	0.62	0.62
安徽	0.53	0.52	0.51	0.49	0.48	0.46	0.45	0.43
福建	0.65	0.64	0.63	0.62	0.61	0.60	0.58	0.57
江西	0.55	0.53	0.52	0.50	0.49	0.48	0.46	0.44
山东	0.61	0.59	0.57	0.55	0.54	0.52	0.51	0.50
河南	0.50	0.48	0.47	0.45	0.44	0.42	0.41	0.39
湖北	0.59	0.58	0.57	0.56	0.55	0.54	0.52	0.50
湖南	0.55	0.53	0.51	0.49	0.48	0.47	0.45	0.43
广东	0.70	0.69	0.69	0.68	0.68	0.67	0.67	0.66
广西	0.49	0.48	0.47	0.46	0.45	0.44	0.42	0.40
海南	0.58	0.57	0.55	0.54	0.53	0.52	0.51	0.50
重庆	0.64	0.63	0.61	0.60	0.58	0.57	0.55	0.53
四川	0.51	0.49	0.48	0.46	0.45	0.44	0.42	0.40
贵州	0.46	0.44	0.42	0.40	0.38	0.36	0.35	0.34
云南	0.47	0.45	0.43	0.42	0.40	0.39	0.37	0.35
西藏	0.31	0.30	0.28	0.26	0.24	0.23	0.23	0.23
陕西	0.57	0.55	0.54	0.53	0.51	0.50	0.47	0.46

地区	2017 年	2016 年	2015 年	2014 年	2013 年	2012 年	2011 年	2010 年
甘肃	0.46	0.45	0.43	0.42	0.40	0.39	0.37	0.36
青海	0.53	0.52	0.50	0.50	0.48	0.47	0.46	0.45
宁夏	0.58	0.56	0.55	0.54	0.52	0.51	0.50	0.48
新疆	0.49	0.48	0.47	0.46	0.44	0.44	0.44	0.43

附录 B.5　　　　我国 31 个省份其他投资额（亿元）

地区	2017 年	2016 年	2015 年	2014 年	2013 年	2012 年	2011 年	2010 年
北京	3608.46	4210.48	3320.02	2814.91	3527.75	3290.06	2683.57	2752.44
天津	2786.67	2740.90	1522.69	1601.85	1438.99	1041.90	1137.75	1032.10
河北	2920.48	2330.73	1776.71	1878.17	1883.78	1668.87	1767.75	1595.35
山西	1108.00	1017.13	831.74	832.39	851.71	679.17	761.17	764.97
内蒙古	477.80	975.44	673.97	793.26	692.64	607.79	567.14	404.00
辽宁	1885.91	1391.61	1468.70	1941.92	2722.32	2357.73	2306.63	1814.74
吉林	847.00	792.29	732.77	781.84	783.47	745.09	715.47	532.23
黑龙江	1052.81	768.55	656.64	636.06	1008.91	910.49	824.96	766.83
上海	2504.12	3518.11	2486.46	2027.05	2220.67	1638.37	1411.83	1357.15
江苏	11531.96	10845.56	7206.93	6249.31	6855.83	5265.33	4416.14	4912.83
浙江	8573.41	7690.76	5398.91	4523.69	5044.38	3789.17	3492.64	3506.40
安徽	5154.74	4568.75	3203.57	3196.06	3057.69	2327.44	1990.57	1704.85
福建	4516.25	3921.19	3025.93	2971.48	3426.67	2591.42	2015.26	1439.07
江西	2838.87	2151.30	1929.26	1867.23	1724.06	1393.56	1033.07	997.44
山东	6998.60	5673.35	4013.45	3857.24	4145.45	3440.52	3233.31	2993.89
河南	2990.76	2822.55	2272.66	2191.55	2228.06	1935.29	1549.14	1711.54
湖北	4855.00	3854.15	2303.91	2146.79	2263.15	1867.34	1662.11	1361.77
湖南	4343.26	3644.79	2711.17	2465.74	2603.53	2145.27	1793.77	1396.67
广东	11224.44	11565.17	8790.56	6273.19	6408.71	4664.09	4258.53	3762.58
广西	3183.33	2624.18	2075.52	1944.56	1682.01	1478.30	1119.99	1219.21

续表

地区	2017 年	2016 年	2015 年	2014 年	2013 年	2012 年	2011 年	2010 年
海南	1977.52	1118.23	900.62	778.81	1650.57	563.88	522.64	558.91
重庆	4072.36	3393.97	3157.34	2962.33	2950.13	2441.54	2217.71	2032.44
四川	6544.22	5410.59	4679.34	4523.36	3639.65	2765.91	2521.04	2561.38
贵州	2407.98	1778.40	1679.34	1555.07	1430.21	910.39	707.38	620.68
云南	2938.52	2450.48	1753.58	1491.38	1456.13	1430.14	1146.73	1110.55
西藏	106.66	76.86	55.05	59.78	63.26	76.32	43.25	26.44
陕西	2278.60	1726.18	1904.82	1717.85	1758.04	1452.83	1510.05	1277.41
甘肃	901.18	967.75	870.00	794.46	813.98	533.89	396.71	367.98
青海	265.55	373.48	273.87	296.55	188.68	212.92	174.10	174.72
宁夏	539.80	390.02	357.01	378.83	364.16	281.98	274.78	239.98
新疆	1527.62	1216.32	1044.60	984.07	1009.50	884.22	758.08	584.59

附录 B.6　　　　我国 31 个省份社会融资规模（亿元）

地区	2017 年	2016 年	2015 年	2014 年	2013 年	2012 年	2011 年	2010 年
北京	8255.26	13446.00	15369.00	12877.00	12556.00	12235.00	11914.00	11593.00
天津	2790.26	3594.00	4474.00	4819.00	4910.00	5001.00	5092.00	5183.00
河北	8346.38	6327.00	4764.00	5177.00	6247.00	7317.00	8387.00	9457.00
山西	3202.96	1831.00	3048.00	3055.00	3701.00	4347.00	4993.00	5639.00
内蒙古	2104.17	2138.00	1869.00	2774.00	2730.00	2686.00	2642.00	2598.00
辽宁	3935.94	4693.00	6194.00	5526.00	5654.00	5782.00	5910.00	6038.00
吉林	1568.46	2790.00	2710.00	2909.00	2172.00	1435.00	698.00	-39.00
黑龙江	2394.32	1941.00	2037.00	2731.00	3333.00	3935.00	4537.00	5139.00
上海	11748.36	11466.00	8507.00	7761.00	7964.00	8167.00	8370.00	8573.00
江苏	15243.53	16758.00	11394.00	13440.00	12070.00	10700.00	9330.00	7960.00
浙江	13330.96	7485.00	6291.00	7998.00	8345.00	8692.00	9039.00	9386.00
安徽	7038.28	6284.00	3575.00	4262.00	4969.00	5676.00	6383.00	7090.00
福建	5263.20	6558.00	4298.00	3488.00	6923.00	10358.00	13793.00	17228.00

续表

地区	2017 年	2016 年	2015 年	2014 年	2013 年	2012 年	2011 年	2010 年
江西	5347.11	3876.00	3020.00	3976.00	3898.00	3820.00	3742.00	3664.00
山东	8497.65	8312.00	7600.00	9292.00	10838.00	12384.00	13930.00	15476.00
河南	6801.67	6824.00	5756.00	6828.00	5691.00	4554.00	3417.00	2280.00
湖北	7280.94	5911.00	4248.00	5843.00	6114.00	6385.00	6656.00	6927.00
湖南	6429.62	4437.00	4196.00	3945.00	4165.00	4385.00	4605.00	4825.00
广东	22091.26	21155.00	14443.00	13173.00	13826.00	14479.00	15132.00	15785.00
广西	3421.38	2617.00	2737.00	3109.00	2801.00	2493.00	2185.00	1877.00
海南	856.03	1900.00	1521.00	1074.00	1084.00	1094.00	1104.00	1114.00
重庆	3719.46	3411.00	2969.00	5473.00	5031.00	4589.00	4147.00	3705.00
四川	7390.84	6651.00	5812.00	7092.00	7137.00	7182.00	7227.00	7272.00
贵州	4045.67	4327.00	4090.00	3576.00	3541.00	3506.00	3471.00	3436.00
云南	3150.57	1824.00	2834.00	3092.00	4268.00	5444.00	6620.00	7796.00
西藏	1019.43	935.00	794.00	739.00	773.00	807.00	841.00	875.00
陕西	5925.99	3516.00	4539.00	4850.00	4254.00	3658.00	3062.00	2466.00
甘肃	2894.43	2720.00	3441.00	3139.00	2617.00	2095.00	1573.00	1051.00
青海	1208.38	609.00	1112.00	1412.00	1229.00	1046.00	863.00	680.00
宁夏	864.64	530.00	503.00	842.00	664.00	486.00	308.00	130.00
新疆	3038.76	1685.00	1837.00	2746.00	2854.00	2962.00	3070.00	3178.00

攻读学位期间发表的学术成果

　　［1］沈丽，张影，李文君．我国区域金融风险的空间传染路径研究［J］.当代经济科学，2019，41（5）：62－73.

　　［2］沈丽，张影，李文君，刘媛．我国区域金融风险的时空演化及驱动机制——基于经济四部门视角［J］.南方经济，2019（9）：1－18.

　　［3］沈丽，张影，张好圆．我国金融风险的区域差异及分布动态演进［J］.改革，2019（10）：85－97.

　　［4］"新常态初期区域金融风险生成机理及防控对策研究"，国家社科基金项目（项目批号：16BGL052），2020年3月2日结项，位次7/9。

致　　谢

执笔写下博士论文致谢之际，我的博士生涯也将接近尾声，与此同时，我的真正意义上的学生生涯也即将画上句号。时光荏苒，三年时光转瞬即逝。回忆起读博期间所获得的磨炼和沉甸甸的经验，我满心欣慰，也必将重拾信心，迎接人生的下一个开始。

在这里，首先我要衷心感谢我的导师。感谢导师一直以来的支持、培养和帮助。我的导师是一位一丝不苟、兢兢业业、勤勤恳恳和极度负责的老师。我博士期间的每一篇小论文，小到字斟句酌、语法、措辞，大到谋篇布局、论文架构，导师都事必躬亲、悉心指导。我的博士论文也是在如此认真的指导下才得以顺利完成。导师如同一盏启明灯，她以自身的人格魅力启示了我在今后的工作中如何去影响我身边的人，可能也包括我未来的学生。我想，相比于从老师那里获得的逻辑思维的训练、科研写作的经验，从老师那里获得的精神引领更加宝贵，这直接影响我今后迎接新工作的心态、对待工作的态度，甚至影响我今后想成为一个什么样的人、想要达到怎样的事业高度。所以，我感觉我很幸运，幸运人生中有这样一位导师。

其次，感谢我的同门。在导师的带领下，我们师门这个大家庭经常在一起聚餐、一起查数据、一起搜文献、一起讨论论文、一起运动……他们就如同我一个战壕的兄弟，同呼吸、共进退。

再次，感谢求学道路上传授知识的老师，以及鼓励我、帮助过我的同学，他们在论文写作中给予了我很大启发。

最后，感谢我的家人。感谢你们一如既往的包容、支持，我人生道路上的每一次进步都与你们的默默付出密切相关。

书中有诸多不足之处，还请诸位老师批评指导。